발레하는 남자
권투하는 여자

비행청소년
07

- 문학으로 찾아가는 양성평등의 길 -

발레하는 남자
권투하는 여자

글 임옥희, 그림 어진선

풀빛

|차 례| **프롤로그** _ 여자 거북이와 남자 토끼의 '이상하지 않은' 경주

11 ——————— 1. 여자 거북이와 남자 토끼가 경주한다면

16 ——————— 2. 유리 천장 벗어나기

19 ——————— 3. 다시 인간으로 공존하기

1부, 왜 여자이냐 물으신다면

1장 | 꽃보다 왕자, '곰'보다 공주라고? 《백설 공주》

36 ——————— 1. 백설 공주 혹은 집 안의 천사

50 ——————— 2. 새 왕비-마녀 이야기

56 ——————— 3. 남자는 왕자로, 여자는 공주로 성장하기

60 ——————— ※ 작가와 작품 알아보기

2장 | 자아와 영혼의 발명: 주체적으로 성장하는 여자 샬럿 브론테, 《제인 에어》

64 ——————— 1. 샬럿 브론테, 여성작가가 되다

68 ——————— 2. 고아 제인, 분노하다

74 ——————— 3. 교육받은 제인, 이성적 주체가 되다

81 ——————— 4. 제인, 자아와 영혼의 주체로 성숙하다

87 ——————— ※ 작가와 작품 알아보기

3장 | 선택받는 것만이 여자의 숙명이라고? 자유연애를 선언한 신여성 춘향 《춘향전》

91 ——— 1. 인간을 수단이 아닌 목적으로 대하라

94 ——— 2. 날고 싶었던 여자, 춘향

100 ——— 3. 남자는 벌, 여자는 꽃

104 ——— 4. 기생은 여자가 아닌가요?

109 ——— 5. 자유연애의 투사, 춘향

114 ——— ※ 작가와 작품 알아보기

2부, 결혼해서 오래오래 살았답니다…

4장 | 사랑스러운 부인, 예쁜(지혜로운) 엄마라는 함정 헨리크 입센, 《인형의 집》

122 ——— 1. 노라, 사랑받기 위해 태어나다?

128 ——— 2. 왜 노라는 인형이었을까?

132 ——— 3. '새로운' 여성으로서 노라

137 ——— 4. 가출한 노라는 어떻게 되었을까?

144 ——— ※ 작가와 작품 알아보기

5장 | 자유와 안정-여성이여, 어떤 길을 선택하겠는가? 이디스 워튼, 《순수의 시대》

151 ——————— 1. 집 안의 천사: 생존전략

160 ——————— 2. 노라의 길: 자유의 대가 혹은 자유라는 보상

168 ——————— 3. 또 다른 길: 여성연대

173 ——————— ※ 작가와 작품 알아보기

6장 | 모성은 본능일까, 만들어지는 것일까 박완서, 《엄마의 말뚝》

182 ——————— 1. 전통 시대의 어머니: 현모양처

185 ——————— 2. 말뚝으로서 엄마: 가부장 시대의 가모장

197 ——————— 3. 사회적 모성: 보편적 돌봄

208 ——————— ※ 작가와 작품 알아보기

3부, 여자 대 남자 말고 사람과 사람

7장 | 만들어지는 남성성 멜빈 버지스, 《빌리 엘리어트》

217 ——————— 1. 남자의 탄생

221 ——————— 2. 정복자로서 남성성

224 ——————— 3. 근대적 남성성 이미지

227 ——————— 4. 발레 하는 남자

235 ——————— 5. 새롭게 만들어지는 남성성

241 ——————— ※ 작가와 작품 알아보기

8장 | 여자가 정말로 원하는 것을 찾아오라 버지니아 울프, 《자기만의 방》

248 ——————— 1. 자기만의 방과 돈

254 ——————— 2. 여성의 역사 다시 쓰기

258 ——————— 3. 집 안의 천사 죽이기

263 ——————— 4. 남성의 확대경에서 벗어나기

265 ——————— 5. 자매애 회복하기

271 ——————— ※ 작가와 작품 알아보기

9장 | 양성공존에 이르는 길

279 ——————— 1. 가장 대 가정주부

285 ——————— 2. 독립성 대 의존성

289 ——————— 3. 동일노동 동일임금

295 ——————— 4. 임금노동 대 감정노동

299 ——————— 5. 군대와 대체복무

304 ——————— 6. 사회적 공동육아

306 ——————— 7. 다양한 가족

308 ——————— 8. 남녀동수제

312 ——————— 9. 다양한 섹슈얼리티

에필로그 _ 그래도 다시 사람 되어 만나리 ——————— 318

프·롤·로·그 여자 거북이와 남자 토끼의 '이상하지 않은' 경주

프랑스 혁명기 시민들에게는 투표권이 부여되었지만, 여성은 제외되었다. 문맹자, 빈민, 아이들, 정신병자, 외국인들과 함께 제외되었다. 문맹자와 빈민은 무식해서 공적인 판단을 내릴 수 없다는 이유로, 배제되었다. 하지만 이들 이등시민은 위상이 바뀔 수 있다. 예를 들어 아이는 자라서 성인이 되고, 빈민은 재산을 축적할 수 있고, 문맹자는 글을 배울 수 있고, 정신병자는 병이 치유될 수 있고, 외국인은 프랑스 시민이 될 수도 있다. 하지만 여성은? 한번 여성이면 영원히 여성으로 남는다. 그러니까 여성에게는 영원히 정치적 권리가 박탈되는 것이다.

– 미셸 페로, 〈2천 년 여자의 일생〉(미셸 페로 등 지음, 강금희 옮김,

《인문학, 여성을 말하다》(이숲, 2013), 174쪽)

남자는 남자답게, 여자는 여자답게

《빌리 엘리어트》에서 빌리는 탄광촌에서 자라는 열한 살 소년입니다. 또래에 비해 체구가 작아요. 광부인 아버지는 아들에게 권투를 가르치려 들죠. 아버지는 일찍 엄마를 여읜 빌리가 사내답게 자라기 원합니

다. 하지만 빌리는 권투가 싫고 재능도 없습니다. 빌리는 여자애들이 발레 하는 모습을 기웃거리다가 따라 합니다. 형처럼 권투를 좋아하고 록큰롤을 부르기보다 치매기가 있는 할머니를 보살피면서 틈틈이 피아노 치고 노래하고 춤추는 것을 좋아합니다.

프랭키는 열두 살입니다. 프랭키도 빌리와 마찬가지로 홀로된 아빠와 생활합니다. 올여름 프랭키는 키가 엄청 자랐습니다. 프랭키의 머리카락은 마구 헝클어져 있습니다. 프랭키는 반바지 추리닝 차림으로 시내를 쏘다니다가 멋진 오토바이를 보고 손바닥에 침을 탁 뱉어서는 오토바이 가죽을 쓱쓱 문질러 봅니다. 8월의 태양은 미친 듯이 이글거리지만 프랭키의 생활은 외롭고 지루하기 짝이 없습니다. 프랭키는 가출하려고 여러 차례 가방을 쌌지만 막상 어느 곳으로 떠나야 할지 막막합니다. 휴가 나온 군인들을 보면서 프랭키는 군인이 되어 세계를 떠돌고 싶어 합니다. 해병대원으로 전쟁에 나가고 비행기를 몰고 용맹을 떨쳐 황금훈장을 받는 자기 모습을 상상합니다.

이 프랭키는 소년일까요, 소녀일까요? 프랭키는 카슨 매컬리스의 소설 《결혼식 맴버》에 등장하는 소녀입니다. 지금은 어느 모로 보나 사내같기만 한 프랭키지만 아마도 나이가 들어 가면서 소녀다운 프랜시스로 성장할 것 같긴 합니다.

빌리, 프랭키 누구도 남자다운 남자, 여자다운 여자처럼 보이지 않습니다. 그런데 사회는 이들이 남자다운 남자나 여자다운 여자로서가 아니라 그냥 한 인간으로 자라는 것을 원치 않는 것처럼 보입니다. 빌리의 아빠가 빌리의 토슈즈를 태우면서 화를 냈던 것도 빌리가 사내답기를 바라기 때문입니다. 그 말은 한 사회가 기대하는 남자다운 남자, 여자다운 여자가 있다는 뜻이 아닐까요? 우리는 모르는 사이에 사회문화적인 금기와 허용의 규칙에 따라 남자답게 혹은 여자답게 자라게 됩니다. 외모, 목소리, 걸음걸이, 몸짓, 옷차림, 말투에 이르기까지 남김없이 남자는 남자답게, 여자는 여자답게 성장해야 합니다. 심지어 사내 녀석이 여자처럼 걷고 여자처럼 말한다고 집단구타의 위협에 시달리기도 하죠.

남자답고 여자다운 게 중요한 이유는 뭘까?

남성에게서도 여성호르몬이 나오고 여성에게서도 남성호르몬이 나오듯이 인간은 여성, 남성이 되기 이전에 양성적인 존재입니다. 양성적인 존재임에도 빌리는 자신에게 있는 소녀의 자취를 지워야 합니다. 프랭키는 자신에게 있는 소년의 흔적을 없애야 합니다. 남성들에게 있는 여성적 특징을 없애야 남자는 남자답게 되고, 여성들에게 있는 남성적 특징을 억제해야 여자는 여자답게 됩니다. 그렇다면 여성이든 남성이든 한 사람 안에서 양성의 모습이 함께 있으면 안 되는 걸까요?

인간 남녀는 유사성이 많음에도 왜 서로 상반된 존재인 것처럼 여길까요? 사회가 남녀를 마치 서로 건널 수 없는 섬처럼 그토록 구별 짓고 싶어 한다면, 무슨 이유가 있는 것은 아닐까요?

빨래 하는 남자, 권투 하는 여자

1. 여자 거북이와 남자 토끼가 경주한다면

거북이는 왜 땅에서 경주했을까?

오랜 세월 동안 남자와 여자는 단지 '다른' 존재가 아니었습니다. 남자가 된다는 것은 행운이고 여자가 된다는 것은 불운이었습니다. 남자는 지적으로나 육체적으로, 여자보다 우월하다는 의견이 우세했기 때문이죠. 가까운 과거인 조선시대만 하더라도 남녀유별했고 남존여비는 당연했으니까요. 인간을 자유 시민과 노예 인간으로 구분하고, 여자는 노예나 마찬가지로 열등한 존재로 믿었던 시절도 있었지요. 그런데 여자, 노예, 식민지 원주민들은 그처럼 열등한 존재였을까요?

어린 시절 읽었던 동화 〈토끼와 거북이〉가 생각납니다. 거북이는 아무리 힘들게 노력해도 토끼를 도무지 따라잡을 수 없을 것 같습니다. 거북이는 토끼의 탁월한 능력에 못 미칩니다. 적어도 방심한 토끼가 잠들기 전까지 거북이는 토끼와 대등해질 수 없습니다.

그런데 토끼와 거북이는 왜 '물'에서가 아니라 '뭍'에서 경주를 했을까요? 토끼와 거북이의 경주는 공정한가요? 여기에 여자 거북이와 남자 토끼가 있다고 상상해 봅시다. 여자 거북이가 멍청하고 느리게 보였던 것은 물에서가 아니라 뭍에서 살아야 했기 때문은 아닐까요? 여자 거북이가 열등해진 것은 불공평한 게임 규칙 때문은 아니었을까요? 불공평한 게임 규칙으로 인해 오랜 세월 배울 기회가 주어지지 않으면, '자연

히' 무식해지고 능력은 떨어질 것입니다. 여성에게 교육의 기회와 직업 훈련의 기회가 주어지지 않는다면, 능력에 맞는 직업을 갖기 힘들 것입니다. 혹은 남녀에게 애초부터 다른 일자리가 주어지거나 아예 여성들에게 직업의 기회가 제한된다면 여성은 '자연히' 가난해질 것이고, 그러면 누군가에게 의존하지 않을 수 없을 테니까요. 그렇다면 여자는 인간 축에 끼지도 못했다는 걸까요?

'여자는 인간에 속하나요?' 나는 괴상한 질문

아이들처럼 호기심 가득한 질문은 상식적인 세계를 갑자기 낯설게 만들죠. 이상한 나라의 앨리스처럼요. 자연스러웠던 세계를 갑자기 낯설게 만든 질문 중에 '여자는 인간이 아닌가요?'도 포함될 것입니다. 이렇게 '이상한' 질문이 있을까요? 여자가 인간이 아니라면 짐승이라는 말일까요? 역사상 그런 '괴상한' 질문을 한 여성이 있었습니다. 프랑스혁명 직후 〈인간과 시민의 권리 선언〉(1789)이 선포되었습니다. 이 선언문은 모든 사람의 자유, 평등, 형제애를 주장했습니다. 모든 인간은 평등하고 자유롭다! 자유롭고 평등하게 살지 못했던 수많은 사람들에게 이 선언은 감동이자 감격이었습니다.

그런 감동이 채 가시기도 전에 올랭프 드 구즈*는 여자는 과연 '인간

---

* Olympe de Gouges(1748~1793). 프랑스의 시민운동가. 그녀는 여성에게도 참정권이 부여되어야

과 시민'에 속하는가, 라는 질문을 제기했습니다. 여성이 인간으로 대접 받고 있는가를 물었던 것이죠. 〈인간과 시민의 권리 선언〉을 마주하면서 그녀는 호기심 많은 아이처럼 물었습니다. 그런 질문으로 쓰인 것이 〈인간과 시민의 권리 선언〉에 빗댄 〈여성과 여성시민의 권리 선언〉(1792)입니다. 이 권리 선언문이 주장하듯 여자는 과연 인간에 속하는가, 여자는 시민에 속하는가, 여자는 국민에 속하는가? 이런 질문을 했다는 이유만으로 구즈가 거북이처럼 목을 길게 내놓아야 했다면, 이것은 예사 질문이 아닐 것입니다.

그녀가 했던 유명한 말이 있습니다. "여자가 단두대에 설 수 있다면 의회에도 설 수 있어야 한다."는 말이지요. 남자들끼리 형제애로 뭉쳐서 그들만의 자유, 평등을 누린다면 이것은 모든 사람에게 '자유, 평등, 형제애'를 주장한 〈인간과 시민의 권리 선언〉의 정신에 어긋납니다. 올랭프 드 구즈는 자기 목을 내놓음으로써 여성이 정치적 주체가 될 수 있음을 보여 주었던 인물이었습니다. 그녀가 단두대에 선 지 200년이 지나서 프랑스는 마침내 남자와 여자가 정확히 반반인 남녀동수 의회를 구성하

한다는 혁신적인 주장을 했다. 프랑스혁명 시기 그녀는 마리 앙투아네트와 함께 결국 단두대에 오른 여성이 되었다. 그녀는 흑인 노예제에 반대하는 희곡, 여성의 이혼권을 옹호하는 글을 쓰기도 했다. 그녀가 여성적인 덕목을 상실했다는 이유로 처형되었을 때 한 검사는 신문에 이렇게 기고했다. "파렴치한 올랭프 드 구즈를 떠올리십시오. 그녀는 최초의 여성단체를 만들고, 공화국 건설에 참여하고자 가정주부의 의무를 저버렸습니다. 그리고 '법'이라는 응징의 칼날이 그녀의 목을 내리쳤습니다."

게 되었습니다. 그녀는 이 질문 하나로 여성이 인격적 인간으로 대접받지 못하는 세상을 바꾸고자 꿈꾸었습니다. 이때 질문 하나는 단지 질문 하나가 아닐 것입니다. 그녀는 남자와 여자가 살아가는 당연한 모습에 의문을 제기함으로써 여성으로서의 의식을 각성하도록 해 주었습니다.

여자와 아이들을 남겨 두고 마을 '전체'가 떠났다!

근대에 이르기까지, 인간의 대표는 남자였습니다. 여자는 남자가 아닌 존재 혹은 남자보다 못한 존재였지요. 그 시절 오빠가 책가방 메고 학교 가는 동안 여동생은 갓난쟁이 남동생을 등에 업고 집안일을 거들어야 했습니다. 한두 명의 자녀가 대세이자 딸 아들 구별 없이 귀염 받고 자란 오늘날의 여학생들은 어떻게 그럴 수가 하고 기이하게 여길 수도 있을 테지요. 하지만 여성이 교육받지 못하고 인간으로서 함량 미달로 여겨졌던 시절은 단지 과거지사가 아닙니다. 이때 여자가 인간에 미흡하다는 말은 남자 인간과 대등한 존재가 못 된다는 뜻입니다. 여성이 비록 귀염 받고 보호받고 사랑받는다 할지라도, 남성과 동등하게 독립된 한 인격체로서, 자기 자신의 주인이자 대표로서 존중받지 못한다면 인간에 미흡한 것입니다. 인간을 대표하는 것은 언제나 남자이고, 그 반대편에는 인간에 못 미치는 여자, 어린아이, 동물, 장애인 등이 속하게 된다면 말이지요.

남자와 여자가 '다 같이' 평등하게 살고 있다고 믿는 지금도 남자를 중심으로 하는 말 자취는 어디서나 찾아볼 수 있습니다. 예를 들면, "이튿날, 마을 전체는 버려진 집에 있는 여자들, 아이들만 남겨 둔 채 전부 떠났다."라는 구절이 있습니다. 여자들과 아이들이 떠나지 않았는데 어떻게 '마을 전체'가 떠났다고 할 수 있을까요? 집에는 여자들과 아이들이 있었는데 어떻게 '버려진 집'이라고 말할 수 있을까요? 그 마을의 남성들이 전부 떠나면 마을 전체가 다 떠난 것일까요? 남성이 인류 전체를 대표한다고 생각하지 않는다면 과연 이렇게 표현할 수 있을까요? 이처럼 남성man은 인간Man을 상징하는 대표단수로 여전히 표시됩니다. 언어는 단지 언어에 불과한 것이 아니라 우리가 살고 있는 문화의 산물입니다. 그런 문화는 자연스럽고 상식적인 것으로 우리의 의식, 무의식에 자리하게 됩니다.

2. 유리 천장 벗어나기

우리는 무엇을 '하지 말라'는 시대가 아니라 무엇이든 하라는 시대를 살고 있습니다. 무엇이든 할 수 있고you can do 무엇이든 될 수you can be 있습니다. 여성 대통령, 여성 CEO, 여성 대법원판사, 여성 장군에 이르기까지 여성이 하지 못할 것은 없습니다. 그러므로 한국 여성들은 누구와 경쟁하더라도 뒤처지지 않을 자신감도 있습니다. 자신감에 더하여 자존

빨래 하는 남자, 권투 하는 여자

감도 높습니다.

　그럼에도 불구하고 객관적인 지표는 전혀 그렇지 않다면, 믿겠나요? 한국은 경제적으로 잘산다는 엄청난 자부심을 가지고 있지만 살아 볼 만한 혹은 살고 싶은 나라와는 거리가 한참 멀어 보입니다. 살벌하게 경쟁적이어서 자살률 세계 최고, 출산율 세계 최저인 나라가 되었습니다. 남녀양성평등지수는 세계에서 거의 바닥 수준입니다. 세계경제포럼WEF: World Economic Forum의 2014년 발표에 따르면 한국의 양성평등지수는 142개 국 중에서 117위를 기록했습니다. 이는 2013년에 비해 6단계나 내려간 순위입니다. 한국 여성의 직업교육과 재교육 또한 세계에서 거의 바닥입니다. 남녀에 구애받지 않고 자유롭고 민주적인 사회에서 살고 있는 것 같은데, 우리 사회의 양성평등지수는 왜 이처럼 후진적으로 나타날까요? 자존심이 상하는 순위입니다. 정말 그 이유가 뭔지 궁금하지 않나요? 이런 궁금증을 해결해 보려는 것이 이 책의 기획의도이기도 합니다.

　우리 사회에서 남녀불평등은 여전히 존재합니다. 그럼에도 남성뿐만 아니라 여성 스스로도 그렇게 믿고 싶어 하지 않습니다. 우리 사회에서 양성불평등은 투명한 유리 천장과 같아서 잘 보이지 않을 따름입니다. 한국 사회에서뿐만 아니라 세계 곳곳에 남녀불평등은 여전히 존재합니다. 빈곤 때문에, 종교 때문에, 여자이기 때문에 교육을 받지 못하는 아이들은 세계 도처에 있습니다. '전 세계 어느 나라도 양성평등을 달성한 나라는 없습니다.'

2014년 최연소 노벨평화상을 받은 17세 파키스탄 소녀 말랄라는 '아들이 태어나면 축포를 쏘고 딸이 태어나면 커튼 뒤에 숨기는 나라, 그저 요리를 하고 아이를 낳는 일이 여자의 평생 역할인 나라에서'[**] 딸로 태어납니다. 그녀의 부모님은 딸 아들 구별 없이 교육을 시킵니다. 그러던 어느 날 말랄라의 고향 마을에 탈레반 세력이 들이닥칩니다. 그들은 여자아이들에게 교육을 금지합니다. 탈레반은 여자아이에게 세속적인 교육을 시키면 순종적이지 못하고 타락하여 불경스러워진다고 주장합니다.

　　열한 살 때 말랄라는 여자아이에게도 교육을 받게 해 달라는 소망을 영국 BBC 방송 블로그에 올렸습니다. 그 일로 인해 말랄라는 하굣길 스쿨버스에서 탈레반 청년이 쏜 총알에 머리를 맞고 사경을 헤매다 기적적으로 살아납니다. 그녀는 2013년 유엔에서의 연설을 통해 "한 명의 어린이가… 한 자루의 펜이 세상을 바꿀 수 있다."고 말했습니다. 탈레반이 두려워했던 것은 책을 손에 쥔 여자아이였습니다. 올랭프 드 구즈가 여성의 권리를 외친 지 몇 백 년이 지났지만 여자아이에게도 교육받을 권리를 허락하라고 외쳤다는 이유만으로 아직까지 목숨을 걸어야 하는 곳도 있습니다.

[**]　　말랄라 유사프자이·크리스티나 램 지음, 박찬원 옮김, 《나는 말랄라》(문학동네, 2014) 참조.

3. 다시 인간으로 공존하기

남성은 크게, 여성은 작게 보이는 마법의 거울

'세상의 절반'인 여성이 과연 인간, 혹은 남자와 똑같이 대접받고 있는가라는 질문은 또 다른 질문을 낳게 됩니다. 남성에게 정의로운 것이 여성에게도 정의로울까? 만인은 평등하게 태어난다고 하는데 여자, 흑인, 유색인… 할 것 없이 정말로 평등할까? 여성의 특징이 의존적, 수동적이라고 한다면, 여성의 천성이 그렇다기보다 의존하지 않을 수 없었던 사회구조적인 탓은 없었을까?

이처럼 대답하기 힘든 질문에 대답을 찾다가 기존의 상식과는 다르게 세상을 보여 주는 '창'을 발견하게 되면, 그것이 세상을 변화시키는 힘이 됩니다. 당연하게 여겼던 세상의 질서를 다른 방식으로 보는 것, 그것을 패러다임의 변혁이라고 합니다. 페미니즘Feminism은 이제까지 당연한 것으로 여겨졌던 것들에서, 보면서도 보지 못한 것들을 보도록 해 주는 변혁운동입니다.

여성의 관점에서 본다면 중립적으로 보였던 세계가 사실은 그렇지 않을 수 있다는 것이 보일 것입니다. 거북이가 뭍에서 경주해야 하는 사회구조가 마치 보이지 않는 유리 천장처럼 여전히 존재하는 것은 아닐까, 라는 물음이 생길 수 있습니다. 페미니즘은 여성들에게 유리 천장이 없는 것처럼 외면할 것이 아니라 자기 앞에 전개되고 있는 세상과 똑바

로 대면하자고 말합니다.

오랜 세월 동안 남성을 비춰 주는 거울로서 여성은 남성을 실제 모습보다 두 배로 부풀려서 보여 주었습니다. 여성이란 확대경을 통해 남성의 자부심은 회복됩니다. 반면 여성을 비춰 주는 남성이라는 거울은 여성의 모습을 두 배로 축소시켜 비춰 주었는지도 모릅니다. 남성은 두 배로 크게 비춰 주는 반면 여성은 두 배로 작게 비춰 주는 거울이 있다고 한다면 공정하고 정의롭다고 할 수 없을 것입니다. 양성 모두에게 공정하고 정의로울 수 있도록 함으로써 양성의 공존을 모색하자는 것이 페미니즘이 추구하는 바입니다.

여성의 권리는 인간의 권리

요즘 들어 페미니즘이라고 하면 흔히 사람들은 남성에게 적대적이고 공격적이며 못생긴 여자들의 불평운동이라고 불편해합니다. 남자를 적으로 삼아서 공격하고 여자들끼리만 잘 먹고 잘 살자는 이기적인 권력집단쯤으로 받아들여지고 있습니다. 심지어 페미니스트가 싫어서 IS***에 가입하겠다는 충격적인 소년도 있습니다. 도대체 페미니즘이 어떻게

*** Islamic State. 급진 수니파 무장단체인 이라크-레반트 이슬람국가(ISIL)가 2014년 6월 29일 개명한 단체. 2003년 국제 테러조직 알카에다의 이라크 하부조직으로 출발한 단체로, 이라크에서 각종 테러활동을 벌이다 2011년 시리아 내전이 발발하자 거점을 시리아로 옮겼다.

받아들여진 것일까요? 무엇이 페미니즘을 추문거리로 만들었을까요? 그런 현상이 페미니즘에 대한 오해라고 한다면, 페미니즘이 꿈꾸는 것이 무엇인지 앞으로 보게 되겠지만, 여기서 우선 정의해 보고 넘어가야 할 것 같습니다. 한마디로 페미니즘은 모든 형태의 차별과 억압으로부터 해방을 지향하는 운동입니다.****

〈해리 포터〉 영화 시리즈로 유명한 엠마 왓슨은 2014년 유엔에서 연설을 했습니다. 엠마 왓슨이 시작한 히포시HeforShe 운동은 인류의 절반인 남성 또한 여성운동에 적극적으로 동참해야 한다고 호소합니다. 그래야만 성공과 야망과 권력이라는 남성다움의 환상에 시달리는 남성들 또한 그런 억압으로부터 자유로워질 것이고, 그로 인해 진정한 양성평등에 이르게 될 것이라고 호소합니다.

남성, 여성을 넘어서 모든 인간은 평등한 권리와 기회를 누려야 합니다. 남성과 마찬가지로 여성도 존중받기를 원합니다. 여성도 자기 몸에 대한 권리를 누리고자 합니다. 여성도 자신이 한 일에 대해서는 남성과 동일한 대가를 원합니다. 여성도 자기 삶에 지대한 영향을 미치는 정치

**** 국립국어원 표준국어대사전에 페미니스트 정의가 1) 여권 신장 또는 남녀평등을 주장하는 사람, 여성을 숭배하는 사람 2) 여자에게 친절한 남자로 되어 있다. 여성단체는 페미니즘을 '계급, 인종, 종족, 능력, 성적지향, 지리적 위치, 국적 혹은 다른 형태의 사회적 배제와 더불어 생물학적 성과 사회문화적 성별로 발생하는 모든 형태의 차별을 없애기 위한 다양한 이론과 정치적 의제들'로 정의해 달라고 요구했다.

적 결정에 남성과 다를 바 없이 참여하기를 원합니다. 남녀에 따라 다른 내용, 다른 교육이 아니라 동일한 교육을 받고자 합니다. 그것은 여성의 권리를 넘어서 인권입니다. 인간이면 누구나 누려야 하는 권리이지요.

양성이 공존하려면 우선 서로가 서로의 입장에 서 보는 게 필요합니다. 여자는 남자의 입장으로, 남자는 여자의 입장으로 서로의 위치를 바꿔 보는 것입니다. 자신이 직접 경험하지 않은 타인의 고통과 상처를 공감하기란 쉽지 않습니다. 하지만 인간에게는 상상할 수 있는 능력이 있습니다. 인간의 상상력은 타인의 입장에 설 수 있도록 해 주고 타인과 공감할 수 있도록 해 줍니다.

인간이 수단이 되어 버린 세계에서 여자와 남자를 넘어서 다시 인간 되기는 힘든 과업이지만, 그렇기 때문에 용기와 인내를 가지고 변화시켜 나가야 하는 것이 인간으로서 자기 존엄성을 지키고 자기 책임을 다하는 것입니다. 그런 미래의 약속을 열기 위해 '여자, 남자, 다시 인간이 되다'라는 주제로 이야기를 한번 풀어 보고자 합니다. 앞으로 함께할 이야기 속에서 남자와 여자가 사는 세상이 어떤 식으로 묘사되고 있는지를 살펴보면서 당연하게 여겼던 세계가 그다지 당연하지 않음을 알게 될 것입니다. 유리 천장처럼 보이지 않았던 것들이 보이게 됨으로써 앎의 상태로 나가는 것이야말로 변화의 출발점이 될 수 있기 때문입니다.

장별로 다른 이야기

이 책의 1장에서는 어린 시절의 동화, 시, 소설 속에서 만나는 남녀의 모습들이 우리가 여성으로 남성으로 살아가는 데 어떤 식으로 스며들어 있는가를 짚어 봅니다. 《백설 공주》를 통해 천사와 마녀, 선과 악, 성처녀와 요부, 순결과 타락과 같이 진부한 여성의 이미지가 어떻게 만들어지는지, 여성의 입장에서 그런 이미지들을 어떻게 해석할 수 있을 것인지를 살펴보고자 합니다.

2장에서는 《제인 에어》를 통해 여자가 어떻게 성숙한 인격에 이르게 되는지에 주목합니다. 제인과 같은 고아 소녀는 세상에 홀로 남겨진 존재입니다. 그런 고아 소녀가 교육과 자아실현을 통해 이성적인 인격체가 되어 나가는 흥미로운 과정에 집중하고자 합니다. 《제인 에어》는 어린 소녀가 성장하면서 자유로운 이성적 주체에 어떻게 도달할 수 있는가를 실험해 본 여성성장소설이라는 점에서 충분히 주목할 만한 가치가 있습니다.

3장에서 분석하는 《춘향전》의 춘향은 시대를 앞지른 자유연애의 선각자라는 점에서 신여성의 모델이라고 할 수 있습니다. 신분제 사회에서 자유로운 연애는 상상하기 힘들었죠. 같은 신분끼리 결혼하는 것이 당연한 시절에 신분을 뛰어넘어 인간 대 인간으로서 자유롭게 연애할 권리를 주장한다는 점에서 춘향은 일찌감치 만민평등사상을 온몸으로 보여 준 여성입니다. 여성이 남성에게 기대어 사는 의존적이고 수동적인 존재가 아니라 자기 의지에 따라 사랑을 선택하고 쟁취하는 주체적인 인물일 수 있는 가능성을 춘향은 보여 줍니다. 자유연애를 통해 춘향은 양반, 천민과 같은 엄격한 신분질서를 흔들어 놓았을 뿐만 아니라 여성 또한 자유의지로 자기만의 선택을 할 수 있는 가능성을 열었습니다.

자유연애를 통해 사랑을 쟁취하고 결혼에 이르렀다고 하여 여성이 가정생활에서도 자유롭고 평등하게 살아가는 것은 아닙니다. 결혼생활 자체가 여성에게 '인형의 집'일 수 있습니다. 4장은 이 이야기를 던집니다. 《인형의 집》에서 결혼과 더불어 노라는 남편과 아이들을 위해 헌신적으로 생활합니다. 결혼 후 춘향이라도 이런 모습으로 살지 않았을까 합니다. 남편에게 종달새처럼 지저귀는 귀여운 천사표 가정주부가 노라입니다. 오로지 남편에게 헌신하면서 살던 어느 날 그녀는 위기의 주부가 됩니다. 그때 비로소 그녀는 자신이 한 인간으로 산 것이 아니라 남편의 인형으로 살았다는 자각을 합니다. 남편의 사랑 덕분에 남부럽지 않게 잘 살았다고 자부했지만 남편의 변덕에 따라 가정주부라는 일자리에서 언제든지 해고될 수 있다는 사실에 노라는 당혹스럽기 그지없습니다. 4장은 여성의 삶 중에서 결혼이 갖는 의미가 무엇인지 살펴보는 장입니다.

5장은 노라처럼 가출하지 않고 결혼생활을 유지하는 것이 여성들에게 어떤 대가를 요구하는지 살펴봅니다. 노라처럼 자아실현을 위해 가출하는 것만이 유일한 선택일까요? 자유와 해방의 대가는 없었을까요? 가출이 해방이 아니라면 집 안에 머물러 있는 여성들은 어떻게 살았을까요? 혹은 자기만의 진정한 삶을 모색한 여성들은 어떻게 살았을까요? 그 점을 《순수의 시대》에 등장하는 엘렌과 메이의 삶을 통해 대조해 보고자 합니다. 끝까지 결혼 안에서 가정을 지키기 위해 메이가 치른 대가는 무엇이며, 결혼제도 바깥으로 뛰쳐나가 자유를 얻었지만 그로 인해 엘렌이 치른 희생은 무엇인지 지켜보는 것은 흥미로운 탐색입니다.

6장에서는 여자에게 아이가 생기고 엄마가 되었을 때 여자의 삶은 어떻게 전개되는지, 여성에게 모성은 어떤 모습인지 그려 봅니다. 노라의 가출에 세상 사람들이 그토록 분노했던 것은 무엇보다도 노라가 아이들을 버리고 집을 떠났기 때문입니다. 그녀가 신성한 모성의 의무를 저버렸다는 것이지요. 신성한 모성은 여성이면 누구에게나 있는 자연적인 본능인 것인가 아니면 모성 또한 사회의 기대와 필요에 의해 시대에 따라 다른 모습으로 나타나는가라는 궁금증을 해소하기 위해 박완서의 소설 《엄마의 말뚝》을 가져왔습니다.

7장은 《빌리 엘리어트》를 통해 남성성이 시대에 따라 어떻게 변화하는지 살펴봄으로써 남성성 또한 만들어지고 변화되는 과정임을 확인하는 장입니다. 여성의 문제를 풀기 위해선 남성의 입장을 보는 것이 필요하겠죠. 여성의 이야기가 여성만의 이야기가 되지 않기 위해 남성의 이야기를 들어보는 건 남성과 여성 문제의 균형감을 찾는 방안이 될 것입니다.

8장은 버지니아 울프의 《자기만의 방》으로 질물을 던집니다. 여자가 원하는 것은 무엇이며, 원하는 것을 얻기 위해 필요한 것은 무엇인지에 대해서요. 여기서는 남성들의 역사history에서 매몰되었던 여성들의 역사herstory를 재발굴함으로써 성별 균형을 잡으려고 하는 울프의 노력에 주목하고 있습니다.

9장은 양성의 공존에 필요한 사회구조적인 측면에 초점을 맞춰 보았습니다. 남자, 여자 모두가 자기 자신으로서 독립적으로, 그러면서 함께 어울려 살아가는 양성공존이 가능하려면 우리 사회가 해결해야 할 문제들은 무엇인지를 탐색한 장입니다.

다름이 틀림이 되지 않는 사회를 위한 한걸음

프랑스에서 올랭프 드 구즈가 〈인간과 시민의 권리 선언〉을 빗대어 〈여성과 여성시민의 권리 선언〉을 작성했던 같은 해인 1792년에, 영국에서는 메리 울스톤크레프트(Mary Wollstonecraft, 1759~1797)가 《여성의 권리 옹호》를 출간했습니다. 울스톤크레프트의 책을 패러디하여 《짐승의 권리 옹호》라는 책이 익명으로 출판되었습니다. 그 책은 여성이 남성과 평등하다고 주장한다면 인간은 개나 고양이와도 평등하다고 말해야 하지 않겠는가라고 비꼬았습니다.

그런데 지금 동물해방론자들은 농담이 아니라 진지하게 '짐승의 권리 옹호'를 주장합니다. 양도할 수 없는 인간의 권리에 생명권, 재산권, 행복추구권이 포함된다면, 이런 권리는 여성뿐만 아니라 장애인, 노약자, 빈곤층에 이르기까지 누구에게나 적용되어야 할 것입니다. 동물에게도 정의가 실행되어야 한다는 말이지요. 누구나 품위 있고 풍요로운 삶을 살 자유와 권리가 있습니다. 하지만 그런 권리는 저절로 주어지는 것이 아니라 알고 배우고 실천함으로써 얻어지는 것입니다.

남자와 여자, 빈자와 부자, 인간과 동물, 흑인과 백인, 서양인과 동양인은 서로 다른 모습으로 살아갑니다. 페미니즘은 다름이 틀림이 되지 않는 사회, 차이가 차별로 연결되지 않는 사회. 차이와 다름이 유쾌하게 어우러지는 세계를 추구합니다. 수단과 방법 가리지 않고 살벌하게 살아남는 것이 유일한 목적인 약육강식의 세계, 승자독식 사회가 아니라 사람이 사람을 환대하는 사회, 지상의 모든 종들에게 친절하고 정의로울 수 있는 세계. 그것이 페미니즘이 꿈꾸는 세계입니다.

그런 세계는 자연스럽고 당연하게 여겼던 것들을 질문하는 데서부터 시작할 수 있습니다. '내가 아니면 누가? 지금 아니면 언제?' 하시겠습니까? 양성평등 사회는 단 한 번의 노력으로 한순간에 찾아오는 것이 아닙니다. 지속적인 성찰과 실천이 없으면 불평등한 사회, 비인간적인 모습들은 요요현상처럼 언제든지 더 크게 되돌아올 수 있습니다. 그러므로 우리가 열어 갈 세계는 과거완료형이 아니라 현재진행형입니다. 양성평등의 세계를 열어 나가는 운동은 지금, 내가 시작해야 합니다. 이 책이 그런 세계를 열어 나가는 하나의 길잡이가 되길 희망합니다.

왜 여자이냐 물으신다면

1부

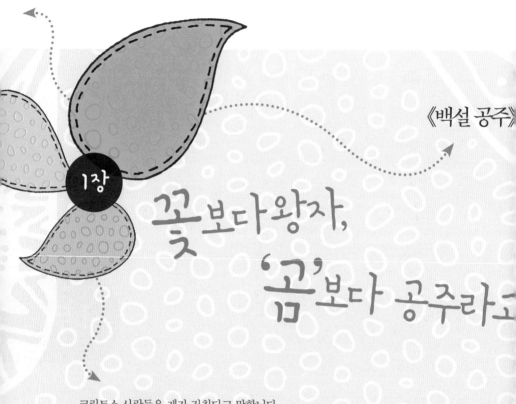

《백설 공주》

1장 꽃보다 왕자, '곰'보다 공주라고

코린토스 사람들은 제가 거칠다고 말합니다.

그들은 여자가 자기주장을 내세우면 거칠다고 여기죠.

......

코린토스 여인들은 마치 정성 들여 길들인 가축 같아요.

이아손은 제 가슴에 얼굴을 묻고 한참을 울었지요.

저는 이아손이 우는 모습을 처음 보았어요…. 분명 전 그 대가를 치를 겁니다.

코린토스에서는 남자의 약한 모습을 본 여자는

반드시 대가를 치른다는 말이 있죠.

- 크리스타 볼프, 《메데이아, 또는 악녀를 위한 변명》

  (황금가지, 2005), 18~19쪽 / 29쪽

"이 의사는 누구일까요?"

어느 화창한 휴일 아침 의사인 아버지와 그 아들이 즐거운 마음으로 휴가 여행을 떠났습니다. 한가한 국도로 진입하여 두 사람은 휘파람을 불면서 신나게 달리고 있었죠. 급하게 휘어진 길을 따라 도는데, 느닷없이 맞은편 차선에서 화물차 한 대가 나타났습니다. 브레이크를 밟지 못한 화물차는 중앙선을 침범하여 그대로 돌진했습니다. 서로 피할 길이 없었던 두 차는 충돌하고 말았습니다. 화물차 운전자와 의사인 아버지는 현장에서 즉사했고 아들은 중상을 입었습니다. 구급차가 아들을 병원 응급실로 옮겼습니다. 응급 수술을 하려고 달려온 의사가 메스를 들었지만 이내 손을 놓고 말았습니다. "도저히 수술을 할 수가 없군요." 왜 그러냐고 다른 의사들이 물었습니다. 그러자 그 의사가 대답했습니다. "이 아이는 내 아들이거든요."

이 이야기를 듣고 어떤 생각이 들었나요? 한 심리학자가 "이 의사는 누구일까요?"라는 질문을 파티에 모인 마흔 명의 참석자에게 물었습니다. 질문을 받은 사람들은 무척 당황했죠. 의사인 아버지는 이미 죽었다. 그런데 어떻게 그가 응급실에 나타났지? 어떤 사람은 의사인 아버지의 혼이 차마 눈을 감지 못하고 되돌아왔다고 대답했습니다. 여러분은 어떤 대답이 떠올랐나요? 마흔 명 중에 제대로 대답을 한 사람은 겨우 두 명이었다고 합니다. 그나마 한 명은 이미 이 이야기를 들어서 알고 있었죠. 그렇다면 답을 제대로 말한 사람은 한 명뿐이었다고 할 수 있겠군요. 그 의사는 누구였을까요?

아들의 엄마였습니다.

이 질문을 접했던 때가 1990년대였습니다. 그로부터 사반세기가 흐른 지금 이 질문에 얼마나 많은 사람이 제대로 된 답을 말할 수 있을까요? 그 당시 이 질문에 대답이 쉽지 않았던 이유는 무엇 때문이었을까요? 아버지는 의사, 어머니는 가정주부라는, 상식에 허를 찌르는 질문이었기 때문은 아닐까요? 남자만 의사가 되는 것도 아니고 의학계의 어느 분야든지 '여'의사들이 있지만 사람들의 머릿속에는 아직까지 의사하면 남성을 연상하기 때문이겠지요.

그로부터 많은 시간이 흐른 지금은 어떤가요? 사람들의 상식은 사실과 무관하게 일단 형성되면 습관이나 마찬가지로 쉽게 바뀌지 않습니다. 뽕나무밭이 푸른 바다가 될 정도로 무수한 세월이 흘러야 우리의 몸과 마음에 새겨진 생각이 바뀔 정도로 고정관념은 쉽사리 바뀌지 않습니다. 손바닥을 뒤집듯 쉽사리 바뀐다면 고정관념일 수가 없겠죠. 아침에 해가 떠서 저녁이면 수평선 너머 바다로 떨어진다는 상상은 지구가 둥글다는 것이 증명된 이래로 사실이 아니라는 점을 누구나 알지만, 그럼에도 불구하고 아침에 뜬 해가 저녁이면 불덩이로 달아오른 몸을 식히려고 바다에 풍덩 뛰어든다는 신화적 상상력을 대다수 사람들은 그다지 불편함 없이 유지하고 있습니다.

근대적인 학교교육이 시작된 이래로 우리는 직업에만 귀천이 없는 것이 아니라 성별(남자, 여자)에도 차별이 없어야 한다고 학교에서 '날마다' 배웁니다. 남자다운 것, 여자다운 것이 따로 있지 않다는 말도 '가끔씩' 듣습니다. 민주주의 국가에 살고 있는 모든 사람에게 성별에 따라 기회가 달리 적용되지는 않으니까요. 영화 〈슈팅 라이크 베컴Bend it like Beckham〉에서 보다시피, 남자아이들과 함께 축구하면서 베컴처럼 멋진 코너킥을 차고 싶어 하는 여자아이도 있습니다. 이처럼 우리는 남녀에 상관없이 하고 싶은 것들을 할 수 있는 민주주의 사회에서 살고 있다고 믿지요. 그럼에도 왜 우리는 화장하고 치마 입고 뜨개질하고 요리하는 남자아이, 해커, 첩보요원, 오지탐험가가 되고 싶어 하는 여자아이를 상상하기 힘들까요? 우리는 왜 발레 하는 남자, 권투 하는 여자, 중장비 여자 기사, 남자 베이비시터, 의사인 엄마, 가정주부인 아빠를 스스럼없이 상상하기 힘들까요?

여자와 남자는 엄격히 분리되어 서로가 서로에게 낯선 외계인일까요? 심지어 같은 나라에서 살지만 남자의 언어와 여자의 언어가 다를까요? '화성에서 온 남자와 금성에서 온 여자'만큼이나 남자와 여자는 동떨어진 존재일까요? 남자는 맥주와 축구를 좋아하고 여자는 초콜릿과 꽃과 쇼핑을 좋아한다고 할 만큼 차이가 있을까요?

오랜 세월 동안 반복되는 이야기들이 있습니다. 그런 이야기들은 바람이 불고 비가 오고 눈이 내리는 것처럼, 자연스럽게 다가옵니다. 어린 시절 포근한 잠자리에서 꿈나라로 들어가기 전 부모님이 읽어주셨던 동화는 대부분 오랜 세월 동안 전해져 내려오는 이야기입니다. 듣고 또 들어서 외다시피 하면서도 우리는 부모님을 졸라서 그런 동화들을 되풀이하여 들었습니다. 그런 이야기들은 재밌으니까 자연스럽게 받아들이면서 온몸으로 익히게 됩니다. 그런 동화가 여자아이로 성장하고, 남자아이로 자라는 데 어떤 영향을 미칠까요? 어떤 동화가 머릿속에 떠오르나요? 누구나 익히 알고 있는 백설 공주 이야기는 어떨까요?

1. 백설 공주 혹은 집 안의 천사

거울아, 거울아, 누가 제일 예쁘니?

〈백설 공주와 일곱 난쟁이〉는 익히 알려진 동화죠. 이 동화는 원래 독일인 그림Grimm 형제가 채집한 전래 민담의 하나였답니다. 그것을 여러 가지 동화로 각색한 것이 오늘날 우리가 읽고 있는《백설 공주》혹은《백설 공주와 일곱 난쟁이》입니다. 이 작품은 오늘날까지도 수많은 공주 시리즈, 멜로드라마, 할로퀸 로맨스, 〈신데렐라〉의 모델이 되고 있습니다.

나이가 좀 들고 여학생이 되어 다시 읽어 보면, 어떤 느낌이 들까요? 나이가 들어서도 다시 동화책을 집어 드는 일은 잘 없겠죠? 엄마에게 동화책을 읽어 달라고 했던 꼬마가 어느새 엄마가 되어 자기 아이에게 동화책을 다시 읽어 준다면 그런 동화가 어떻게 다가올까요? 실제로 경험하지 않았다 하더라도 우리는 상상할 수 있고 그래서 마법의 세계로 들어갈 수도 있습니다. 만약 우리가 백설 공주 같은 상황

에 처했다면 어떻게 할까요? 내가 왕비라면, 내가 왕자라면, 혹은 사냥꾼이라면요? 어린 시절 누구나 읽었을 법한 《백설 공주》를 다시 한 번 기억해 볼까요.

《백설 공주》의 첫 장면은 눈이 소담스럽게 내리는 어느 겨울날입니다. 깃털 같은 눈송이가 하늘에서 흩날리고 있습니다. 바느질을 하면서 왕비는 황홀하게 창밖을 쳐다봅니다. 그러다 그만 손가락이 바늘에 찔리고 말지요. 그러자 붉은 피 세 방울이 눈 위에 떨어집니다. 새하얀 눈 위에 떨어진 선명하게 붉은 핏방울이 하도 아름다워서 왕비는 속으로 생각하죠. '피부는 눈처럼 하얗고, 입술은 피처럼 붉고, 머리는 흑단처럼 검은 아이를 가질 수 있다면….' 세월이 흘러 왕비는 소원대로 딸을 낳습니다. 아기의 피부는 눈처럼 하얗고, 입술은 피처럼 붉고, 머리카락은 숯처럼 검지요. 그런데 아기를 낳은 후 왕비는 그만 죽고 말았습니다.

1년이 지나 왕은 새 아내를 맞이합니다. 새 왕비는 아름다웠지만 건방지고 오만하죠. 그녀는 자기보다 아름다운 여자를 견딜 수 없어합니다. 왕비에게는 신비한 거울이 있었죠. 그녀는 거울을 들여다보면서 날마다 주문처럼 물었다죠.

"거울아, 거울아, 벽에 걸린 거울아,
온 나라에서 누가 제일 예쁘니?"

1부 _ 왜 여자이냐 물으신다면

그러면 거울이 대답했습니다.

"그야 여기 계신 왕비님이 제일 예쁘지요."

왕비가 거울을 들여다보면서 자기 미모에 감탄하는 동안 백설 공주는 무럭무럭 자라 일곱 살이 되었습니다. 일곱 살인 백설 공주는 아침 햇살처럼 아름다웠습니다. 어느 날 왕비는 다시 한 번 물어봅니다. "거울아, 거울아, 벽에 걸린 거울아, 이 세상에서 누가 제일 예쁘니?" 백설 공주가 자라기 전까지 거울의 대답은 한결같았습니다. "세상에서 가장 아름다운 분은 왕비님이십니다." 그러던 어느 날 왕비는 또다시 묻습니다. 거울은 이렇게 대답했죠.

"여기서는 왕비님이 제일 예쁘시지만,
백설 공주가 왕비님보다 천배는 더 예쁘답니다."

여기까지 백설 공주 이야기를 모르는 사람은 거의 없을 것입니다. 거울의 대답이 왕비의 질투심을 자극하게 되면서 백설 공주 이야기는 빠르게 진행됩니다. 새 왕비는 공주를 죽이려고 여러 가지 계략을 꾸미지만, 공주는 사냥꾼, 난쟁이, 왕자의 도움으로 왕비의 계략에서 벗어납니다. 마침내 공주는 왕자와 결혼을 하게 되고 심술궂은 왕비는 처벌을 받는 해피엔딩으로 이야기는 끝이 납니다. 아마 공주와 왕자는 그 이후로도 오랫동안 행복하게 잘 살았겠지요. 왕이 되고, 왕비가 되어서 그들 부모 세대의 일상을 되풀이하면서 아직까지 잘 살고 있을지 모릅니다.

백설 공주가 살아남는 법 1 _ 알뜰한 살림

《백설 공주》에서 왕비는 아름다운 아이를 소원합니다. 왕비의 소원대로 아름다운 아이가 태어났지만 왕비는 오래 살지 못하죠. 아이는 엄마의 죽음으로 세상에 홀로 남겨지게 되고요. 부모의 사랑이 아무리 지극하다 해도, 죽음 앞에서는 어쩔 수가 없나 봅니다. 자식을 아무리 위한다 해도, 자식보다 먼저 죽을 수밖에 없는 게 부모니까요. 자식은 부모 뒤에 홀로 남을 수밖에 없고요.

그런데 아이에게는 세상에 홀로 남겨지는 것보다 두려운 일은 없겠지요. 부모가 없어 고아가 되고 보살펴 주는 사람이 없으면 혼자 힘으로 갓난아이가 살아남는다는 것은 불가능하니까요. 인간은 살기남기 위해 절대적으로 타인에게 의존해야 합니다. 아이가 의존할 수 있는 절대적인 존재가 엄마입니다. 그런데 그런 엄마가 사라진다는 것은 아이에게는 엄청난 공포입니다. 엄마 없는 세상에 홀로 버려진다는 것이니까요. 그런데 백설 공주에게는 친엄마가 사라지고 이제 새엄마가 과거의 엄마를 대신합니다. 좋은 엄마는 죽고 나쁜 새엄마가 엄마 자리에 들어온 것이죠.

예쁜 딸을 시샘한 새 왕비는 사냥꾼을 시켜서 백설 공주를 죽이라고 명령합니다. 왕비의 계획은 뜻대로 되지 않죠. 공주의 죄목은 어리고 예쁘다는 것뿐이니까요. 여자에게 어리다는 것은 약점일 수도 있지만 예쁘다는 것은 보호받을 수 있는 조건이기도 합니다. 도움이 필요한 절대적으로 무기력한 아이는 사람들의 측은지심을 자극하기도 합니다. 사냥꾼은 죄 없고 예쁜 공주를 차마 죽이지 못하죠. 사냥꾼은 사나운 짐승을 사냥하거나 길들이는 자입니다. 인간에게 있는 동물적이고, 잔인하고, 폭력적인 면을 길들이는 인물이지요. 그는 공주에게 아버지(왕) 역할을 대신합니다. 사냥꾼은 공주를 죽이지 않고 숲 속에서 풀어 줍니다.

숲 속에 버려진 백설 공주는 살아남는 법을 배워야 했어요. 숲 속에서 헤매던 공주가 우연히 마주친 곳이 일곱 난쟁이의 집입니다. 집 안으로 들어갔을 때, 그곳은 너무나 깔끔하게 정리되어 있었습니다. 뿐만 아니라 식탁 위에는 정갈한 저녁 식사가 완벽하게 준비되어 있었죠. 하얀 식탁보가 덮인 작은 식탁에는 일곱 개의 작은 접시가 놓여 있었고, 접시마다 옆에 스푼과 칼과 포크가 놓여 있었죠. 공주가 가기 전에 누가 이런 살림과 요리를 했을까요? 우렁 각시가 있어서 완벽하게 청소하고 설거지하고 빨래하고 요리하지 않았다면 누가 그런 일들을 했을까요? 일터에서 집으로 돌아온 난쟁이들이 공주에게 제안했던 것이 바로 살림살이를 해 달라는 것이었어요. "네가 살림을 맡아서 요리하고, 침대를 정리하고, 빨래하고, 바느질과 뜨개질을 하면서 집 안을 깔끔하게 정돈해 준다면 우리와 함께 살아도 좋아. 대신 너도 부족한 게 없도록 해 줄게.”

백설 공주는 이곳에서 어린아이가 아니라 ‘여자’로서 살아가는 법을 배웁니다. 난쟁이의 집에서 공주는 집안 살림을 익히게 됩니다. 요리하고, 빨래하고, 바느질하고, 뜨개질하고, 청소하고, 침대를 정리하는 등. 이런 집안일들은 여자가 마땅히 배워야 할 일들이죠. 그런 일을 해 주는 대신 난쟁이들은 공주에게 잠자리와 먹고 입을 것과 안전을 제공해 주고요. 난쟁이와 더불어 사는 백설 공주는 집 안의 천사와 다를 바 없습니다. 난쟁이들을 위해 요리하고 청소하고 헤진 옷을 깁습니다. 그들이 아프면 간호하고 보살펴 줍니다. 물론 그녀가 난쟁이의 집에 ‘공짜로’ 얹혀살고 있으므로, 그런 집안일과 따스한 정서적 배려와 사랑은 당연한 것처럼 보입니다. 남자가 일터에서 힘들여 돈을 번다면, 여자는 그 돈으로 집안 살림을 꾸립니다. 그래야 남자의 역할과 여자의 역할이 ‘공평’하게 나눠진 셈이니까요.

왕은 나라를 다스리느라 분주하고, 사냥꾼은 사냥감을 쫓느라 바쁘고, 광부는 광산에서 곡괭이질을 하느라 땀 흘립니다. 백설 공주의 아버지인 왕은 나라를 다스리느라 바빠서 공주가 어떤 지경에 처해 있는지 전혀 모릅니다. 왕은 집안의 사소한 ‘일’ 따위에는 무지합니다. 나라를 구하고 다스리는 공적인 ‘정치’는 남자들이 하는 일이고, 집안의 사적 ‘정치’는 여자들끼리 하는 것이니까요. 그렇다면 왕, 사냥꾼, 노동자와 같이 집 바깥에서 정치를 하거나 일터에서 돈을 벌어 올 형편이나 기회가 닿지 않는 공주가 할 수 있는 것은 무엇일까요?

백설 공주가 살아남는 법 2 _ 귀요미 전략

숲 속에는 늑대가 우글거립니다. '빨간 두건을 쓴 소녀'처럼 늑대의 유혹에 빠져서 숲 속을 자유롭게 돌아다니다 보면 어떤 위험에 처할지 모릅니다. 세상 무서운 줄 모르고 나비처럼 여기저기 날아다니고 싶은 공주가 있다면 순진한 순백의 공주가 될 순 없겠죠. 여자들에게 가장 치명적인 것이 헤프다는 오명이니까요. 늑대 우글거리는 숲이 무섭지 않고, '바다가 무섭지 않아서 파도 위에 내려앉았다가' 세상의 '소금물에 여린 날개가 절어서' 날 수 없게 된, 그래서 지쳐서 돌아온 백설 공주를 반길 사람은 없으니까요. 거친 비바람이 몰아치는 바깥으로 나가는 것 자체가 위험하고 금지되어 있는 상황에서 공주가 할 수 있는 것은 모험 대신 집안사람들을 보살피고 배려하면서 집안일을 하는 것이었죠.

공주가 잘할 수 있는 것은 사랑하고 사랑받는 능력이죠. 요즘 말하는 '감정노동'을 담당하는 것도 공주가 잘할 수 있는 것이지요. 이때 감정노동이란 집안사람들을 항상 따스한 미소로 다정하고 친절하게 대하는 것입니다. 비록 자신은 지치고 피곤하더라도 짜증을 부리거나 우울한 모습을 보이지 않고 남들의 고통을 위로하고 남들의 분노를 녹여 줘야 합니다. 힘든 상황에서도 명랑한 분위기를 유지하도록 해 주는 것이 여자의 현명한 미덕으로 간주되니까요. 미소와 재담과 요리와 보살핌이 그런 능력에 한몫하죠. 공주는 종일 일하고 돌아오는 난쟁이들을 상냥하고 따뜻한 미소로 맞이합니다. 폭풍우가 몰아치는 황야에서 사냥감을 쫓느라 지친 남자들, 온종일 광산에서 괭이 질을 했던 남자들이 집으로 돌아와서 불편함 없이 편안하게 쉴 수 있 도록 미소와 따스함과 사랑을 제공하는 것이 그녀의 일이지요.

공주는 하루의 피곤이 풀리도록 그들에게 종달새처럼 종알거립 니다. 트윗twit이 새처럼 재잘거린다는 표현에서 나온 것처럼, 여자의 '귀요미' 전략은 남자의 마음을 녹입니다. 여우 같은 여자하고는 살아 도 곰 같은 여자하고는 살지 못한다는 속담이 있습니다. 이 속담은 미 련하게 정면으로 대들지 말고 애교와 귀염으로 남자의 마음을 녹여서 자신이 원하는 것을 얻어 내라고 충고합니다. 남의 마음을 얻어서 자 신이 원하는 것을 얻어내는 데 친절과 미소보다 좋은 전략은 없다고 들 합니다.

남자의 마음은 위장에 있다는 중국 속담이 있습니다. 남자는 맛있 는 요리를 해 주는 여자와 사랑에 빠진다는 것이지요. 저녁밥 짓는 연 기가 굴뚝으로 올라오는 모습을 보는 것만으로도 난쟁이들의 가슴은 따스해집니다. 따스한 화로가 있고 저녁밥 익는 냄새가 풍기면서 공 주가 자신들을 위해 식탁을 차려 놓고 기다리고 있는 것만으로도 그 들의 가슴은 설렐 수 있지요. 비록 거대한 궁궐은 아니지만, 난쟁이들 이 모여 사는 소형 왕국에서 공주는 집안일이 어떤 것인지, 여자로서 베풀어야 하는 것이 어떤 것인지 배우게 됩니다. 난쟁이들은 왜소한 체격이라고 할지라도 바깥 세계에서 광부로 힘들게 일하고 생활비를 벌어 옵니다. 제각기 요구가 다를 수 있는 일곱 명이나 되는 난쟁이들과 더불어 살면서 백설 공주는 봉사하고 섬기고, 온순하게 베푸는 법을 배우게 됩니다. 이것은 흔히 여자의 덕목이라고 일컬어지는 것들입니다. 이렇게 하여 남성의 일과 여성의 일은 성별에 따라 자연스럽게 익혀지죠.

사고 치는 공주, 수습하는 난쟁이

집 안의 천사가 되는 것과 더불어 공주가 극복하고 배워야 할 것들은 많습니다. 유혹에 넘어가거나 사치하는 것에서 벗어나는 것도 여자가 배워야 할 덕목들이죠. 난쟁이들은 일을 하러 나가면서 공주에게 낯선 사람이 방문하면 문을 열어 주지 말라고 경고합니다. 계모 왕비가 알게 되면 무슨 일이 일어날지 모르기 때문이었죠. 난쟁이들의 거듭된 당부에도 불구하고 공주는 계속해서 낯선 사람에게 문을 열어 줍니다. 한 번 실수는 충분히 용납이 됩니다. 하지만 공주는 두 번 세 번 똑같은 실수를 되풀이합니다. 동화책을 읽는 독자에게 공주는 어쩜 이렇게 멍청할까, 라는 안타까운 마음이 들도록 말이죠. 이렇게 거듭 사고를 치면서 공주는 난쟁이들을 힘들게 만듭니다.

낯선 사람의 말에 속아서 쉽게 문을 열어 주고 또 열어 주는 공주는 바보였을까요? 온종일 집안에 갇혀서 외롭고 지루하게 보내는 공주의 입장이 되어 본다면 어떨까요? 난쟁이들이 일터로 떠나고 나면 매일 말 한 마디 나눌 사람도 없이 완전히 고립된 곳에서 홀로 지내는 공주의 입장을 한번 생각해 본다면 말이지요. 숲 속의 외딴 집에서 종일 홀로 지내는 공주에게 손님이 찾아오는 것보다 반가운 일이 있었을까요? 온종일 집안일을 하면서 숲 속에 갇혀 지내는 공주에게는 신기한 물건과 먼 곳의 소식을 실어 오는 손님의 방문처럼 멋진 선물은 없었을 거예요. 게다가 방물장수 할머니는 정말로 선물을 들고 왔어요. 아직 어린 공주에게 자기가 두고 온 바깥세상은 끊임없는 호기심과 동경의 대상이었죠.

코르셋으로 개미허리를 만들 테야

방물장수 할머니로 변장한 계모왕비가 가져온 물건들은 백설 공주 안에 잠들었던 여성스러움을 슬며시 일깨웁니다. 남성이 힘을 가진 사회에서 여성에게는 아름다움이 최고의 경쟁력이 되죠. 여자를 선택하는 것은 남성들이니까요. 여자들은 자신이 신중하게 남성을 선택한다고 생각할 수 있지만, 그것은 동시에 선택받을 수 있는 권리입니다. 자신을 선택하도록 만들 수 있는 것이 여자의 선택인 셈이지요. 그것은 사랑받을 수 있는 권리이기도 합니다. 공주 또한 아름다워질수록 더욱 사랑받을 것이라는 믿음을 가지고 있었겠지요. 바비 인형과 같은 몸매를 유지하려면 여성은 엄청난 노력을 해야 합니다. 선택하는 입장이 아니라 선택당하는 입장에서는 선택받기 위한 노력을 게을리 할 수가 없기 때문이죠.

방물장수로 변장한 할머니가 가져다준 선물은 코르셋, 빗, 그리고 사과입니다. 과거 서구 여러 나라에서 코르셋은 여자의 개미허리를 위해 고래 뼈나 심지어 강철로 만들기도 했어요. 코르셋을 착용하면 숨쉬기조차 힘들어서 여자들은 종종 기절하고는 했습니다. 인어공주가 두 다리를 갖기 위해서 한 걸음 한 걸음 내디딜 때마다 바늘로 만든 철판 위를 걷는 것 같은 고통을 참아야 했던 것처럼요.

독일의 그림 형제가 〈백설 공주〉라는 민담을 채집했던 18세기 무렵, 코르셋은 여성의 허리를 바비 인형의 허리처럼 만들어 주는 장치였어요. 코르셋 아래 넓게 펄럭이는 드레스에 발길이 채여 여자들은 넘어지기 일쑤였습니다. 남성과 팔짱을 끼지 않는 한 발걸음을 옮기는 것조차 쉽지 않았죠. 숨쉬기가 힘들어서 우아하게 기절할 줄 아는 여자는 남성의 기사도를 자극하는 보호의 대상이었답니다. 백설 공주도 예외는 아니었어요. 그녀는 아름다운 몸매를 강조해 줄 코르셋의 유혹에 넘어가고 말았죠. 방물장수 할머니가 꽉 졸라매어 준 코르셋 때문에 공주는 숨이 막혀 그만 쓰러지고 말았습니다. 일곱 난쟁이들이 집으로 돌아와서 코르셋의 끈을 잘라 주자 마침내 공주는 숨을 쉬면서 되살아났습니다.

이처럼 여자에게는 여자다워서 사랑받을 수 있는 몸매가 있다고 여겨집니다. 예를 들자면 여성 발레리나는 남성 발레리노가 가볍게 들어 올릴 수 있는 몸매를 유지해야 하죠. 여자 발레리나가 남자 발레리노를 번쩍 들어 올려서 턴을 한다는 것은 상상하기 힘든 일이에요. 그렇게 되면 관객들은 그 장면을 코미디 이상으로 여기지 않을 테니까요. 요즘 여성들은 코르셋 대신 킬힐을 신습니다. 꼬리 대신 다리를 갖게 된 인어공주가 걸을 때마다 바늘 위를 걷는 고통을 느낀 것처럼 여자들은 킬힐의 고통을 감내해야 하죠. 곡예 하듯 킬힐을 신고 고통을 참으면서도 우아하게 걸을 수 있는 여성이 아름다운 여성으로 간주되니까요. 마당발처럼 큼직한 여자의 발은 매력이 없다 하여 전족을 하던 시절도 있었습니다. 큼직한 두 발로 땅을 힘차게 딛고 뛰는 모습은 여자에게는 어울리지 않는다는 것이지요. 혹은 여자가 뚱뚱하거나 덩치가 크면 아무리 똑똑해도 곤란하다는 생각은 사람들 머릿속에 깊숙이 새겨져 있습니다. 여자는 가능한 차지하는 공간을 줄이려고(다리를 조신하게 붙이고 앉는 자세에서부터, 몸의 부피를 줄이고 발의 크기까지 줄여서라도 가냘프게 보이도록 하는 것까지) 합니다. 온몸의 털은 뽑고, 지방은 빼고, 턱은 깎고, 살갗은 박피해야 하는 성형천국의 시대가 여성들에게 과연 천국인지는 의문입니다.

아름다운 머릿결을 간직하고 싶어

게다가 여자는 아무리 똑똑하더라도 남자를 위협할 정도로 똑똑해서는 곤란하다는 사회적 분위기가 있습니다. 남자의 자존심을 위협할 정도로 똑똑하다는 것은 여자에게 그다지 도움이 되지 않는다는 분위기도 있고요. 남자와 다 같이 의대, 공대, 법대를 나와서 전문직 여성이 된다고 하더라도 여자로서 아름다운 것만 못하다는 분위기도 여전하고요. 여성이 경제적, 정치적으로 뭐든 할 수 있다고 가정된 시대에도 여전히 여자의 지적 재능은 미모만 못하다는 분위기가 아직도 남아 있는 마당이라면 백설 공주의 시대는 오죽했을까요?

방물장수로 변장한 계모왕비가 다음으로 가져온 것은 빗입니다. 그녀가 가져온 빗은 공주의 흑단처럼 검고 긴 생머리를 더욱 윤기 나고 아름답게 해 줄 수 있었죠. 샴푸 광고를 하는 탤런트들의 머릿결처럼 말입니다. 오늘날까지도 방송에 나온 아이돌 남자 스타들에게 이상형을 물으면, 대체로 긴 생머리, 흰 피부라는 대답을 자주 합니다. 단정한 긴 생머리는 여성의 청순함, 순결함을 부각시켜 줍니다. 남자는 자유, 여자는 정숙이라는 백설 공주 시대 공식이 21세기를 살아가는 젊은이들에게도 여전히 남아 있는 것처럼 보이는 대목이죠.

여기서 여담으로 독일인 그림 형제가 채집한 민담인데도 백설 공주가 왜 검은 머리를 하고 있는지가 좀 이상합니다. 유럽에서 검은 머리는 인종적으로 카르멘과 같은 유혹적인 집시 여성을 주로 연상시키니까요. 혹은 백설 공주의 어머니는 아시아인과 혼혈이었을까요? 백설 공주는 당연히 푸른 눈과 금발의 백인 여자아이로 우리는 상상해 왔지만, 사실은 아시아계와 혼혈이었을지도 모르죠. 세계는 전지구화 이전에도 끊임없이 교류하고 피가 섞였으므로 순혈에 대한 상상은 환상일 수도 있습니다.

예뻐지고 싶은 마음에 코르셋과 빗의 유혹에 넘어가는 것을 보면 백설 공주의 욕망 또한 계모왕비의 욕망과 동떨어진 것처럼 보이지 않는군요. 이 점을 새 왕비의 욕망과 한번 대조해 보면 재밌지 않을까요?

2. 새 왕비 - 마녀 이야기

용감하게 모험하는 여자, 그 이름 마녀

나이가 들면서 어린 시절에 읽었던 똑같은 동화가 예전과는 다르게 다가오기도 하지요. 어린 시절에는 선악이 그처럼 뚜렷했던 것에 비해, 살아가다 보면 상상만큼 선과 악이 뚜렷한 것이 아님을 깨닫기도 하고요. 누구의 관점에서 어떻게 보느냐에 따라, 혹은 상황에 따라 선과 악이 다르게 해석되기도 합니다. 그러니 혼란스럽기도 하죠. 동화 속에서처럼 선과 악이 분명하고, 우리의 부모님이 왕과 왕비여서 남자는 왕자이고 여자는 공주인 세상이라면 오죽 좋겠습니까. 악의 세력은 처벌받고 모험은 보상을 받고 세상은 다시 평화롭고 행복한 곳으로 되돌아온다면 더할 나위가 없겠지요. 계모왕비가 철저히 악당이기만 하다면 처벌받는 것은 당연할 것이에요. 그런데 다시 생각해 보면 그녀가 악인이기만 할까요?

계모 왕비는 탁월한 능력이 있습니다. 네비게이션도 없던 시절 백설 공주가 난쟁이들과 함께 살고 있는 곳을 용케도 알아냅니다. 그녀는 용감하기도 하죠. 무려 일곱 개의 산을 혼자 넘고 무서운 산짐승들이 우글거리는 숲을 헤치고 깊은 산속에 자리한 오두막까지 혼자 여행합니다. 여자는 남자의 보호와 동행 없이 혼자 외출할 수 없었던 시절, 왕비는 두려움 없이 혼자 모험을 감행하죠. 중세의 기사들은 성배를 찾으려고 세상 끝까지 방랑했습니다. 음유시인들은 그들의 모험과 방랑을 노래하고 칭송했고요. 모험을 꿈꾸는 남자들이나 들어갔던 곳이 숲 속이었습니다.

여자들이 깊은 숲 속으로 들어가 모험을 꿈꾼다는 것은 그야말로 꿈조차 꿀 수 없었던 시절이었습니다. 그런 시절 왕비는 깊은 산속을 헤매고 다니면서 여러 가지 다양한 식물들을 연구합니다. 먹을 수 있는 식용버섯과 먹을 수 없는 독버섯을 구분하고, 독초와 약초를 가려내죠. 그렇게 혼자 모험할 수 있는 지력과 담력을 지닌 여자들은 당시 기준으로는 사랑받을 만한 여자가 아닙니다. 그런 여자들에게는 괴물이라는 이름이 붙게 됩니다. 괴물 같은 여자, 여자답지 않은 여자를 흔히 서구에서는 마녀라고 일컬었습니다.

순진한 공주 대 똑똑한 왕비

온갖 방법을 동원해 어린 경쟁자를 죽이려 했지만 왕비의 계획은 번번이 실패로 돌아갑니다. 공주에게는 보호해 주는 사냥꾼, 난쟁이들이 있었으니까요. 왕비의 꾐에 빠져 일을 저지르는 것은 공주이고, 그 뒤처리는 난쟁이들의 몫입니다. 마침내 여성의 유혹을 상징하는 사과를 가지고 계모왕비가 등장합니다. 백설 공주가 바보가 아니라면 이번에도 낯선 사람을 집 안으로 들여보내지는 않을 것입니다. 왕비는 이번에는 소박한 농부의 아낙네로 변장해 먹음직스러운 사과로 공주를 유혹하죠. 백설 공주는 독사과를 한 입 베어 먹다가 쓰러집니다. 잠들어 있는 공주를 깨울 수 있는 사람은 백마 탄 왕자고요.

잠들었다는 것은 순진하고 무지한 상태, 각성되지 못한 상태를 뜻하겠지요. 성적으로든, 지적으로든 공주는 순수하고 순진합니다. 순수하고 순진하다는 것은 세상 경험이 없어서 영악하지 않고 그래서 무지하다는 뜻도 됩니다. 무식과 무지를 권장하는 사람은 아무도 없을 테지요. 공부를 잘하라는 것은 무지에서 벗어나서 똑똑해지라는 뜻으로 들립니다. 하지만 여성에게는 반드시 무지해야 하는 분야가 하나 있습니다. 모든 부분에서 똑똑하더라도 결혼 전까지 성적으로는 무지해야 합니다. 여자가 화끈한 섹스를 주도한다고요? 21세기 한국 사회에서도 '헐, 그건 좀.'이라고 말들 하겠죠. 우리는 그런 성적 무지 상태를 흔히 순결이라고 말합니다. 성적 무지로서의 순결은 여성에게는 대단한 자산으로 간주됩니다. 공주를 이런 무지에서 깨어나도록 교육시킬 수 있는 남자는 그녀와 결혼해 줄 수 있는 왕자뿐이죠.

계모 왕비는 주도적으로 일을 꾸미고 실행에 옮기는 적극적인 인물입니다. 당시에 알려진 과학적 지식을 갖고 있다는 점에서 잠든 공주와는 달리 깨어 있는 인물이자 삶의 경험이 많은 인물입니다. 그녀는 유혹과 변장에 능해서 천 개의 얼굴을 가지고 있지요. 그녀는 변신의 달인으로서 예술적 재능도 가지고 있고요. 방물장수 할머니, 농부의 아낙네로 변장하여 바깥 세계에서 벌어지는 온갖 이야기들을 공주에게 들려주는 것으로 공주를 유혹합니다. 그러니 그녀는 탁월한 유혹의 기술 또한 가지고 있다고 할 수 있겠죠.

그녀는 약초와 독초를 제조할 수 있는 지식과 기술을 갖고 있습니다. 실험실에서 독사과를 만들었습니다. 사과의 한쪽 면만 독이 스며들 수 있도록 하는 기술도 개발했죠. 그녀는 독이 들어 있지 않는 다른 쪽을 먼저 베어 먹으면서 공주를 천연덕스럽게 안심시킵니다. 공주는 아낙네로 변장한 새 왕비가 사과 한쪽을 먹는 것을 보고 더는 참지 못해 독이 든 반쪽을 집어 들게 되었으니까요.

그녀는 나침판과 지도를 활용할 수 있었던 여성 과학자이기도 합니다. 서구에서는 15세기 무렵부터 대항해의 시대가 열리기 시작합니다. 많은 남자들이 나침판과 항해술로 무장하고 모험을 떠나고 그 결과 식민지를 개척하고 있었습니다. 왕비가 일곱 개의 산을 넘고 강을 건너서 난쟁이의 오두막을 찾아 나서는 것을 본다면, 그녀는 당대의 과학적 지식을 활용할 수 있었던 인물임에 틀림없습니다.

공주와 왕비의 접점

이처럼 엄청난 재능, 기술, 예술, 지성은 전부 제쳐 두고 새 왕비는 오로지 거울에 매달려 살죠. 언제나 "거울아, 거울아, 온 나라에서 누가 제일 예쁘니?"라고 묻습니다. 그리고 "여기 계신 왕비님이 제일 아름답지요."라는 말을 들어야 그녀는 비로소 안심해요. 모든 능력에도 불구하고 동안 미모에만 매달린다면, 왕비는 백설 공주의 경쟁상대가 못 됩니다. 그리고 거울을 들여다보고 예뻐지려고 하는 이유가 오로지 왕의 마음에 들기 위한 것이라면요?

《백설 공주》에서 왕은 어디에도 없지만 실은 도처에 있습니다. 거울은 왕의 목소리를 대변하는 것과 다르지 않아요. 계모왕비가 아름다워지려는 것은 왕의 눈에 아름다워서 그의 사랑을 잃지 않으려는 노력입니다. 그런데 그녀가 어리고 아름다운 딸인 백설 공주를 두고 왕의 사랑을 독차지하려고 경쟁한다면 어떻게 될까요? 여자가 늙으면 남자는 차가워진다고들 하지요. '여자 나이 서른이면 눈 먼 새도 뒤돌아보지 않는다.'는 우리 속담은 여자가 나이 들면 경쟁력을 잃게

된다는 상식적인 믿음입니다. 우리 사회의 통념에 공부 잘하고 재주 많은 여자 예쁜 여자 못 당하고, 예쁜 여자 남편 잘 만난 복 많은 여자 못 당하고, 아무리 복 많은 여자도 젊은 여자에게는 못 당한다는 말이 있습니다.

왕비의 불안은 결국 외모와 나이에서 비롯됩니다. 세월이 흐르면 늙은 세대는 젊은 세대에게 자신의 자리를 내놓을 수밖에 없습니다. 그런데도 오로지 동안과 미모만을 꿈꾼다면, 왕비의 실패는 불 보듯 뻔하겠죠. 오로지 왕의 사랑을 독차지하려고 경쟁한다면 말이지요. 아무리 아름다운 여인이라도 세월이 흐르면 눈 밑에 주름이 생기고 당연히 늙어 가게 됩니다. 나이 든 여자가 아무리 미모를 자랑하더라도 자라나는 세대의 눈부신 아름다움과 어찌 비교할 수 있을까요. 여자가 아름다움 하나만으로 경쟁한다면, 젊고 아름다워서 눈부신 세대에게 패하기 마련이겠죠. 비록 미모로 인해 왕비의 자리에 오를 수 있었다고 하더라도, 왕비에게 앞으로 나타날 경쟁자는 헤아릴 수 없이 많을 테니까요.

오직 아름다움만으로 여자들이 서로 경쟁한다면, 나이 든 여자는 젊은 여자에게 질 수밖에 없습니다. 그리고 지금은 젊어서 새 왕비를 이겼던 백설 공주도 오직 미모만으로 경쟁하려고 든다면 새 왕비의 전철을 밟지 않을 수 없겠지요. 그렇게 되면 두 사람은 서로 닮은꼴일 뿐 전혀 다르지 않게 됩니다. 공주의 미래가 지금 새 왕비의 모습일 수도 있으니까요.

3. 남자는 왕자로, 여자는 공주로 성장하기

예쁜 공주님, 씩씩한 왕자님으로 태어나기

어린 시절부터 여자아이들의 상상 속에서 이상형으로 간주된《백설 공주》를 새로운 시각으로 읽어 보았습니다. 어땠나요? 다시 읽어 보니, 남자와 여자에게 사회적으로 기대되는 역할 혹은 사회적 통념이 있다는 것을 새롭게 깨닫게 되었나요?

《백설 공주》는 어린 시절 우리가 여자아이는 공주로, 남자아이는 왕자로 자라는 것을 자연스럽게 받아들이도록 해 주는 동화 중 하나입니다. 우리는 태어나는 순간부터 남자아이는 왕자로, 여자아이는 공주로 대접받습니다. 병원의 간호사는 딸인 경우 "예쁜 공주님이에요." 아들인 경우 "씩씩한 왕자님입니다."라고 산모에게 말합니다. 남자아이에게는 푸른색 배내옷을 입히고 여자아이에게는 분홍색 배내옷을 입힙니다. 우리는 다 같은 '인간으로' 태어나지만, 세상에 나오는 그 순간부터 남자아이, 여자아이로 구별됩니다.

이처럼 우리는 자라면서 여자아이가 되는 법과 남자아이가 되는 법을 배워 나가게 됩니다. 부모님, 선생님, 주변의 어른들로부터 그건 "남자애가 할 짓이 아니야." 혹은 "여자애가 그러면 못써."라는 말을 가끔씩 듣게 되죠. 여자아이에게는 당연한 것으로 여기지만, 남자아이가 인형 놀이하는 것을 권장하는 부모는 흔치 않아요. 여자아이가 격투기를 배우겠다고 하면 사회는 그다지 반기지 않습니다. 여자는 여우처럼 살갑고 귀엽고 앙증맞아야 한다고 생각하죠. 어른들은 여자아이가 고양이처럼 냉담하거나 곰처럼 무뚝뚝한 것을 질색합니다. 사회는 꽃보다 아름다운 왕자와 곰보다 미련스러운 공주를 그다지 탐탁하게 여기지 않았습니다. 물론 요즘 대세는 꽃보다 아름다운 아이돌이라고는 하지만 꽃 같은 동안에 짐승남의 근육을 동시에 원하는 것이지요. 이런 사회적 태도가 내가 남자아이가 되고 여자아이가 되는 데 어떤 영향을 미치지는 않을까요? 내가 어떤 행동을 할 때 사내 녀석답다고 하고, 어떨 때 계집애가 조신하지 못하다는 말을 듣는 걸까요? 어떤 경우 우리는 대견하게 여기는 부모님의 얼굴과 만나게 되는 걸까요?

여자로 태어났으니 여자로 만들어져야

나는 그냥 한 인간일 뿐임에도 어떤 행동은 여자다운 것이고 어떤 행동은 여자답지 않은 것이 있다고 사회는 말해 줍니다. 어떤 행동을 할 때 여자아이가 되고, 어떤 행동을 할 때 남자아이가 된다고 사회가 가르쳐 준다면, 남자아이가 되는 법과 여자아이가 되는 법을 배워야 한다는 말과 다르지 않겠죠. 그래서 시몬 드 보부아르와 같은 프랑스 철학자는 "여자는 여자로 태어나는 것이 아니라 여자로 만들어진다."고 말했습니다. 동화는 이처럼 여자는 여자아이로, 남자는 남자아이로 자라는 과정을 자연스럽게 보여 줍니다.

여자는 유혹하는 탁월한 능력이 있어야 할 뿐만 아니라 (계모 여왕이 보여 주듯이) 동시에 유혹에 넘어가기 쉽다고(백설 공주처럼) 간주됩니다. 백설 공주로 상징되는 여성에게는 온건하고, 이타적이고, 봉사하고, 깨끗하고, 단정한 심성을 갖는 것이 필요합니다. 여성에게 바람직하지 않은 특징은 계모 여왕에게 투사합니다. 여성은 집 안의 천사로서 공주이거나, 아니면 마녀가 됩니다.《백설 공주》에서 보다시피 여자에게 바람직하지 못한 것들(모험심, 독립성, 지성)은 계모 왕비의 특징으로 말합니다. 계모 왕비는 혼자 모험을 하고(일곱 개의 산을 넘고), 지식을 추구하고(독초와 약초를 구분하고), 주체적으로 플롯을 짜고(백설 공주를 죽일 궁리) 자기 의지를 구체적으로 실행에 옮기는 적극적이고 위협적인 인물입니다. 여성에게 그런 특성은 '악'으로 간주됩니다. 집 안의 천사가 되어야 할 여성은 배려하고 희생하고 겸손하며 동시에 남자를 위협해서는 안 됩니다. 남성의 자부심에 상처가 되는 공격적인 행동은 하지 말아야 합니다. 여성이 주체적이고 능동적으로 행동하면, 남성의 자아를 위축시키게 되니까요.

우리는 다 같은 인간으로 태어나지만 자라면서 이처럼 사회가 기대하는 남성과 여성으로 만들어집니다. 이런 견고한 사회문화적인 관습적 틀을 보여 주는 것이 백설 공주 이야기라고 할 수 있을 것입니다. 우리는 성장하면서 남자는 남자답게 만들어지고, 여자는 여자답게 만들어져 나갑니다. 남자는 남자로, 여자는 여자로 길러지고 그렇게 교육을 받았기 때문에 남자로서, 여자로서 자신을 느끼게 된다는 점을 실감하게 되었을 것입니다.

이처럼 능동적이고 주체적인 여성을 환영하지 않던 시절에, 한 여성이 자기 나름의 자아를 갖겠다고 노력한다면 어떤 일이 일어날까요? 그런 시대에 백설 공주처럼 고아와 같은 상황에 처해 있으면서도 꿋꿋하게 여자로서의 자아를 형성하려고 하는 인물이 있습니다. 제인 에어가 그런 인물에 해당할 것입니다. 여성으로서 성장하고 성숙한 자아를 갖는다는 것이 어떤 모험인지 다음 장에서 《제인 에어》의 성장기를 통해 한번 살펴볼까 합니다.

백설공주

《백설 공주》는 원래 독일의 그림 형제가 채집한 민담이었습니다. 유별하게 친했던 그림 형제는 마르부르크 대학에서 함께 법학을 공부했습니다. 독일민족정신과 문화적 유산을 보존하고 고취하겠다는 의도 아래 그들은 오랜 세월에 걸쳐 채집한 전래 민담을《어린이와 가정을 위한 동화》(1812)라는 제목으로 발간했습니다. 그림 형제는 안데르센과 같은 동화작가가 아니라 채록자이자 편집자이며 수집가였습니다. 그림 형제의 채록집은 탁월한 이야기꾼인 프랑스인 페로의《옛이야기》와 더불어 유럽에서 가장 유명한 채록집이 되었습니다.

이런 민담에는 특정한 모티프들이 있습니다. 러시아 학자인 블라디미르 프로프는《민담의 형태학》에서 100편의 러시아 민담을 선별하면서 몇 가지 변치 않는 상수常數를 밝혀냅니다. '옛날 옛날 한옛날'로 시작하는 민담을 구성하는 상수에는 주인공 영웅, 거짓 영웅, 적, 조력자(혹은 시혜자), 공주 등이 있습니다. 그런 상수들은 여러 변형을 거치지만 기본적인 골격은 언제나 비슷합니다. 《백설 공주》에서 보다시피 백설 공주는 시대마다 무수히 변형되지만 그런 상수들로 인해 근본적인 줄거리는 비슷하다는 것이죠.

그림 형제가 채집한 민담 자체가 일차적으로 그들의 손을 거치면서 변형됩니다. 원래 민담에는 잔인하고 폭력적이고 무섭고, 윤리·도덕적으로 받아들이기 힘든 성적인 내용들도 많았습니다. 구전 민담에서 백설 공주는 아버지인 왕이 사랑한 딸이었습니다. 아버지는 딸을 너무 사랑한 나머지 근친상간의 관계가 되었고, 백설 공주는 아버지의 사랑을 믿고 오만방자하게 굴었습니다. 구전에서는 계모가 아니라 친어머니가 딸을 질투하여 사냥꾼을 시켜 딸을 죽이라고 합니다.

난쟁이들은 숲 속 광산촌에서 사는 남자들이었습니다. 난쟁이들과 함께 사는 백설 공주를 또다시 죽이려고 어머니는 독약을 넣은 사과를 딸에게 먹입니다. 독이 퍼져 죽은 백설 공주를 사랑한 사람은 '변태' 왕자입니다. 변태왕자의 키스로 되살아난 백설 공주는 어머니에게 불에 달군 쇠구두를 신겨서 고문 끝에 죽이는 것으로 복수합니다.

이런 식의 내용은 '순수하고 순진한' 아이들을 위한 동화라고 할 수는 없을 것입니다. 그림 형제는 민담과는 달리 백설 공주의 친어머니를 계모로 바꾸고 말하는 거울을 등장시킵니다. 그리고 시체를 사랑하는 변태왕자를 백마 탄 왕자로 변형시킵니다.

동화는 자기 시대가 원하는 방식으로 끊임없이 해석, 재해석할 수 있는 무궁무진한 문학적 원천일 뿐만 아니라 아이들의 심리를 잘 반영하고 있기도 합니다. 정신분석학적인 접근에 따르면 거의 모든 민담과 설화에는 '오래된 욕망의 상상적인 만족'을 마법적으로 추구하는 내용이 들어 있습니다. 동화의 행복한 결말은 아이들에게 위안과 위로를 주며, 선한 것은 복을, 악한 것은 처벌을 받음으로써 아이들에게 정의의 세계가 언제나 승리한다는 안정감을 부여해 줍니다. 괴물 같은 적대적 인물에게 저항함으로써 마침내 정의가 승리하고, 쫓겨난 아이는 드디어 왕국을 상속받습니다. 오랜 시련을 경험한 공주는 왕비가 되어 보상받습니다.

하지만 동화의 세계에서는 예상치 못한 마법의 도움이나 은총이 있어야 합니다. 그런 마법과 같은 도움이 없다면 공정하고 정의로운 질서와 안전하고 행복한 세상에 대한 희망은 환상적인 만족을 주는 것에 불과할 테니까요.

살럿 브론테,《제인 에어》

2장

자아와 영혼의발명

주체적으로
성장하는 여자

생각하는 여자 치치나코가 방에 앉아
생각한다. 그녀가 생각하면 생각한 것이 모두 나타난다.
치치나코가 두 자매를 생각하자 두 자매가 나타났다.
......

거미여자 치치나코가 사물들에 이름을 붙이자
그녀가 이름 붙인 사물들이 나타난다.
거미여자는 지금 방에 앉아 있다, 무언가 이야기를 생각하면서.

- 〈푸에블로 인디언 신화〉

1. 샬럿 브론테, 여성작가가 되다

세상을 상대로 독립심을 실험하는 주인공 고아

푸에블로 인디언 신화에 등장하는 거미여인 치치나코처럼 내가 생각한 것이 '짠' 하고 실제로 나타난다면, 여러분은 무슨 생각에 잠기고 싶은가요? 내가 생각하는 대로 부모의 모습이 나타난다면, 어떤 부모님을 상상하고 싶나요? 반항심으로 가득 찬 사춘기에는 내 일에 일일이 간섭하는 부모님에게 감사보다는 불만이 더 많을 수도 있지요. 이것도 하지 마라, 저것도 하지 마라, 오로지 공부만 하라고 들볶는 엄마는 나의 일거수일투족을 CCTV처럼 지켜보고 지시하는 것처럼 보입니다. 이런 엄마로부터 벗어날 방법이 없을까요? 그래서 "내가 부모를 선택할 수 있다면 얼마나 좋을까!"라고 생각하시나요? 나의 상상 속에서 좋은 엄마와 나쁜 엄마를 분리시켜 놓고, 나쁜 엄마는 바람에 실어서 얼음왕국으로 날려 보낼 수도 있을 텐데, 라는 상상만으로도 즐거운가요? 혹은 내가 나중에 부모가 된다면, 지금의 엄마처럼 굴진 않을 거야, 라고 단단히 결심할 수도 있을 겁니다. 아무리 그래도 고아가 되고 싶은 사람은 없을 테지요. 아이들에게 가장 두려운 것이 세상에 홀로 남겨지는 것이니까요.

그런데 부모도 없고 형제도 없이 이 세상에 홀로 던져진 아홉 살짜리 꼬마소녀가 있다면 그녀의 운명은 어떻게 될까요? 사회 복지시설이라고는 떠돌이, 거지, 버려진 아이들을 위한 형편없는 빈민수용

소가 고작인 시대에 말이지요. 백설 공주처럼 공주도 아니고 뛰어난 미모도 없고 애교도 없습니다. 가난하고, 작고, 허약하고, 평범한 여자아이가 고아로 살아야 한다면 그녀의 앞날은 결코 만만치 않았을 겁니다.

하지만 19세기 소설에는 고아들이 많이 등장합니다. 부모의 사랑과 보살핌도 없고, 가문과 재산도 없고 의지할 곳도 없는 것이 고아입니다. 고아는 혼자 힘으로 세상을 헤쳐 나가야 합니다. 바로 그렇기 때문에 한 개인이 어떻게 성장할 수 있는지를 보여 주는 데 고아 상태보다 적절한 상황은 없겠지요. 고아라는 상황은 아무것에도 얽매이지 않는 자유로운 개인이 탄생할 수 있는가를 실험하는 무대입니다. 태어난 '가문'과 상관없이 '개인'의 노력만으로 훌륭한 인간이 될 수 있다면, 인간을 고귀하게 만들어 주는 것은 '신분'이 아니라 개인의 '노력'이라고 말할 수 있을 테니까요. 영국 소설가 찰스 디킨스의 《위대한 유산》은 아홉 살짜리 고아 소년 핍이 영국 남성의 이상인 '신사'로 성장할 수 있는가를 시험하고 있습니다. 샬럿 브론테의 소설 《제인 에어》는 핍과 마찬가지로 고아인 여자아이가 어떻게 자유와 독립을 쟁취하여 성숙한 여성이 될 수 있는가를 보여 줍니다.

《해리 포터》가 가난했던 조앤 롤링을 일약 세계적 작가로 만든 것처럼, 《제인 에어》는 샬럿 브론테를 어느 날 갑자기 베스트셀러 작가로 만들어 주었습니다. 19세기 당시 《제인 에어》의 인기는 마법이 작용한 것처럼 보였어요. 이 소설은 빅토리아 여왕에서부터 런던의 모든 사람들이 읽고 생각하게 만들었다고 합니다. 출판 당시 《제인 에어》는 성적 호기심을 자극하는 위험한 페미니스트 선언문이자 혁명을 선동하는 인권고백서라는 이유로 폭발적인 인기와 더불어 엄청난 비난을 동시에 받았습니다.

요즘은 세계명작으로 열심히 읽으라고 권장하는 《제인 에어》가 출판 당시 혁명을 선동하고 성적 호기심을 자극하는 불온한 책으로 간주되었다니, 의아하지 않나요? 그건 아마 이 소설이 더는 위험하게 느껴지지 않을 정도로 우리가 살고 있는 세계가 변했다는 것으로 이해할 수 있겠지요. 프랑스혁명(1789) 이후 1840년대 유럽에는 또다시 혁명의 불길이 타올랐습니다. 1848년 혁명은 '우리에게 빵을 달라'고 외쳤던 가난한 여성, 노동자, 도시빈민과 같은 민중이 주축이었습니다. 산업혁명 이후 심각한 경제난에 시달렸던 공장노동자들은 불평등한 사회에 대한 분노를 폭발시켰죠. 노동자들은 프랑스혁명 정신을 물려받은 참정권 운동, 인권 운동을 통해 자유롭고 평등하고 행복할 권리를 주장했습니다. 이 소설은 그런 분위기 속에서 나왔고요.

살아 있는 제인 에어, 샬럿 브론테

《제인 에어》는 작가의 자전적인 요소가 상당히 많이 들어 있습니다. 샬럿 브론테 또한 제인 에어와 비슷하게 가난한 목사의 딸들이 다니는 자선학교에서 공부를 마치고 가정교사로 일했습니다. 19세기까지만 해도 가난한 집안의 딸들이 할 수 있는 일이라고는 하녀, 가정교사가 고작이었으니까요. 가정교사로서 겪었던 샬럿의 경험은 《제인 에어》에 생생히 드러나 있습니다.

고아 제인과 다른 점이 있다면 샬럿 브론테에게는 형제자매가 많았다는 것이지요. 샬럿은 어린 나이에 어머니를 잃었고 그 이후 두 언니마저 일찍 잃었습니다. 그녀는 동생들을 보살펴야 하는 가난한 목사 집안의 장녀 노릇을 해야 했지요. 유년 시절 그들이 살았던 목사관의 겨울은 춥고 황량했습니다. 그런 목사관에서도 그들은 재밌게 지내는 법을 찾아냈어요. 그들(샬럿, 브랜웰, 에밀리, 앤)은 외롭고 쓸쓸하고 긴긴 겨울 동안, 이야기를 지어내면서 놀았습니다. 자작시들을 낭송하고, 자신들의 희곡을 가지고 연극을 하면서 길고 지루한 겨울을 즐겼습니다. 그들은 '앵그리아', '곤달'이라는 공상의 왕국을 만들어 놓고 모험담을 지어내기도 했답니다. 이런 경험은 훗날 자매들의 소설적인 소재로 등장하였고요.

이후 세 자매(샬럿, 에밀리, 앤)는 자비로 시집을 출판하면서 남성의 필명을 사용했죠. 샬럿은 '커러 벨Currer Bell'이라는 남성필명을 사용한 이유를 '여성'이라는 편견으로 평가받고 싶지 않았기 때문이라고 밝혔습니다. 그 당시 여성은 눈물이나 짜내는 경박한 대중 소설가는 될 수 있을지언정 시인이 될 수는 없다고 여겨졌으니까요. 샬럿의 세 자매뿐만 아니라 작가가 되고 싶었던 많은 여성들이 남성필명을 사용했답니다. 여성의 이름을 보는 순간 남성평론가들은 편견을 가질 것이고, 여성이라는 이유만으로 가혹한 평가를 내릴 것으로 생각했기 때문이죠. 그들의 첫 번째 시집은 단 두 권이 팔렸다고 하네요. 가난 속에서도 그들은 굳건하고 명랑하게 견디며 작품 활동을 계속해 나갔죠.

화가, 음악가, 조각가와 같은 다른 예술 장르보다는 그래도 작가가 되는 것이 여성들에게는 상대적으로 쉬웠습니다. 작가는 자기 방 하나와 펜만 있으면 가능했으니까요. 심지어 《오만과 편견》으로 유명한 제인 오스틴은 자기 방마저 없어서 손님이 드나드는 응접실에서 글을 썼다고 하죠. 그 당시 일간신문이 등장했고, 여성들은 신문에 '싸구려' 대중 소설을 연재함으로써 대중작가로서 돈을 벌기 시작합니다.

후일 샬럿 브론테와 에밀리 브론테는 영문학사에서 높이 평가받는 여성작가들이 되었습니다. 버지니아 울프가 말한 것처럼 여성들이 자기 이야기를 쓰는 것만으로도 가난에서 벗어나고 남들이 그들의 말과 글에 귀를 기울이고 눈을 집중할 수 있도록 해 주는 '마법적인' 일이 현실에서 일어난 거죠.

2. 고아 제인, 분노하다

순결한 천사이거나 분노하는 마녀이거나

19세기 소설에 등장했던 여주인공들은 그림 형제의 민담에 등장하는 공주들과 흡사한 인물이었어요. 백설 공주, 신데렐라, 잠자는 숲속의 공주, 라푼젤, 인어공주 등 수많은 공주 시리즈에 등장하는 여성들은 아름답고 청순합니다. 백설 공주로 확인했다시피, 공주들은 아름다운 외모뿐 아니라 착한 마음씨 또한 가지고 있죠. 하지만 민담 속 공주들은 그 당시 여성들의 삶을 반영하듯 주로 답답하고 좁은 곳에 갇혀서 지냅니다. 라푼젤처럼 성탑에 갇혀 있거나, 백설 공주나 숲 속의 잠자는 공주들처럼 관 속에 누워 있거나, 신데렐라처럼 부엌에서 지내지요. 왕자는 숲 속으로 사냥과 모험을 떠나지만, 공주들은 갇힌 곳에서 뜨개질이나 하면서 구원을 기다립니다.

19세기 중반까지만 해도 여성에게 바람직한 덕목은 사랑과 순결과 희생이었습니다. 여성의 미덕은 자아 없는selfless 헌신이었지요. 자기를 내세우지 않고 남성의 판단에 따르는 공손한 태도가 여성에게 기대되는 덕목이었으니까요. 19세기 당시 소설의 여주인공들은 아름답지만 수동적이어서 남자의 사랑과 보호와 지도에 의존하지 않을 수 없는 존재로 묘사되었어요. 성적으로 적극적이거나 반항적인 여성은 남성을 파멸로 이끄는 요부나 마녀로 간주되었고요. 이처럼 여성의 이미지는 천사이거나 요부이거나 혹은 헌신적인 성모마리아거나 사악한 마녀라는 식의 단순한 이분법으로 구별되었습니다.

하지만 샬럿 브론테는 새로운 여주인공을 만들어 냅니다. 그 당시 여성에게 가장 금기시되었던 것이 분노와 반항이었어요. 성깔 사나운 여자는 마녀로 취급받던 시절에, 샬럿 브론테는 시키는 대로 따르는 자동인형이 아니라 몸속에 피가 도는 여자, 부당한 일에 분노하는 여자, 사랑에 상처입고 죽도록 방황하고 고통스러워하는 여자, 체념하거나 순종하지 않고 자유를 찾아 모험하는 여자, 여자다움에 갇혀 있지 않고 일하고 배우고 도전하려는 여자의 이미지를 그렸습니다.

그런 의미에서 제인은 당대 사회가 기대했던 여주인공이 아니었죠. 제인은 가난하고 출신도 미미하고 재산도 없고 평범한 외모인 데다 불공평한 세상에 대한 반항심과 분노로 가득 차 있었으니까요. 어린 시절부터 제인은 분노를 이기지 못해 "부당해," "억울해" 하고 소리치다가 끝내 기절합니다. 자신을 공평하게 대하지 않는 것에 특히 분노하지요. 가진 것이라고는 아무것도 없었던 제인이 가진 자들에게 다 같은 인간으로 대우하라고 말할 수 있었던 근거는 무엇이었을까요? 아마도 그녀가 혁명적인 시대를 살았기 때문일 것입니다. 그 당시 유럽에는 만인은 평등하며 따라서 만인을 평등하게 대우해야 한다는 시대정신이 들불처럼 퍼져 나가고 있었으니까요. 정의롭지 않은 세상을 바꿔야 한다는 혁명정신이 활활 타올랐던 혁명의 시대였으니까요

인간 선언은 과거완료가 아니라 현재진행형

프랑스혁명 이후 "모든 인간은 태어날 때부터 자유롭고 권리에 있어 평등한" 것으로 간주됩니다. 자유, 평등, 행복 추구와 같은 인간의 권리는 누구에게나 주어진 자명한 진리로 널리 퍼져 나갔지요. 만인은 평등하게 태어나서 동등한 권리를 가진다는 선언이 '자명한' 진리로 받아들여졌다고는 하지만, 현실에서 그것은 생각만큼 자명하지 않습니다. 모든 사람이 자유롭고 평등하게 태어난다는 것이 자명하다면

구태여 선언할 필요조차 없을 테니까요. 모든 인간은 죽는다고 선언하는 게 무슨 의미가 있겠어요? 그거야말로 자명하기 때문입니다.

만인이 자유롭고 평등하다는 선언이 자명한 진리가 되려면, 만인이 자유롭고 평등해지는 그날까지 끊임없는 투쟁과 노력이 필요합니다. 그런 선언이 자명한 진리가 될 때까지요. 한 번의 선언으로 그것이 자명해진다면 세상살이가 얼마나 수월하겠어요? 자유와 평등은 태어날 때부터 인간에게 주어진 권리라고는 하지만 공짜로 주어지는 것은 결코 아닙니다. 그것은 과거완료형이 아니라 현재진행형입니다. 앞서 언급했다시피 만인은 평등하다는 선언문을 작성한 사람들조차 말은 그렇게 했지만 실제로 여성, 어린이, 식민지인, 노예가 권력, 재산, 지식, 연륜, 가문을 가진 사람(귀족, 남성시민)들과 동등하다고 생각하지는 않았으니까요.

《제인 에어》가 나왔던 1847년 무렵이면 부유한 남성시민들에게 선거권은 당연한 것이었습니다. 프랑스에서는 유대인(1792), 흑인남성노예(1794) 또한 공식적으로는 해방되었습니다. 하지만 이성적으로 판단할 능력이 없는 것으로 간주된 여성, 어린이, 광인, 수감자, 외국인, 종교적 소수자들에게 정치적 권리를 부여하는 것은 말도 안 된다는 믿음이 여전했습니다. 말하자면 여성은 완전한 인간이 되기에는 미흡한 존재로 여전히 취급되었던 것이죠. 귀족들이 '모든 인간은 다 같지 않다'는 것을 자연의 질서라고 여겼다면, 남성들은 '남녀가 다 같지 않다'는 것을 자연의 질서라고 여겼으니까요.

여성들 또한 남성과 다를 바 없는 다 같은 사람임을 인정받기 위해서는 오랜 투쟁이 필요했습니다. 여성은 의존적이라서 미숙한 아이에 불과하다는 편견은 19세기에도 여전했기 때문이죠. 이에 맞서 제인은 여성 또한 똑같은 인간이라는 점을 끊임없는 저항을 통해 증명합니다. 여성은 남성에게 기생하는 의존적인 존재가 아니라 스스로 판단하고 자유롭게 행동할 수 있는 인간임을 보여 준 것이 제인 에어였다고 볼 수 있겠지요.

창틀에 올라앉아 꿈꾼 자유의 지평선

《제인 에어》는 일인칭 고백체여서 독자들에게 친근하게 다가옵니다. 제인이 지금도 우리 곁에서 "그날은 산책을 하게 될 가능성이 전혀 없었다." 그래서 "나는 기뻤다."라고 들려주는 것처럼 느껴지지요. 제인의 이야기는 이렇게 시작됩니다. 아홉 살에 고아가 된 제인은 숙모 집에 더부살이를 합니다. 사촌 존은 제인을 거지 취급하면서 멸시하고 괴롭히죠. 잘못은 사촌이 저질러도 벌은 제인이 받아야 합니다. 제인은 이처럼 '부당하고' '억울한' 일에서 벗어나려면 어떻게 해야 할까 곰곰이 생각합니다. 무엇보다 숙모 집에서 탈출하여 자유로운 몸이 되거나 아니면 숙모에게 복수하기 위해 굶어 죽거나 해야겠다고 제인은 다짐합니다. 존에게 대들다가 벌을 받아 갇혔던 붉은 방에서 제인은 유령을 보고 겁에 질려 기절합니다. 이 사건으로 인해 제인은 숙모 집을 벗어나 로우드의 자선학교로 옮겨 가게 됩니다.

제인이 간절히 원했던 것은 여성 또한 남성과 다를 바 없는 자유
였어요. 어린 시절 제인은 창틀에 올라앉아 책 속에 머리를 파묻고 공
상에 빠져듭니다. 그러다가 가끔씩 고개를 들고 지평선 너머 세계를
상상하고는 하죠. 상상의 나래는 제인이 힘든 시절을 견딜 수 있게 하
는 길이었습니다. 그녀가 바라던 것은 탑 속에 갇혀서 왕자를 기다리
는 공주가 아니라 자유를 찾아 모험을 떠나는 것이었으니까요. 자유

롭기 위해서는 많은 것을 배우고 알아야겠다는 생각에 이릅니다. 그래서 '여성들도 교육받고 자신의 능력을 발휘할 필요가 있고, 남자형제들처럼 자신의 노력을 경주할 수 있는 분야가 필요하다'고 제인은 느낍니다. 그런 자기 생각대로 살아간 것이 제인 에어의 일대기입니다. 제인이야말로 사는 대로 생각한 것이 아니라 거미여인 치치나코처럼 생각하는 대로 자신을 만들어 나간 인물이죠.

3. 교육받은 제인, 이성적 주체가 되다

여자도 이성을 가질 수 있다

제인이 숙모의 구박에서 벗어나 혼자 힘으로 살 수 있게 된 것은 교육 덕분이죠. 숙모 집에서 쫓겨난 제인이 혼자 살아가려면 일단 일자리가 있어야 했어요. 그런데 19세기 당시 일하는 여성은 보호해 줄 남성이 없다는 뜻이었으므로 사회적으로 존중받지 못했어요. 오늘날에는 남녀를 막론하고 누구든 일하는 것이 당연하지만, 그 당시 여자가 일한다는 것은 하층계급의 표시였거든요. 하지만 제인은 그런 사회적 편견에 개의치 않고 당당하게 일자리를 구합니다. 오히려 그녀는 정직하게 일하는 것에서 자부심을 느끼죠.

제인이 살았던 시대는 계몽주의의 전성기였어요. 19세기 서구사회는 '이성'의 빛으로 어둠을 밝히고 자연의 법칙을 발견함으로써 인류역사는 진보할 것이라는 낙관적 믿음으로 넘쳐나던 시대였습니다. 계몽주의자들은 그로써 인류가 무지몽매에서 깨어날 수 있다고 보았습니다. 그들은 '모든 인간은 자유롭게 태어났지만 도처에서 쇠사슬에 매여' 있으므로 그런 억압과 압제의 사슬을 풀고 자유로운 존재가 될 수 있는 가능성을 계몽교육에서 찾았습니다.

하지만 자연의 질서를 파악할 수 있는 이성적 판단력은 어디까지나 남성적인 것으로 간주되었죠. '아는 것이 힘이다'는 격언으로 잘 알려진 베이컨은 《시간의 남성적 탄생》이라는 책에서 자연은 인간(정확히 말해 남성)을 위해 봉사하고 인간의 노예가 되어야 한다고 말했습니다. 그때 자연은 마녀와 같아서 고문하고 겁탈해야만 자신의 비밀을 토해낸다고 설명하기도 했지요. 자연은 정복의 대상이었고, 정복 대상으로서 자연은 여성적인 것으로 비유되었고요. 이렇게 자연을 약탈하고 착취함으로써 여태까지 신비에 싸여 있었던 자연은 자신의 비밀을 드러내게 되죠. 자연의 비밀을 탐구하는 계몽과학은 남성적인 세계관에 바탕을 두고 있었음에도 보편적이고 객관적인 것으로 받아들여졌지요.

이처럼 남성만이 이성적인 존재라고 여겼던 시절에 여성들도 이성적일 수 있다고 주장하는 여성들이 등장하게 됩니다. 메리 울스톤크래프트는 여성은 이성적일 수 없다고 보았던 루소를 반박하면서 여성도 교육받고 계몽된다면 충분히 이성적일 수 있다고 주장했습니다. 제인은 이런 여성주의의 세례를 받은 인물이기도 해요. 제인은 신의 권위든, 남성의 권위든 맹목적으로 순종하지 않습니다. 기숙학교의 브로클허스트 교장은 종교적 권위를 내세워 여학생들에게 일장 훈계를 합니다. 거짓말을 잘하면 지옥불을 면치 못한다고 위협하면서 "지옥에 가지 않으려면 어떻게 해야 하지?"라고 물으면, 제인은 "건강해서 죽지 않아야 해요."라고 맹랑하게 대답했죠.

이처럼 제인은 종교적 권위에 주눅 들지 않고 스스로 판단하고 자기 행동에 책임지는 과정에서 성숙해집니다. 칸트가 말한 미성년이란 생물학적으로 성년의 나이에 이르지 않았다는 뜻이 아닙니다. 그가 말하는 미성년은 비록 어른이라고 할지라도 다른 사람의 판단과 지도 없이는 스스로 자기 이성을 사용하지 못하는 상태를 일컫는 것입니다. 그런 맥락에서 보자면 제인은 남성의 지도 없이도 스스로 판단할 수 있는 결단과 용기를 가진 여성입니다. 그래서 무엇이든 '감히 알려고' 노력하고 이해하려고 애씁니다. 제인은 부당한 처사에 감히 도전하고 두려움 때문에 복종하지 않습니다. 제인은 성장하는 매단계마다 마주친 부당한 처사에 저항하면서 성숙해집니다. 어린 시절 게이츠헤드에서는 사촌 존의 부당한 박해에, 로우드 기숙학교에서는 교장 브로클허스트의 부당한 처사에, 손필드 장원에서는 주인인 로체스터의 부당한 사랑에, 무어하우스에서는 세인트 존의 부당한 미션에 저항합니다. 삶의 매단계마다 부당한 상황에 맞설 수 있는 용기를 내보임으로써 그녀는 스스로 판단할 수 있음을 증명합니다. 그런 의미에서 제인은 자기교육을 통해 여자는 자아 없는 순종적 노예가 아니라 이성적인 주체임을 보여 줍니다.

제인은 고아원이나 다름없는 학교에서나마 열심히 교육받고, 친구인 헬렌 번즈, 템플 선생님과 우정을 쌓아 갑니다. 어린 나이에 이미 세상을 초탈한 듯한 분위기를 풍기는 헬렌은 자신을 학대하는 사람마저 미워하는 법이 없습니다. 제인은 현실보다는 천국을 더욱 믿는 헬렌의 신앙심을 회의하고 성찰하는 힘을 키우죠. 동시에 그녀를 통해서 제인은 자기절제와 용서하는 법 또한 배우고요. 자기 성질을 못 이겨서 기절하거나 분노를 폭발시키는 성격을 다스리는 법도 배웁니다. 이제 그녀는 자기절제 속에서 자유로움을 맛보게 됩니다. 과거 자신을 괄시하고 가혹하게 대했던 숙모를 용서할 정도로 제인은 성숙해집니다.

직업으로 자립하다

로우드 직업학교의 환경은 열악하기 짝이 없습니다. 많은 학생들이 전염병으로 죽어 나갔고, 폐결핵이 있었던 친구 헬렌은 제인의 품에 안겨 생을 마감했죠. 그녀 이외에도 많은 학생들이 발진티푸스에 걸려 죽게 되자, 사회의 이목은 로우드 학교에 쏠리게 됩니다. 불결한 환경에서 직업교육을 했던 곳은 로우드 자선학교뿐만이 아니었어요. 위생 개념이 없었던 그 시절, 온갖 질병과 전염병으로 한꺼번에 많은 사람들이 죽어 나갔습니다. 그 시절 도시노동자들의 평균수명은 놀랍게도 22년(시골지주계급 43년, 상인계급은 30년)이었다지요. 특히 노동자계급의 유아 사망률이 높았으므로 노동자들의 평균수명은 현저하게 낮았고요. 사회개혁을 통해 사회적 진보를 믿었던 진보주의자들의 목소리가 커짐에 따라 공교육 환경이 향상됩니다. 학교시설에 위생 개념이 들어오면서 볕도 들지 않고 환기도 되지 않았던 어둡고 우중충한 로우드 학교 또한 환경이 개선되고요. 폐렴이 전염되어 수십 명의 학생들이 떼죽음을 당하던 시절에 페니실린의 발견은 사람들의 삶에 획기적인 변화를 가져다줍니다. 발진티푸스, 콜레라와 같은 전염병은 헬렌이 믿었던 것처럼 신의 분노이거나 신의 징벌이 아니라 전염병이라는 사실도 밝혀졌지요.

이런 사건으로 탐욕스럽고 고약했던 브로클허스트 교장선생이 일선에서 물러나게 되고, 템플 선생님이 실질적인 교장이 됩니다. 제인에게 많은 영향을 미쳤고 대리엄마 역할을 해 주었던 여성이 템플 선생님입니다. 제인은 교육과정이 끝나 그곳에서 교사로서 일합니다. 그녀는 직업을 갖게 됨으로써 혼자 힘으로 살아갈 수 있는 능력을 마침내 갖추게 됩니다. 교사가 된다는 것만으로도 가난한 제인으로서는 인생에서 성공한 셈입니다. 그 당시 가난한 중산층에게 교육은 미래에 대한 약속이었죠. 그리고 형편이 어려워서 딸들에게 감히 공부시킬 엄두를 내지 못했던 많은 빈민층에게 교사는 성공한 신분의 본보기였던 시절이었으니까요.

하지만 템플 선생님이 결혼을 하고 학교를 떠나자, 제인은 그곳에 머물러 있는 것이 더는 자신의 성장에 도움이 되지 않을 것으로 판단합니다. 안정적이기는 하지만 협소한 학교 세계에서 벗어나 넓은 세상을 보고 싶은 충동과 호기심, 그리고 어린 시절 꿈꾸었던 모험심이 그녀 안에서 되살아납니다. 가정교사를 구한다는 광고를 보고 제인은 안정적인 생활을 보장해 주었던 교사 자리를 뒤로하고 새로운 세상으로 나아갑니다.

부와 안정을 거부한 제인

가난한 가정교사와 귀족 주인의 만남은 낭만적 사랑의 전형적인 공식처럼 보입니다. 여성이 사회적으로 신분상승을 할 수 있는 전형적인 형태가 결혼이었던 시절이었으니까요. 제인은 가정교사로 도착한 손필드 장원의 주인 로체스터와 사랑에 빠집니다. 고아인 제인이 어떤 방식으로 자신의 자존감을 지키면서 로체스터와 동등한 관계가 될 수 있었을까요?

로체스터는 집시할멈으로 변장하여 귀족여성인 잉그램 양과 제인을 저울질하면서 두 사람의 속마음을 떠보기까지 합니다. 로체스터는 잉그램과 결혼한다고 할지라도 제인에게 손필드 장원에 머물러 있으면 좋겠다는 부당한 제안을 합니다. 그러자 제인은 분노하며 단호히 거절하죠. "저를 무슨 자동인형쯤으로 생각하시나요? 제가 감정도 없는 기계인 줄 아세요? 제가 가난하고 신분이 낮고 못생기고 보잘것없다고 해서 제게 감정도 없고 영혼도 없다고 생각하세요? 저도 당신만큼 영혼이 있고 당신만큼 풍부한 감정을 지니고 있어요." 그러면서 '당신과 나는 신 앞에서 평등하다'고 못 박습니다. 돈, 권력, 신분의 유혹에서 자유로운 이런 제인에게 로체스터는 오히려 진정으로 매료되죠. 그리고 두 사람은 결혼 약속을 하기에 이릅니다.

그런데 손필드 장원에는 비밀이 있습니다. 로체스터에게는 미친 부인이 있었고 그녀는 다락방에 갇혀 있었습니다. 마침내 제인 또한 다락방의 비밀을 알게 됩니다. 그로 인해 결혼식이 무산된 날 로체스터는 비로소 자신이 비밀로 감추고 있었던 다락방에 관해 들려줍니다. 그는 오로지 돈을 보고 자메이카 여성인 버사 메이슨과 결혼했지만 그녀와의 결혼생활은 지옥이었고 그의 삶은 수치스럽고 고통스러웠다고 고백합니다. 제인은 그의 고백을 듣고 아무리 그를 사랑한다고 하더라도 그와 함께할 수 없다는 결심에 이릅니다. 단지 안락함만을 추구한다면 다락방에 갇혀 있는 버사 메이슨은 미쳤다고 여기고 대충 산다고 하여 문제가 될 것은 없었죠. 그녀가 자존심을 접고 정부情婦나 혹은 중혼重婚의 위치를 받아들인다면 말이죠. 하지만 그녀의 자존감은 그런 상황을 허락지 않습니다.

로체스터는 상처받은 제인에게 부당한 요청을 합니다. 그의 정부가 되어 달라고까지 간청합니다. 그는 미친 아내인 버사 탓을 하면서 제인의 연민과 동정심에 호소합니다. 제인의 마음이 움직이지 않자 그는 그녀가 지나치게 세속적인 법률에 얽매여 있다면서 비난합니다. 버사는 유령이나 다름없으므로 그와 함께 산다고 하여 누구에게도 피해를 주지 않는데 왜 그처럼 세상의 이목에 매달리느냐고 제인을 오히려 비난합니다. 마지막으로 로체스터는 제인이 과거 그의 정부들하고는 다르다고 치켜세우죠. 이전의 정부들은 그가 아니라 그의 재산과 신분을 사랑했다는 점에서 노예근성을 가지고 있었다면, 제인은 진정으로 그를 사랑하므로 그들과는 다르다는 논리로요. 제인은 아무것도 없는 주제에 "물려받은 당신의 부와 신분에는 관심 없어요."라고 단호히 말했으니까요. 결혼을 재산과 신분상승의 기회로 보지 않는 제인의 순수한 태도가 그의 마음을 움직였다는 것입니다.

하지만 제인은 로체스터의 곁에 머물러 있는 한 그녀 역시 그의 정부가 되는 것이며 그의 과거 여자들과 다를 바 없다는 점을 깨닫습니다. 사랑과 연민의 이름으로 로체스터의 곁에 머물러 있는 한 그와 동등한 위치가 될 수 없으며 신분상 종속적인 자기 위치를 받아들이지 않을 수 없다는 점을 말이지요. 그렇게 된다면 제인은 가진 것이 없음에도 정신적으로 로체스터와 대등하다는 자신의 입장을 스스로 부정하는 셈이 되죠. 자신을 부정하고 희생한 대가로 그의 사랑을 받아들일 수 없다는 생각에 제인은 손필드 장원을 떠납니다.

4. 제인, 자아와 영혼의 주체로 성숙하다

모든 것을 뛰어넘은 영혼의 동등함

그녀는 절망에 사로잡혀 손필드를 무작정 떠납니다. 돈 한 푼 없이 며칠을 굶고 헤매다가 폭우를 만난 제인은 거의 죽기에 이릅니다. 사경을 헤매던 제인을 구해 준 사람이 세인트 존 목사와 그의 누이들이죠. 나중에 이들은 제인의 먼 친척인 것으로 밝혀지고요. 그들의 도움으로 제인은 원기를 회복합니다.

세인트 존은 인도로 선교 사업을 떠나기 위해 제인에게 청혼합니다. 그의 인생 목적은 사랑이 아니라 선교입니다. 세인트 존의 철학은 노동으로 자기 인생 목표를 실현하는 것입니다. 그에게 결혼은 사랑으로 이뤄지는 것이 아니라 남녀가 협력하여 일하는 데 있습니다. 그런 세인트 존의 종교관과 인생관을 제인은 받아들일 수가 없습니다.

세인트 존이 인도로 선교 사업을 떠나는 목적은 신을 모르는 그곳의 미개한 사람들을 깨우치기 위함입니다. 문명의 변두리에서 원시적으로 살고 있는 '미개인들'을 구원하여 기독교로 개종시키는 것이 그의 미션이니까요. 세인트 존은 그런 미션에 대한 철저한 자기 확신을 갖고 있습니다. 그리고 영웅적으로 순교할 자세도 갖췄고요. 기독교 신을 영접하지 못한 영혼 없는 자들에게 영혼을 발명해 주는 것이 그의 임무라고 여겼으니까요. 제인은 그런 선교 사업에 동참해 달라는 세인트 존의 청혼을 거부합니다. 결혼이 선교 사업의 수단이 되는 것을 받아들일 수 없었던 거죠. 그녀는 자신이 선교 사업의 수단이 아니라 그녀 자체가 목적이기를 원합니다. 그녀는 어떤 조건(가문, 학벌, 부, 미모, 종교)도 따지지 않고 한 인간으로서 그녀 자신만을 바라보는 사랑을 원했습니다.

그래서 제인은 로체스터가 모든 것을 잃고 그녀에게 의존하지 않을 수 없는 입장이 되었을 때, 오히려 그를 편안하게 받아들입니다. 이제야말로 그들을 가로막고 있던 장애들, 신분적 차이, 남녀차이, 계급적 차이와 같은 모든 차이를 뛰어넘어 대등한 위치에 설 수 있게 되었기 때문이죠. 마침내 그녀는 로체스터와 모든 면에서 동등한 신분적 위치와 계급적 위치를 획득합니다. 나이도 많고 세상 경험도 많고 여성편력도 많고 돈도 많았던 그에게 남은 것은 아무것도 없습니다. 시력도 잃고, 저택도 사라지고, 생식력도 잃었습니다. 남성의 혈기도 상실했습니다. 이제 그는 고아였던 제인과 마찬가지 신세가 되었습니다. 아무것도 없는 쪽은 제인이 아니라 로체스터입니다. 마치 눈 먼 오이디푸스를 딸인 안티고네가 세상 끝까지 인도하는 것처럼 로체스터의 지팡이 역할은 제인이 대신합니다.

독립할 때 비로소 얻게 되는 행운

작가인 샬럿 브론테는 제인에게 마지막에 이르러 엄청난 유산과 신분까지 물려줍니다. 힘들었던 그녀의 삶을 마치 보상이라도 해 주는 것처럼 말이지요. 19세기 영국 소설에서 어려운 문제를 해결하는 손쉬운 방식이 느닷없는 유산이었습니다. 오랜 세월 얼굴 한 번 본 적도 없는 먼 친척이 유산을 물려줌으로써 주인공이 해결해야 할 문제들은 술술 풀리게 됩니다. 그로 인해 여태까지 고군분투하던 주인공의 삶은 갑자기 변하게 되죠. 《제인 에어》의 한계라고 한다면 제인이 힘겹게 자아를 찾는 여정에 그녀의 힘으로가 아니라 작가의 힘으로

부와 신분까지 획득하게 된다는 점입니다. 그녀의 노력이 아니라 우연한 행운(유산 상속)에 의해서 그녀는 신분이 격상되고 로체스터와 동등한 위치가 되니까요.

하지만 작가인 샬럿 브론테는 제인에게 처음부터 유산을 안겨 주지는 않았습니다. 여자에게 결혼이 신분이동의 수단이었던 시절이었지만, 작가는 제인에게 그런 손쉬운 관행을 끝까지 미뤄 둡니다. 제인이 그럴 만한 자격이 있는지 끝까지 살펴보고 싶었다고 해도 과언이 아닐 것입니다. 결혼이 아니더라도 그녀가 세상과 충분히 맞설 수 있게 되었을 때 비로소 작가는 제인에게 유산을 안겨 줍니다. 제인이 자기 노력만으로 여성적인 자아를 확립할 수 있는 가능성을 독자들에게 보여 주고 싶었을 테니까요. 게다가 제인에게 유산이 생겼고 로체스터는 빈털터리가 됨으로써, 여태까지의 관계가 완전히 역전되었을 때에도 로체스터에 대한 그녀의 마음이 변하지 않는지 실험해 보고 싶었을 수도 있습니다.

여자는 주체적으로 설 수 없다는 것이 상식이었던 시대에 제인은 그런 상식을 깨고 주체적인 여성이 됩니다. 그녀는 자신의 판단에 따라 자기 삶을 '올인' 하는 용기를 가지고 있습니다. 시련을 경험하면서 그녀는 단단해집니다. 《제인 에어》는 고아 여성이 홀로서기를 통해 귀족 남성과 동등한 관계가 되는 과정을 보여 줍니다. 여성 혼자 힘으로 세상과 맞서 자아를 형성하고 성숙한 인간이 될 수 있는 가능성을 탐색합니다. 여성에게도 영혼이 있으며 교육받고 직업을 갖게 됨으로써 이성적이고 자유의지를 가질 수 있다는 점을 이 소설은 보여 줍니다. 이 소설은 여성이 남성에게 의존하여 살아가는 수동적인 존재가 아니라, 올랭프 드 구즈가 간절히 바랐던 것처럼 여성 또한 남성이나 마찬가지로 자유를 사랑하는 정신과 영혼을 가진 시민으로서 자격이 있음을 보여 줍니다.

제인은 자신의 지성과 노력을 통해 아름다움의 의미 자체를 바꾸어 냅니다. 지성과 자유에 대한 갈망으로 인해 아름답게 빛날 수 있다는 점을 보여 준 여성의 모델이 제인 에어라고 할 수 있겠습니다.

제인 에어

샬럿 브론테

《제인 에어》(1847)의 작가인 샬럿 브론테(1816~1855)는 가난한 목사의 딸이었습니다. 샬럿은 여섯 명의 형제자매들 중에서 셋째였습니다. 어머니는 일찌감치 암으로 죽었습니다. 홀아비에다 가난한 목사였던 아버지는 네 딸들인 마리아, 엘리자베스, 샬럿, 에밀리를 목사의 딸들이 다니는 형편없는 시설의 학교에 보냅니다. 열악한 환경이었던 그곳에서 마리아, 엘리자베스는 결국 폐결핵으로 죽게 됩니다. 그런 비극이 있고 난 이후에야 샬럿과 에밀리 자매는 그 학교에서 벗어났습니다. 그와 같은 경험은《제인 에어》에서 로우드 학교와 헬렌의 죽음으로 잘 그려지고 있습니다.

샬럿은 살아남은 동생들을 엄마처럼 보살폈습니다. 유년 시절 그들이 살았던 목사관은 바람 심하고 황량한 곳이었습니다. 여동생인 에밀리 브론테의 소설《폭풍의 언덕》에서 묘사된 언덕처럼 춥고 음습했습니다. 황량하고 쓸쓸한 목사관에서도 그들은 재밌게 지내는 법을 스스로 찾아냈습니다. 그들은 시와 소설을 쓰거나 드라마를 지었습니다. 자작시들을 낭송하고, 자신들의 희곡을 가지고 연극을 하면서 길고 지루한 겨울을 보냈습니다. 그들은 곤달gondal이라는 유토피아 세계를 만들어 놓고 그 세계에 빠져서 살았습니다. 이런 경험은 후일 자매들의 소설적인 재료들로 등장하게 됩니다.

샬럿 또한 제인 에어와 비슷하게 학교 공부를 끝마치고 가정교사로 일했습니다. 그녀는 부유한 집안의 버릇없는 아이들을 가르치면서 생계를 꾸렸습니다. 그런 경험 또한《제인 에어》에 등장하는 버르장머리 없고 탐욕스러운 사촌 오빠 존 리드의 모습에 잘 드러나 있습니다.

《제인 에어》는 동화식 구조를 가진 여성의 성장소설입니다. 제인에게는 그녀를 가난에서 구원해 줄 주인인 로체스터가 등장하고, 유산도 하늘에서 떨어집니다. 하지만《제인 에어》가 마법적인 동화가 아니라 제인의 성장소설로 읽히는 이유는 제인에게 유산, 결혼, 지위 등이 아무런 노력 없이 주어진 것이 아니라 그럴 만한 자격을 갖춰 나가는 제인의 모습을 현실적으로 묘사하기 때문입니다. 그래서 그 과정이 이 소설의 전체 줄거리 구실을 하게 됩니다.

　다른 한편 여성의 성장소설로서 《제인 에어》는 다양한 해석이 가능하도록 해 줍니다. 흑인여성으로서 노벨문학상을 받은 미국작가 토니 모리슨은 어린 시절 이 소설을 읽으면서 흑인 여자아이는 어디에 있을까, 라는 의문이 들었다고 합니다. 이 소설에 등장하는 로체스터의 미친 아내인 버사 메이슨은 그냥 미친 여자일 뿐일까요? 버사 메이슨과 같은 도미니크 출신인 여성작가 진 리스(Jean Rhys, 1890~1979)는 그런 의문에서부터 출발하여 버사 메이슨의 입장에서 제인 에어 이야기를 다시 쓰기도 합니다. 그렇다면 우리가 아시아 여성의 관점에서 이 소설을 다시 쓰기 한다면 어떤 이야기들이 나올 수 있을까요? 이 소설의 묘미는 이처럼 여자아이의 자아실현과 성장에 관해 끊임없는 물음을 제기하도록 해 주는 것에서 찾을 수 있을 것입니다.

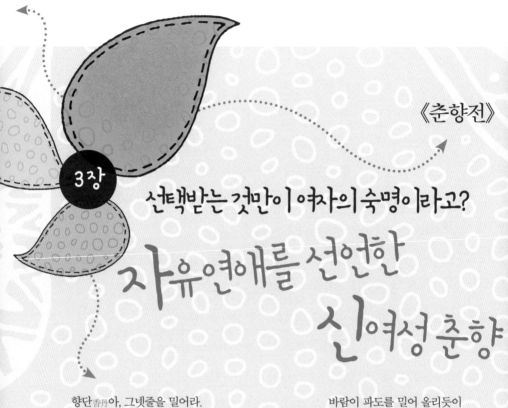

《춘향전》

3장

선택받는 것만이 여자의 숙명이라고?

자유연애를 선언한 신여성 춘향

향단香丹아, 그넷줄을 밀어라.
머언 바다로
배를 내어 밀듯이,
향단아.
......

바람이 파도를 밀어 올리듯이
그렇게 나를 밀어 올려 다오.
향단아.

산호珊瑚도 섬도 없는 저 하늘로
나를 밀어 올려 다오.
채색彩色한 구름같이 나를 밀어 올려 다오.
이 울렁이는 가슴을 밀어 올려 다오!
......

- 서정주, 〈추천사〉

1. 인간을 수단이 아닌 목적으로 대하라

자유연애는 인간의 권리

《제인 에어》에서 보다시피 사랑과 자유는 여성의 자아 성장에서 빼놓을 수 없는 요소입니다. '사랑하다 죽어라.'라는 어떤 시인의 명령처럼 오늘날 사랑은 더 많이 하면 할수록 좋은 것으로 권장되고 있습니다. 우리 시대는 자유로운 사랑을 이성으로 억제하고 자제해야 할 것으로 생각하지 않죠. 사랑 자체를 억압하거나 방해하는 장애물은 사라졌고요. 때문에 자유로운 연애가 귀중한 권리이자 투쟁을 통해 쟁취한 것이라기보다 지극히 당연한 것으로 받아들여집니다. 그러니 자유연애가 인간의 해방에 얼마나 소중한 것인가를 잊기 쉽죠, 아니 알지 못하죠. 여러분은 자유롭게 연애할 수 있는 '자유'와 권리를 얻기 위해 수많은 사람의 투쟁이 있었다는 걸 알고 있나요?

앞 장에서 보았다시피 제인 에어가 살았던 시절까지만 해도 유럽에서 귀족들은 귀족 가문끼리 결혼했습니다. 결혼은 두 가문이 서로 합병하고 거래하는 한 방식이었죠. 가문, 신분, 재산의 정도에 따라 사회적 위상이 촘촘하게 결정되는 귀족사회에서 무일푼인 제인 에어와 결혼한 로체스터의 행동은 세상의 눈에는 사랑에 눈 먼 사람이나 할 수 있는 경솔한 선택이었겠죠. 귀족들의 정략결혼은 조선시대 중매결혼이나 마찬가지로 가문을 유지하는 데 필수적이었습니다. 결혼제도는 기존의 질서를 재생산하는 장치였으니까요. 사랑한다는 이유로 가난하고 신분이 낮은 여자와 결혼하겠다고 나서면 귀족 가문을 유지하기란 힘들어집니다. 그러므로 그 시절 자유연애는 계몽사상의 세례를 받아서 만인의 평등을 신봉하는 사람들에게서 찾을 수 있는 새로운 현상이었죠.

계몽주의 시대에 이르러 자유연애는 비로소 인간이 쟁취해야 할 권리가 되었습니다. 프랑스혁명 이후 새롭게 부상한 신흥계급들은 사랑에 바탕을 둔 일부일처제 결혼을 발명했습니다. 내세울 가문이 없었던 신흥세력들은 가문과 가문의 결합을 귀족들의 부패한 정략결혼으로 비판했습니다. 그들은 재력과 신분이 아니라 사람 자체를 결혼의 목적이자 이상으로 삼았습니다. 인간을 수단이 아니라 목적으로 대하는 것의 한 형태가 자유연애에 의한 결혼이었습니다. 어떤 사람의 배경이 아니라 사람 자체를 보고 하는 결혼이 가장 순수한 것으로 칭송되었지요. 과거 무분별하고 철없는 불장난으로 매도되었던 자유연애가, 이제 열정에 기초하여 조건을 따지지 않는 가장 윤리적인 것으로 격상되기 시작합니다.

체제에 도전하는 사랑 – 춘향

그런데 제인 에어보다 2세기나 앞선 조선의 유교사회에서 자유연애를 주장한 선각자 여성이 있었어요. 춘향이 그런 신여성에 해당하죠. 사랑은 기존 질서를 깨뜨린다는 점에서 위협적이고 때로는 광기로 간주되기도 합니다. 로미오와 줄리엣의 사랑에서 보다시피 기존의 신분, 계층, 나이, 종교, 국경을 한순간에 뛰어넘는 것이 사랑의 열정입니다. 춘향은 자기 시대를 앞서서 자유연애를 주장함으로써 신분제 질서에 정면으로 도전했던 여성이었습니다. 《제인 에어》가 제인과 로체스터 사이의 개별적 사랑에 초점을 맞췄다면, 그보다 2세기나 앞섰던 춘향의 사랑은 신분질서에 도전한다는 점에서 개인 차원을 뛰어넘어 체제에 대한 도전으로 볼 수 있죠. 자유연애가 어떻게 체제에 도전하는 것인지 《춘향전》을 통해 살펴보기로 합시다.

한국인들치고 춘향을 모르는 사람은 없을 것입니다. 중학교 국어교과서에도 《춘향전》의 일부가 실려 있습니다. 암행어사 출두 장면은 오늘날에도 자주 공연되는 대목입니다. 이 장면은 죄 없이 당하는 춘향의 고통에 억울해했던 관객의 가슴을 시원하게 뚫어 줍니다. 못된 변 사또는 벌을 받고, 정조를 지킨 춘향은 복을 받습니다. 이쯤은 누구나 알고 있는 내용입니다. 이렇듯 춘향은 친숙한 이름이지만, 막상 소설 《춘향전》을 읽거나 완판 〈춘향가〉를 전부 다 들어 본 사람은 그다지 많지 않을 것입니다. 너무 친숙해서 모든 사람들이 읽거나 들었다고 착각하지만 대부분의 사람들이 거의 읽지 않고 듣지 않은 작품에 《춘향전》도 포함되지 않을까 합니다.

여러분이 보기에 목숨을 건 춘향의 행동은 어떻게 느껴지나요? 어처구니없어 보이지 않나요? 21세기에 사는 우리는 누구든 자유롭게 만나서 자유롭게 사랑하다 자유롭게 헤어질 수 있으니까요. 지금으로서는 사랑하기 위해 목숨까지 '올인' 하는 춘향이 완벽한 공감의 대상은 아니죠. 게다가 조선시대 기생은 몸과 웃음을 파는 것을 업으로 삼는 여성이라는 걸 생각하면, 춘향春香이야말로 봄의 향기를 파는 기생으로서 얼토당토않은 억지 행동을 한 게 아닐까 하는 생각도 듭니다. 양반집 도령과 맺은 약속 하나 믿고 열녀가 된 기생이라니 어이가 없다고 생각하시나요? 기생까지 열녀烈女가 되겠다고 나서다니, 이거야말로 남성의 판타지는 아닐까요? 아니면《춘향전》은 한국판 신데렐라 스토리일까요? 여성주의적인 관점으로 보면 춘향은 어떻게 다가올까요?

2. 날고 싶었던 여자, 춘향

그네 타고 하늘 높이 훨훨

춘향이 열여섯 살이 되는 해 봄입니다. 춘향이 그네 뛰러 나갔던 때는 바야흐로 춘삼월 호시절이었습니다. 벌과 나비는 이 꽃 저 꽃으로 훨훨 날아다닙니다. 바람은 풀꽃더미를 스치고 수양버들을 희롱하면서 가볍게 살랑입니다. 춘향은 단오절을 맞이하여 창포물로 샴푸하고 향단이와 동무하여 그네 뛰러 나갑니다. 춘향은 가슴이 설렙니다. 그녀는 쥐처럼 땅 위를 기어 다니는 것이 아니라 새처럼 날고 싶습니다. 그래서 향단에게 힘을 줘서 그네를 밀라고 당부합니다. 하늘을 박차고 날아오를 수 있도록 힘껏, 더욱더 힘껏 밀라고 합니다. 구름처럼, 바람처럼, 파도처럼, 그녀는 하늘 높이 날아오르고 싶습니다. 봄철의 나비처럼, 새처럼 날고 싶었습니다. 나무처럼 한곳에 머물고 싶지 않습니다. 여자가 나비가 될 수 없는 시절에 그녀는 감히 나비가 되고 새가 되고 싶었습니다.

춘향은 양반 도령들처럼 성균관에서 공부하고 싶었습니다. 과거에 합격하여 출세하고, 나라를 다스리고 천하를 호령하고 싶었죠. 가문을 빛내고 홀어미에게 자랑스러운 딸이 되고 싶었어요. 고생한 어미에게 효를 행하고 싶었죠. 하지만 그녀에게 이런 것들은 금지된 욕망이었습니다. 기생이 감히 그런 꿈을 꾼다는 것만으로도 대역죄로 다스려 마땅한 시대였으니까요. 양반과 천민의 질서가 확실하고 남녀가 유별한 사회에서 양반도 아니고 남자도 아닌 여자에게 그런 것들은 허락되지 않았죠. 그런 때에 그녀가 할 수 있는 일이 그다지 많지 않았습니다. 그래서 춘향은 더욱 그네뛰기에 매달립니다. 그녀는 자신을 묶어 두고 있는 것들로부터 높이 날아오르고 싶습니다.

이렇듯 날고 싶은 춘향에게 극적인 사건이 일어납니다. 그네를 뛰다가 춘향은 몽룡과 만나게 됩니다. 한양 출신 몽룡은 남원 고을 원님으로 부임한 아버지를 따라 내려옵니다. 벌 나비가 훨훨 날고 꾀꼬리 지저귀는 봄철이라 그는 마음이 뒤숭숭하고 공부에 집중할 수 없어 방자를 데리고 봄나들이에 나섭니다. 광한루에 오른 몽룡은 저 멀리 숲 속에서 아른거리며 그네 뛰는 처녀의 모습을 보게 됩니다. 도령은 방자에게 숲 속에서 오락가락하는 것이 무엇이냐고 묻습니다. 방자는 "이 고을 기생 월매의 딸 춘향이란 계집아이"라고 아룁니다. 이 도령

은 "기생의 딸이라고 하니 어서 가서 불러오너라."라고 명합니다. 한 번 놀아 볼 작정이었죠.

양반집 자제가 부르면 냉큼 올 것으로 여겼지만 춘향은 몇 번이나 사양하다가 마지못해 방자의 뒤를 따라옵니다. 당돌한 춘향은 몽룡에게 자신의 뜻을 당당히 밝힙니다. "충신은 두 임금을 섬기지 않고 열녀는 지아비를 바꾸지 않는다고 옛글에 일렀습니다. 도련님은 귀공자요, 소녀는 천한 계집아이라, 한번 정을 준 뒤에 바로 저버리면 일편단심 이내 마음 독수공방 홀로 늙어 죽어 갈 것이 억울해서 공자의 청을 받아들일 수 없사옵니다."* 한번 데리고 놀다가 버리면 난 어떡해, 라는 춘향의 항변이었지요.

첫눈에 반한 춘향과 몽룡

말은 그렇게 했지만 잠시 눈을 들어 이 도령을 살펴보니, 준수한 용모에 천하를 호령할 만한 기상인지라 춘향은 몽룡에게 첫눈에 반합니다. 몽룡은 양반집 도령이니 잘만 하면 춘향에게 날개를 달아 줄 수 있을지도 모릅니다. 춘향과 몽룡은 만난 지 하루 만에 원나잇을 합니다. 열여섯 살 동갑내기가 만난 지 하루 만에 잠자리를 하다니, 수절 운운한 것치고는 너무 진도가 빠른 것 같습니다. 춘향은 밀당의 고수이고 독수공방 운운은 내숭처럼 보이고요. 두 사람의 사랑 행각은 지

---

* 이 책에서 인용한 문구는 송성욱 편역,《춘향전》(민음사, 2004)을 참고하였다.

금 보아도 예사롭지 않습니다. 이 도령이 "나는 절구공이 되고 너는 방아 되어 떡실신할 때까지 찧어 보자." 하면, 춘향은 "내가 왜 언제나 밑으로만 가야 하오, 재미없게."라고 되받아칩니다. 두 사람이 한창 힘을 쓰니 "삼베 이불 춤을 추고, 샛별 요강은 장단 맞추어 쟁그렁 쟁쟁, 문고리는 달랑달랑, 등잔불은 가물가물." 온 방 안의 물건들이 요동치는 그들의 장단에 맞춰 요란하게 움직입니다.

열여섯인 춘향과 몽룡의 성적 언어와 기교는 장난이 아닙니다. 그로 인해 혹자는 그녀가 이 도령과 잠자리를 한 것은 양반집 도령을 유혹하기 위한 것이라고 비난했죠. 하지만 이런 비난은 춘향이 살았던 시대를 제대로 알지 못해서 하는 소리입니다. 춘향 시대의 사랑 방식은 우리 시대의 사랑 방식과는 달랐습니다. 그 시절 사랑은 곧 육체적 결합을 뜻했어요. 지금처럼 인간의 외면과 내면을 구분하고 육체와 정신을 분리시킨 다음, 육체적 사랑, 정신적 사랑으로 나누지 않았죠. 춘향이 살았던 시절에 몸과 마음은 하나였습니다. 사랑하면 곧장 육체적인 결합으로 나가는 것은 자연스러운 일이었지요.

그 시절 평균수명은 마흔 살도 되지 않았습니다. 지금처럼 평균 연령 100세를 바라보는 시대가 아니었습니다. 열넷, 열다섯이면 혼인하던 시절이었고, 열여섯이면 결혼하기에 농익은 나이였습니다. 여자 나이 서른이면 눈먼 새도 뒤돌아보지 않는다는 시절이었습니다. 서른이면 손주를 보고 할머니가 될 수도 있는 나이였으니까요. 사랑에 빠진 두 사람이 정신적 사랑 운운하면서 한번 잠자리하기까지 몇 년씩

걸리는 시절이 아니었다는 것이지요. 생애의 주기가 지금의 절반으로 빨랐습니다. 우리 시대의 평균 수명이 춘향의 시대와 비교하여 두 배로 늘었다고 본다면, 춘향과 몽룡의 나이는 지금으로 치면 서른은 충분히 되었습니다.

두 사람은 거침없이 사랑했지만 춘향과 몽룡이 작별할 시기가 다가옵니다. 몽룡의 부친이 영전하여 다시 한양으로 올라가게 되었고, 그 또한 과거를 보기 위해 떠나야만 했습니다. 함께한 시간 동안 두 사람은 진심으로 사랑하는 사이가 되었습니다. 이별 앞에서 몽룡은 지키기 힘든 약속을 합니다. 과거가 끝나면 춘향을 잊지 않고 한양으로 데려가 반드시 정실부인으로 맞이하겠다고 공약합니다. 당시로서는 도무지 지킬 수 없는 공약空約에 불과했죠.

3. 남자는 벌, 여자는 꽃

남자와 여자는 달라

조선시대가 후기로 접어들면서 사회가 조금씩 변화되었다고는 하지만, 춘향이 그네 뛰던 시절에도 남녀는 여전히 유별有別했습니다. 남녀가 유별하다는 것은 남자와 여자는 그냥 다르다는 뜻이 아니에요. 비유적으로 말해 그 시절 남자가 해라면 여자는 달입니다. 남자는 하늘이고, 여자는 땅입니다. 남자는 나비이고, 여자는 꽃이죠. 하늘은 땅을 내려다봅니다. 땅은 하늘을 우러러보죠. 그와 마찬가지로 땅인 여자는 하늘인 남자를 우러러 섬기고, 하늘인 남자는 땅인 여자를 내려다봅니다. 달이 해를 빤히 쳐다볼 수는 없습니다. 고개를 돌리고 수줍게 눈을 내리깔지 않으면 눈이 멀게 되니까요. 벌과 나비는 이 꽃에서 저 꽃으로 마음대로 옮겨 다닐 수 있지만 꽃이 훨훨 날아서 벌과 나비를 먼저 유혹할 수는 없습니다. 봄바람에 분분히 날리는 벚꽃은 하늘로 떨어지는 것이 아니라 땅 위로 내려앉습니다. 남자는 새처럼 하늘을 날고 여자는 꽃처럼 땅으로 지는 것은 자연의 섭리죠. 남자와 여자가 다른 것도 자연의 섭리 중 하나로 받아들여졌고요. 남자는 하늘, 해, 벌이며 여자는 땅, 달, 꽃이라는 비유에 따라 남녀의 차이는 자연스럽게 남녀차별로 이어집니다.

조선시대 남녀의 구분은 엄격했습니다. 양반가 남성인 이몽룡은 한양-남원-한양을 자유롭게 오갈 수 있었습니다. 과거에 응시하고 급제하여 암행어사로 조선팔도를 유람할 수도 있고 부정부패를 바로잡을 수도 있습니다. 반면 여자인 춘향에게 이 도령과 같은 기회는 주어지지 않았습니다. 여자는 바깥출입이 자유롭지 않았을 뿐만 아니라 자기가 사는 곳에서 마음대로 떠날 수 없었습니다. 성균관에서 공부하고 싶다 하여 한양으로 이사 갈 수도 없었지요. 지금의 대학인 성균관 입학은 여자에게는 허락되지 않았습니다. 남자로 변장하지 않는 한 말입니다.

다르니 대우도 다른 것

조선시대 남성은 성적으로 자유로웠습니다. 남자는 정실부인(조강
지처) 이외에도 능력에 따라 수많은 첩을 거느릴 수 있었어요. 김만중
의 《구운몽》과 같은 고소설에서 보다시피, 성진은 천상에서 팔선녀와
놀아난 죄로 지상으로 유배됩니다. 양소유라는 이름으로 이승에 다시
태어난 그는 과거에 장원급제하고 입신출세하여 여덟 명의 처첩을 거
느립니다. 그 당시 남성이 여러 명의 여자를 거느린다고 하여 오늘날
처럼 부도덕하다고 지탄받지 않았습니다.

양반과 맺어졌다고 하더라도, 처와 첩은 신분이 달랐습니다. 첩妾
은 군자를 접接할 수 있으나 배우자가 될 수는 없었습니다. "붉으면
대추, 대추는 달지, 달면 엿이지, 엿이면 붙지, 붙으면 내 첩이지."라는
노래가 있었습니다. 첩妾은 붙어서 접接할 수 있지만 양반의 정실부인
은 되지 못했지요.

그럼 여자는요? 여자는 오직 한 남자만을 섬겨야 했습니다. 여자
가 재혼하는 것은 수치스러운 일이었습니다. 그럴 경우, 그녀에게서
태어난 자식들 또한 과거를 볼 수가 없었죠. 여성이 재혼하면 자식의
앞길을 망치는 것이었습니다. 자식을 사랑하는 양반 가문 여성이라면
아무리 젊은 나이에 홀로되었다 하더라도 자신의 뜻과는 상관없이 재
혼하기가 힘들었죠.

그런 사례를 열녀 함양 박씨에게서 찾아볼 수 있습니다. 박씨의 아
들들은 어미가 혹시라도 재혼하여 자신들의 벼슬길을 막을까 봐 두려

위했습니다. 그러자 그녀는 아들들을 불러 앉히고 눈물을 떨어뜨리며 말합니다. 그녀는 품속에서 동전 한 닢을 꺼냈어요. 동전은 닳고 닳아서 형체를 알아보기 힘들었죠. 박씨는 자신이 젊은 나이에 홀로되었으니 어찌 혈기와 욕정이 없었겠느냐고 아들들에게 반문합니다. 외로운 등불이 제 그림자를 홀로 비추는 긴긴 겨울밤이면, 젊은 혈기를 견딜 수 없어서 그녀는 동전을 수없이 굴렸다고 말합니다. 하룻밤에 동전을 열대여섯 번 굴리면서 그것을 찾느라 방 안을 이리저리 헤매다 보면 어느덧 날이 샙니다. 그렇게 십여 년을 굴리다 보니 해마다 구르는 횟수가 점점 줄어들고 동전은 형체를 알아보기 힘들게 되었다고 말합니다. 그래서 어머니와 아들이 서로 붙잡고 한참이나 울었다고 전합니다. 열녀 함양 박씨 이야기는 여자들이 주변의 강요로 인해 열녀가 되지 않을 수 없었던 상황을 잘 보여 줍니다.

여자의 성욕을 엄격하게 다스리지 않는 한, 양반의 씨앗과 종놈의 씨앗을 구분할 방법은 없습니다. 남성들의 불안은 자신의 아이가 정말 자신의 아이인지를 확신할 수 없다는 데 있었습니다. 지금처럼 유전자 검사를 하는 시대도 아니었으니까요. 자신의 아이를 확실히 하는 방법은 여자가 자신 이외의 다른 남자와 잠자리를 하지 못하도록 철저히 감시하는 것뿐이었습니다. 신분제 사회가 여자의 정절을 그토록 중요시 한 것은 바로 그런 이유에서였습니다.

4. 기생은 여자가 아닌가요?

여자와도 다른 기생의 운명

조선시대 남자와 여자가 어떻게 다르고 그로 인해 어떤 차등한 대우를 받았는지 알아보았는데요, 그럼 여자 기생은 여자이므로 다른 여자들처럼 남자와 다른 대접을 받는 것으로 끝났을까요? 안타깝게도 여자 축에도 못 끼는 것이 조선시대의 기생이었습니다. 남자와 다른 여자, 하지만 여자와도 다른 존재, 그것이 바로 기생이었던 거죠. 원치 않는 남성들의 노리개로 사는 것이 아니라 한 남자의 지어미로서 죽을 때까지 사랑하면서 행복하게 사는 것, 그것은 기생에게 허락된 운명이 아니었습니다.

기생은 여자들이 갖지 못한 교육의 기회, 권력 획득의 기회를 가지지 못한 것으로 그치지 않았습니다. 잘난 남자와 같이 살면서 지고지순한 조강지처의 숙명을 따르는 일 또한 그들의 권리 안에는 포함되지 않았던 것입니다. 한 남자의 그늘 아래 자신도 조강지처가 되려 하는 기생이 있다면 그것은 여자가 남자처럼 과거를 보겠다는 것 이상으로 대역죄에 해당하는 범죄였습니다. 그러니 기생이 자신의 처지를 한스러워하는 것은 너무도 당연했겠죠.

그러므로 춘향이 이 도령 한 사람을 사랑하면서 살고 싶다는 욕망은 자기 신분에서 벗어나고 싶다는 욕망과 다르지 않습니다. 그런 욕망을 안은 춘향은 목숨을 건 승부수를 띄운 셈입니다. 자기 운명을 자기 손으로 바꾸겠다고 결심한 셈이지요. 결연하기 짝이 없는, 어쩌면 너무도 순진한 행동이었습니다. 그러니 몽룡이 떠난 뒤 그녀에게 닥친 시련은 그녀가 자처한 것이기도 합니다.

　신임 사또인 변학도가 남원 고을에 부임합니다. 변 사또는 남원의 '얼짱'인 춘향의 소문을 익히 들었습니다. 부임하자마자 그가 제일 먼저 한 일이라고는 춘향에게 수청 들라는 명령이었습니다. 관아로 불려 나온 춘향은 변 사또의 명령을 겁도 없이 거절합니다. 사또는 춘향이 기생인 주제에 임자 있는 몸이라면서 수청을 거부하자 부르르 떱니다. 그러자 춘향은 "임금에게 충성하고, 지아비에게 정절을 바치는데도 상하귀천이 있소."라고 따집니다. 신하가 임금에게 충忠을 바치는 것이나, 아내가 남편에게 열烈을 행하는 것이나 다 같은 것이 아니냐고 또박또박 대꾸합니다. 변 사또는 분을 이기지 못합니다. "사또의 명을 거역한 죄는 능지처참을 면치 못한다는 걸 네년이 모르느냐."고 소리칩니다. 그러자 춘향은 "그럼 유부녀 겁탈하는 것은 죄가 아니냐."고 되받아쳤죠. 사또의 입장에서는 허파가 뒤집힐 노릇이었겠죠. 기생은 유부녀가 될 수 없던 시절이었으니 말입니다.

같은 여자이고 싶은 기생 춘향

　춘향은 봉건시대를 살았지만 자기 시대를 앞선 여성이었습니다. 그녀가 살았던 시절, 여자에게 요구했던 것은 정절이었습니다. 그런데 여자인 자신이 정절을 지키겠다고 하는데도 왜 허락되지 않는지 그녀는 이해할 수가 없습니다(너무도 이해하지만 받아들이는 건 거부한 것이겠죠). 여자에게 그처럼 정절을 요구했으면서도, 정절을 지키겠다는 여자에게 곤장이 웬 말이냐는 것이지요. 춘향은 기생 신분에 맞게 미모와 가무로 한밑천 챙기면서 그럭저럭 잘 살 수도 있었습니다. 그런데 춘향은 따져 묻습니다. "기생은 여자가 아닌가요?" 기생도 여자라면 여자에게 요구된 것을 철저히 지키겠다는데 그것이 왜 죄가 된다는 건가요? 춘향이 이렇게 물을 수 있었던 것은 '만인은 평등하게 태어난다.'는 근대적인 사고에서 비롯합니다. 여자면 다 같은 여자인 것이지 왜 상하귀천의 구분이 필요한지 그녀는 묻습니다. 이런 의미에서 그녀는 자기 시대를 앞선 신여성이었던 거죠.

논리에 궁해진 사또는 폭력을 행사합니다. 말이 궁하면 주먹이 먼저 나가는 법이니까요. 사또는 춘향을 끌어내 형틀에 묶고 곤장으로 다스리라고 명령합니다. 그로 인해 춘향은 〈십장가〉를 부르게 됩니다. 춘향은 남자들처럼 서당에서 공부한 바가 없지만 독학으로 사서삼경을 독파했습니다. 그런 만큼 춘향은 양반 남성들의 언어로 그들의 논리를 격파합니다. 수청을 거부한 춘향에게 매질이 가해집니다.

형리가 한— 대를 딱 붙이자 춘향이 아룁니다.

"일편단심 굳은 마음 일부종사하려 했으니 일개 형벌 친다 하여 잠시라도 변하리까."

두— 대를 딱 붙이자,

"두 지아비 못 섬기는 이내 마음, 이 매 맞고 영영 죽어도, 이 도령은 못 잊겠소."

세三 대를 딱 붙이자,

"삼종지도 지엄한 법 삼강오륜 알았으니 갖은 형벌에도 삼청동 우리 낭군은 못 잊겠소."

네四 대를 딱 붙이자,

"사대부 사또님은 백성들은 살피잖고 위력에만 힘을 쓰니, 사방팔방 남원 백성 원망함을 모르시오. 사지를 가른대도 사생동거死生同居 우리 낭군 사생死生 간에 못 잊겠소."

다섯伍 대를 딱 붙이자,

"오륜 중의 부부유별 맺은 인연, 오매불망 우리 낭군, 오동추야 밝은 달은 님 계신 곳 보련마는. 오늘이야 편지 올까 내일이나 기별 올까. 애고애고 내 신세야."

여섯六 대를 딱 붙이자,

"육육은 삼십육으로 매마다 죄를 묻고, 육만 번 죽인데도, 변할 수 전혀 없소."

일곱七 대를 딱 붙이자,

"칠거지악 범하였소? 칠거지악 아니거든 이런 형벌 웬일이오. 칠 척 검 드는 칼로, 이제 바삐 죽여 주오."

여덟八 대를 딱 붙이자,

"팔자 좋은 춘향 몸이, 팔도 방백 수령 중에, 제일 명관明官 만났구나. 팔도 방백 수령님네, 치민治民하러 내려왔지, 악형惡刑하러 내려왔소."

아홉九 대를 딱 붙이자,

"구곡간장 굽이 썩어, 구중궁궐 임금님께 이내 사정 구구절절 아뢰리라."

열十 대를 딱 붙이자,

"십생구사 할지라도 팔십 년 정한 뜻은, 십만 번 죽인대도 변함없으니, 십육 세 어린 춘향 매 맞고 원통하게 죽은 귀신 가련하오."

〈십장가〉에서 춘향은 여성의 열(烈, 정절)과 남성의 충(忠, 충성)을 같은 것으로 간주합니다. 신하가 임금에게 열을 다하지 않으면 대역죄에 해당하듯, 여성이 지아비에게 열을 다하지 않는 것 또한 대역죄에 해당합니다. 열사라고 할 때의 열은 '매울 열'자입니다. 열사란 지조를 굽히지 않는 선비의 매운 정신을 뜻하는 것이고, 그런 의미에서 신하의 열과 여자의 열은 같은 것입니다. 그렇다면 여성의 열은 단지 남녀 사이의 윤리를 넘어 신분제 사회의 윤리와 왕조질서의 근간이 됩니다.

춘향은 사대부인 사또가 백성을 제대로 다스리지 않고 악정이나 펼치고 있으니 더는 사대부라고 할 수 없다고 주장합니다. 핏줄에 의해 양반이 되는 것이 아니라 양반처럼 행동할 때 양반이 되는 것임을 주장한다는 점에서 그녀는 다른 차원에서 봉건적인 신분제 질서에 도전합니다. 춘향의 수청 거부는 신분질서에 대한 저항임과 동시에 여성을 성적 대상으로 삼는 부패한 양반계급에 대한 항거이기도 하니까요. 춘향은 열을 통해 불평등한 신분의 문제뿐만 아니라 불공정한 남녀의 문제를 동시에 제기한 것입니다.

5. 자유연애의 투사, 춘향

그녀의 사랑은 사회에 대한 항거

이렇게 본다면 춘향은 기생에게서도 정절을 원하는 남성의 환상을 만족시켜 주는 인물로 여겨질 수 있습니다. 하지만 《춘향전》은 열녀의 교훈을 제시한 것만이 아닙니다. 춘향은 자신의 의지로 정절을 지킵니다. 신분제 사회에서 여성은 주변 상황 때문에 어쩔 수 없이 정절을 지키는 경우가 허다했습니다. 조선 후기인 18세기 무렵에는 수절자살이 급증했습니다. 국가가 죽은 남편에 뒤따라 자살하는 여성들에게 열녀비를 세워 주고 그녀의 자식들에게 벼슬을 하사하는 등 엄청난 포상을 했습니다. 그렇게 하여 열녀의 미덕을 자자손손에게 전해 주었고요.

혈통에 기초한 왕조국가가 열녀의 열을 이처럼 강조한 것은 신하들의 충성을 강조하기 위한 것이기도 합니다. 그런데 국가의 이런 노력은 여자들이 열녀가 되고 싶어 하지 않았다는 것을 역설적으로 보여 줍니다. 앞서 열녀 함양 박씨의 이야기에서 보다시피, 열녀비는 여자들이 자발적으로 열녀가 되고 싶어 하지 않았다는 반증이자, 신분질서가 흔들리고 있었다는 것에 대한 증거일 수 있습니다.

하지만 춘향은 주변 상황에 몰려 억지춘향 노릇을 한 것이 아닙니다. 그녀는 '자유의지'로 오직 한 남자를 사랑합니다. 설혹 춘향이 신분상승을 하려고 처음에는 의도적으로 이 도령을 유혹했다 할지라도, 두 사람 사이에 사랑이 깊어지면서 그런 계산을 뛰어넘습니다. 몽룡이 과거에 낙방하고 거지꼴로 찾아왔을 때에도 춘향은 그를 저버리지 않습니다. 두 사람이 맺은 사랑에 대한 신의를 저버리지 않았던 것입니다.

동시에 춘향의 지독한 사랑은 남성 위주의 사회에 대한 항거입니다. 춘향의 정절은 신분제 사회를 뒷받침해 주는 것처럼 보이지만 사실 그녀는 신분제 사회가 칭송한 그 '열'을 가지고 그것의 근간을 흔들어 놓습니다. 기생이 정실부인 자리를 요구하는 것은 당대로서는 폭탄선언입니다. 기생은 왜 정실부인이 되면 안 되는가, 왜 한 남자와 한 여자가 자유롭게 사랑하면 안 되는가, 여자가 목숨 걸고 한 남자를 사랑한다면 그 남자 또한 한 여자만을 사랑하는 것은 당연하지 않은가, 라고 요구합니다.

춘향의 열은 인간답게 사랑할 권리를 달라는 것과 다르지 않습니다. 그녀는 인간으로서 사랑할 권리를 요구합니다. 춘향의 사랑은 맹목적으로 한 남성에게 정절을 바치는 것이 아니라, 사랑과 신뢰에 기초한 자발적인 자유연애입니다.

중매를 통해 부모가 정해 준 배필과 결혼하던 시절에 그녀는 자유연애를 실천합니다. 그녀는 누구의 소개가 아니라 한 남자를 직접 만나 선택하고 사랑합니다. 벼슬한 몽룡은 〈진주난봉가〉의 신랑처럼 기생첩을 옆에 끼고 논다고 하더라도 여자는 질투조차 하지 못했던 시절, 그녀는 몽룡에게 자기에게만 충실할 것을 요구합니다. 여자가 한 남자에게 열정적인 사랑을 바쳤다면, 남자 또한 한 여자에게 충실해야 한다는 것이지요. 이런 사랑법은 신분제 사회에서는 허락되지 않았던 것입니다.

목숨 건 투쟁으로 무너뜨린 남존여비 사상

춘향과 몽룡의 최종 결합은 그의 일방적 시혜에 의한 것이 아닙니다. 그녀는 남자의 등에 업혀 공짜로 신분상승을 한 것이 아닙니다. 몽룡이 현실적 장애를 극복하는 데 들인 노력이 춘향에 대한 신의를 저버리지 않는 것이었다면, 춘향은 신의와 약속을 저버리지 않기 위해 목숨까지 바친 것이죠. 춘향은 기생 한번 데리고 놀아 볼 심산이었던 몽룡을 제대로 교육시킵니다. 남자의 열과 여자의 열이 다르지 않다는 것을 보여 줌으로써 몽룡을 변화시킵니다. 여자가 남자를 배신한 것이 신하가 임금을 배신한 것과 같다고 한다면, 그 역도 마찬가지 진실이 되어야 합니다. 다시 말해 남자가 한 여자를 배신하는 것은, 임금이 신하를 배신한 것이나 다를 바 없다는 것이 춘향의 논리인 거죠.

춘향은 기생도 양반과 인격적으로 대등하게 사랑을 나눌 수 있음을 보여 줍니다. 기생인 여성이 양반 남성과 인격적인 관계로 자유롭게 사랑할 수 있다는 것은 그 당시로는 혁명적인 발상이었습니다. 그것은 남존여비의 사상을 무너뜨리는 것입니다. 그녀는 남자 한 명 잘 만나서 팔자가 핀 것이 아니라 자신의 노력과 항거로 그런 위치를 얻어 냅니다. 그녀는 여성도 자신의 뜻에 따라 사랑을 선택할 수 있고 끝까지 지킬 수 있다는 점을 몸소 증명합니다.

춘향은 자유의지로 시련과 고난을 이겨 냅니다. 그런 의미에서 보자면 우리는 춘향이라는 탁월한 여성의 모델을 가진 셈입니다. 춘향은 한 남자를 위해 단순히 정절을 바친 것이 아니라 자유롭게 사랑할 수 있는 권리를 요구한 것입니다. 우리 사랑하게 해 달라고 요청한 것입니다. 그것은 아무리 기생이라도 원치 않는 남자에게 자신의 성性을 팔고 싶지 않다는 인간 선언이었습니다. 이와 같은 인간 선언은 근대적인 여성의 탄생을 알린 것과 다르지 않습니다. 그녀는 신분의 귀천과 상관없이 한 남자와 자유롭게 사랑할 수 있는 권리를 요구했습니다.

양반들이 처와 첩을 거느리면서 살던 시절에 춘향은 사랑하는 한 남자와 한 여자가 결합하여 살 수 있게 해 달라고 주장한 자유연애의 선각자였습니다. 처첩을 거느리는 것이 남성의 당연한 권리로 여겨졌던 일부다처제 시대에 한 여자에게 충실할 것을 요구함으로써, 그녀는 한 남자와 한 여자의 결합인 일부일처제를 주장한 것입니다.

우리는 한 남자와 한 여자가 사랑하고 결혼하여 가정을 이루는 것을 너무나 당연한 것으로 여기지만, 춘향의 시대에 그것은 목숨을 바쳐서 바꿔 내야 할 제도였습니다. 그런 의미에서 자유로운 연애과정을 거쳐서 맺어지는 일부일처제는 춘향 같은 여성들이 목숨 걸고 얻어 낸 여성의 승리였다고 말할 수 있을 것입니다.

오늘날 우리가 당연한 권리처럼 누리는 것들이 사실은 당연한 것이 아니라 오랜 투쟁의 결과로 얻어 낸 것들인 경우가 많습니다. 서구에서는 여자들이 투표권을 얻어 내기까지 100년 이상이 걸렸습니다.

많은 여자들이 일할 권리, 정치에 참여할 권리를 얻어 내려고 감옥행도 마다하지 않았습니다. 지금은 자유로운 연애가 당연한 대세이지만, 그럴 수 있는 권리를 얻어 내기까지 목숨을 걸었던 여자들도 있었습니다. 그런 여성들 중 한 사람이 춘향이라고 볼 수 있을 것입니다.

춘향전

　한국인이라면 비록 읽지 않았더라도 다 같이 알고 있는 인물이 춘향일 것입니다. 한국인이라면 저절로 아리랑을 알고 자연스럽게 심청을 알게 되는 것이나 마찬가지입니다. 그런 의미에서 《춘향전》은 한국인임을 인증하는 작품이고 한국이라는 국가의 문학적 상징이라고 볼 수 있습니다. 《춘향전》과 같은 고전문학은 같은 민족으로서 집단무의식을 확인시켜 주는 한 가지 문화적 장치가 될 수 있습니다. 그런 맥락에서 문학은 국가를 만드는 상징적 장치이고, 한 사람이 한 국가의 국민임을 확인하는 방식일 수 있습니다.

　춘향은 실존인물이라기보다 민간설화에 등장하는 인물입니다. 민간설화에도 여러 장르가 있는데, 그중에서도 《춘향전》은 신원설화, 암행어사설화, 아랑설화 등이 합쳐져서 여러 이본을 만들어 내게 되었다고

들 합니다. 신원설화(伸冤說話)에 따르면 남원 기생이었던 춘향은 양반 자제인 이몽룡을 사모하지만 신분차이로 뜻을 이룰 수 없었습니다. 춘향은 죽어서 원귀가 되어 밤마다 남원부사를 찾아옵니다. 원귀가 되어 남원에 재앙을 가져오자 이에 대한 푸닥거리 내용이 춘향의 신원설화입니다. 암행어사설화(暗行御史說話)는 야사에 주로 등장하는 박문수와 같은 암행어사 출두 설화를 뜻합니다. 탐관오리에게 시달리는 힘없고 가난한 백성들은 암행어사가 자신들을 대신하여 탐관오리를 징벌하고 정의로운 사회를 실현하는 데서 후련함을 맛보았을 것입니다. 이몽룡이 암행어사로 등장하는 것은 그런 소망이 실린 것이라고 볼 수 있습니다.

연구자들에 따르면 《춘향전》은 설화에서 판소리, 판소리에서 소설로 변형되었습니다. 《춘향전》은 세월이 흐르고 세대를 거치면서 당대적인 맥락에 맞춰서 끊임없이 재생산되고 있습니다. 오늘날까지도 《춘향전》은 해석, 재해석을 거치면서 영화, 오페라, 판소리 등으로 만들어지고 있는 원형적인 작품입니다.

《춘향전》의 이본은 판본이 9종으로 경판본(京板本)이 4종, 완판본(完板本)이 3종, 안성판본(安城板本)이 1종입니다. 이들은 대개 1850년 이후의 판본입니다. 그중 잘 알려진 이본이 《남원고사(南原古詞)》로서 《춘향전》

문학의 압권을 이루고 있습니다. 《남원고사》는 요즘 식으로 말하자면 도서대여점인 세책점貰册店에서 베스트셀러였던 이본이었습니다. 신문학기의 활자본은 이해조의 《옥중화》(1912), 최남선崔南善의 《고본춘향전古本春香傳》(1913)을 비롯하여 38책이 되며, 활판본·한문본 4책, 번역본(일본·영국·프랑스·러시아·중국·독일) 등을 합하여 16종이 됩니다. 그리고 희곡 여러 본이 있습니다.

《춘향전》 연구는 남북한을 위시하여 엄청나고 그 해석도 다양합니다. 춘향의 이중성을 비판하는 분석도 있습니다. 변 사또에게는 저항하지만 이 도령에게는 첩이라도 좋다고 함으로써 양반 중심의 봉건질서에 반항하는 춘향의 저항의식이 빛이 바랬다고 비판하는 연구자도 있습니다. 말하자면 춘향의 정절은 신분상승을 지향한 것이지 봉건질서에 도전한 것이 아니라는 것이지요.

신분질서에 대한 춘향의 저항이 보여 준 한계에도 불구하고, 이 글에서는 춘향의 '자유로운' 선택과 자의식에 초점을 맞췄습니다. 춘향은 '하고 싶은 것이 있으면 하고, 장애물이 있으면 부수고, 괜찮은 남자가 있으면 납치하라.'는 옛날 할머니들의 말대로 행동하는 인물입니다. 남성 양반들을 쥐락펴락할 만한 지성, 밀당에 능숙한 능동적인 연애전

사, 신분질서에 저항하는 투사, 기회를 활용하는 전략가라는 점에서 춘
향의 이중성으로 일컬어지는 다양한 얼굴 자체가 춘향이 가진 신여성
의 특성이라고 재해석한 것입니다.

결혼해서 오래오래 살았답니다…

2부

헨리크 입센,《인형의 집》

4장

사랑스러운 부인, 예쁜 (지혜로운) 엄마라는 함정

나는 인형이었네
아버지의 딸인 인형으로
남편의 아내 인형으로
그네의 노리개였네.
......

나는 사람이라네
남편의 아내 되기 전에
자녀의 어미 되기 전에
첫째로 사람이라네
나는 사람이로세.
......

아아 소녀小女들이여
깨어서 뒤를 따라오라
일어나 힘을 발하여라
새날의 광명이 비쳤네.

– 나혜석,〈인형의 가家〉
《나혜석 전집》(푸른사상, 2013)

두 사람은 오랫동안 행복하게 살았습니다…

어린 시절 읽었던 동화에 의하면 온갖 장애를 극복하고 결혼에 이른 왕자와 공주는 그 이후로도 오랫동안 잘 살았던 것으로 전해져 옵니다. 신데렐라도, 백설 공주도, 라푼젤도, 춘향도 모두모두 아직까지도 여전히 잘 살고 있습니다. 동화는 결혼한 부부가 어떻게 살고 있는지 그들의 결혼생활에 관해서는 말해 주지 않습니다. 두 사람의 사랑을 방해하는 갖가지 장애물을 극복하고 결혼에 이르는 과정만 보여 주니까요.

그런데 이 세상 어딘가에 나의 영원한 반쪽이 있을 것으로 믿고 그 반쪽과 영원한 사랑을 맹세하면서 결혼했음에도 동화에서와는 달리 현실에서는 왜 많은 부부들이 다투고 헤어지는 것일까요? 혹시 내가 만난 반쪽이 진정한 반쪽이 아니었기 때문일까요? 백설 공주는 과연 왕자와 결혼한 이후에도 오랫동안 행복하게 살았을까요? 춘향은 몽룡과 결혼한 이후에도 '사랑밖에 난 몰라.'라면서 여전히 행복해했을까요?

자유롭게 사랑하여 결혼에 이른 다음, 결혼한 부부들은 어떻게 살까요? 결혼의 의미는 무엇일까요? 사람들에게 결혼과 가정의 의미란 어떤 것일까요? 결혼은 과연 여자들에게 행복의 시작일까요? 이런 질문에 나름대로 대답을 준 작품이 헨리크 입센의 《인형의 집》입니다. 《인형의 집》은 결혼하여 8년 동안 화목하게 잘 살고 있던 가정주부 노라가 어느 날 갑자기 자기 자신을 찾겠다며 가출하는 이야기입니다.

그러면 그동안은 자기 자신으로 살지 않았다는 것일까요? 노라는 무슨 생각으로 그랬을까요? 이 작품이 19세기 당시에는 얼마나 충격적이었던지 노라이즘Noraism이란 신조어를 만들어 낼 정도였습니다. 노르웨이 극작가였던 헨리크 입센의 《인형의 집》이 당대 사람들에게 그토록 충격을 주었던 이유는 무엇이었을까요? 노라의 가출이 왜 그토록 놀라웠을까요?

무엇보다 노라는 신성한 결혼의 의무를 깨고 왜 가출해야 했을까요?

1. 노라, 사랑받기 위해 태어나다?

남편의 귀여운 종달새

결혼하여 사랑받으면서 행복하게 살고 있는 한 여성이 있었습니다. 춘향과 거의 동시대를 살았던 노르웨이 여성 노라입니다. 그녀는 노르웨이 극작가인 헨리크 입센의 희곡 작품인 《인형의 집》의 여주인공입니다. 노라는 은행원인 남편과 세 아이를 둔 행복한 가정주부입니다. 남편인 헬머는 아내가 사랑스러운 나머지 아내를 '내 귀여운 종달새,' '내 귀여운 다람쥐'라고 부르죠. 그녀는 사랑받기 위해 태어난 존재처럼 보입니다. 마카롱을 감춰 두었다가 야금야금 먹는 모습은 정말 귀여운 다람쥐 같습니다.

노라는 방금 쇼핑에서 돌아옵니다. 그녀가 쇼핑하고 사치하는 모습조차 남편의 마음을 흡족하게 해 줍니다. 아내의 사치는 곧 남편의 능력과 부를 과시하는 것이니까요. 귀여운 아내가 쇼핑에서 즐거움을 맛본다는 사실 자체가 그에게는 무척이나 기분 좋은 일이죠. 이처럼 노라의 가정은 행복으로 넘쳐납니다.

　때는 바야흐로 크리스마스이브였어요. 헬머는 크리스마스를 맞이하여 마음껏 쇼핑하고 돌아온 노라를 귀여운 작은 새라고 놀립니다. 귀여운 작은 새를 키우는 데는 돈이 많이 든다면서요. 당신은 곧 은행

장이 될 테고, 오늘은 조금 낭비해도 좋은 성탄절이라고 노라는 애교스럽게 대답합니다. 변호사였던 헬머는 은행장으로 임명될 순간만 기다리고 있었죠. 그날 저녁 노라의 처녀 시절 친구였던 린데 부인이 찾아옵니다. 노라는 친구를 반갑게 맞으면서 남편이 드디어 은행장이 될 거라고 자랑합니다.

노라는 처녀 시절 아버지의 사랑을 듬뿍 받고 부족한 것 없이 자라서 낭비벽이 있었어요. 결혼한 뒤에도 이처럼 마음껏 사치하고 쇼핑할 수 있는 노라의 처지가 린데 부인으로서는 마냥 부러웠고요. 린데 부인은 자신의 처량한 신세를 한탄합니다. 그녀는 3년 전 남편을 잃었고, 아이도 없고, 물려받은 유산도 없습니다. 그녀가 보살피던 어머니는 돌아가시고 남동생들은 독립해서 그녀의 품을 떠났고요. 그녀에게는 그리워할 만한 대상도 없습니다. 처녀 시절에는 은행에서 일했지만 오래 가정주부로 살았던 터라 마땅한 일자리를 구하기 힘듭니다. 이제 그녀는 노라의 파티복 수선이라도 하지 않으면 안 될 정도로 형편이 좋지 못합니다. 그녀가 크리스마스이브에 노라를 찾아온 것도 일자리를 부탁하기 위해서고요.

노라는 친구의 처지를 안타까워하면서 사실 자기에게도 빚이 있다고 말합니다. 그러자 린데 부인은 "넌 학교 다닐 때부터 낭비벽이 있었잖아."라고 한마디 합니다. 노라는 당황해하면서 결혼 후에는 그렇지 않았다고 부인합니다. 노라가 빚을 진 것은 낭비벽 때문이 아니라 남편 때문이었다고 친구에게 털어놓습니다. 남편인 헬머는 신혼

초 심각한 병에 걸려 휴식이 필요했고, 휴양차 이탈리아로 가는 여행 경비를 마련하려고 노라는 남편 모르게 돈을 빌렸습니다. 그녀는 휴식이 필요한 남편이 그 일로 스트레스를 받을까 봐 남편에게 말하지 않았던 거죠. 노라는 아버지의 서명을 받으려고 했지만 아버지가 바로 그 즈음 돌아가셨습니다.

그 당시 여성들은 자기 명의로 은행거래를 할 수 없었습니다. 여성은 은행계좌를 여는 데도 남편이나 아버지의 동의가 필요했습니다. 아내에게는 실질적인 수입이 없었기 때문이지요. 가정주부로서 아내는 집안일을 도맡습니다. 아내가 집 안에서 하는 요리, 청소, 빨래 등의 살림살이는 물론 자녀 양육, 잠자리 돌보기, 남편 뒷바라지와 같은 일들은 월급의 형식으로 지불되는 것이 아닙니다. 여성이 집 안에서 하는 일은 남편이 수고했다는 뜻으로 해 주는 따스한 말과 키스 이외에 보수가 따로 없는 셈이죠. 돈으로 환산되지 않는 노동이라는 점에서 집안일은 무보수 가사노동이라고 일컬어집니다. 따라서 가정주부들은 집에서 노는 여자가 되죠. 아이가 다치거나 집 안에 무슨 일만 생기면 사람들은 집에서 놀면서 애도 안 보고 뭐 했냐고 반문합니다. 집 안에서 놀지 않고 종일 일해도 여자들의 집안일은 돈이 되지 않는 하찮은 일로 치부되죠. 따라서 은행에서는 지불 능력이 없는 여성들에게 계좌를 열어 주지 않았습니다. 남편이나 아버지의 연대보증이 없는 한 말이지요.

자기 이름으로 통장 하나 만들 수 없다는 점에서 노라는 경제적으로, 인간적으로 독립적일 수 없었습니다. 여자는 남자의 보호 아래 있거나 남편의 소유물로서 존재했으니까요. 미성년자들에게 보호자가 필요하듯 그 당시 여자들 또한 미성년자나 다를 바가 없어서 언제나 보호자를 필요로 했습니다. 그래서 노라는 크로그스타드라는 은행 직원으로부터 고리대를 빌리면서 아버지의 서명을 자기가 대신 합니다. 자신이 무슨 불법을 저지르고 있는지 의식하지도 못한 채 말이죠.

그 와중에 린데 부인의 처지를 안쓰럽게 여긴 노라는 남편에게 그녀의 일자리를 부탁합니다. 헬머는 그녀에게 일자리를 주겠다고 약속합니다. 헬머는 직원 중에서 고리대와 같은 부정을 저질렀을 뿐만 아니라 자기와 어린 시절부터 잘 알고 지냈다는 이유만으로 은행장이 될 자신에게 공손하게 굴지 않는 직원인 크로그스타드를 해고하고 그 자리에 린데 부인을 고용해야겠다고 마음먹습니다.

종달새의 위기

헬머가 드디어 은행장이 되려는 기쁨의 순간, 찬물을 끼얹는 일이 발생합니다. 노라에게 고리대를 빌려주었던 크로그스타드는 헬머가 해고 통지를 보내자 노라를 협박합니다. 자신이 은행에서 해고되지 않게 해 달라, 그러지 않으면 노라가 서명을 위조하여 돈을 빌렸다는 사실을 남편에게 알리겠다, 이렇게요. 아내의 불법행위가 밝혀지면 남편의 은행장 취임은 당장 취소될 것이라고 하면서요.

노라가 안절부절못하던 찰나에 남편은 우체통에 들어 있는 크로

그스타드의 협박편지를 보게 되죠. 헬머는 자신의 지위가 위험할지 모른다는 사실을 알고 펄펄 뛰면서 당장 노라에게 이혼하자고 말합니다. 하지만 이혼은 하더라도 남들의 눈이 있으니까, 아무런 일도 없는 것처럼 한 집 안에서 별거 상태로 지내자고 합니다. 남들 눈에는 그야말로 잉꼬부부로 보여야 자신의 지위를 유지하는 데 도움이 되니까요. 아이들에게는 나쁜 어머니이므로 노라에게 아이들과 만나는 것조차 허락하지 않겠다고 일방 통보합니다. 노라에게는 아이들을 만날 권리조차 없다면서요. 이제 헬머의 눈에 노라는 아이들과 가정에 독을 뿜는 나쁜 어머니, 나쁜 아내니까요.

이 결정적인 사건이 터지기 전까지 헬머는 노라를 위해서라면 뭐든 할 것 같았습니다. 아내를 사랑하고 아내의 소비에 관대한 남편이었죠. 그런데 한순간 돌변해서 헬머는 자신의 자랑거리이자 기쁨이었던 그녀를 사기꾼, 거짓말쟁이, 범죄자, 독을 뿜는 여자로 맹렬히 비난합니다. 헬머는 가정에 경제적 파탄을 초래한 노라는 책임감도 윤리의식도 없는 여자라고 몰아세웁니다. 그처럼 비윤리적인 어머니에게 아이들을 맡길 수 없다고도 합니다.

가정은 사회와는 달리 돈이 아니라 사랑이 지배하는 곳이라고 노라는 믿었습니다. 이윤을 추구하는 시장은 당연히 계산이 지배하는 곳이지만, 가정은 사랑과 애정을 함께 나누는 공동체이자 세상의 모진 비바람으로부터 보호받을 수 있는 피난처라고들 생각합니다. 가정은 서로 보호와 보살핌을 주고받는 공간이라는 믿음이 지배적이죠. 이런 믿음에 근간한 노라의 생각은 이 사건으로 인해 일순간에 무너지게 됩니다.

　위기의 순간, 노라를 협박하던 크로그스타드가 마음을 바꿔 차용 증서를 없애겠다고 합니다. 노라의 친구인 린데 부인과 크로그스타드는 과거 연인이었고 린데 부인이 그를 설득했기 때문이죠. 그러자 헬머는 아무 일도 없었다는 듯이 노라를 용서하겠다고 선언합니다. 아내를 진심으로 용서한다는 것은 이루 다 말로 표현할 수 없을 정도로 만족스러운 일이라면서요. 물론 죄 지은 아내를 관대하게 용서하는 자신에게 말할 수 없이 흡족해하면서요.

2. 왜 노라는 인형이었을까?

아내라는 인형에게 주는 남편의 거짓 사랑

　이 사건은 노라가 결혼한 지 8년 만에 일어났습니다. 그사이 세 명의 아이가 태어났고 노라는 아내로서, 엄마로서 행복하게 살았다고 여겼습니다. 이제 노라는 자신의 처지를 진지하게 고민하기에 이릅니다. 결혼생활 8년 동안 남편과 진지한 대화를 나눠 본 적이 없었다는 사실을 노라는 처음으로 깨닫습니다. 습관적이고 판에 박힌 대화 말고 부부가 무슨 이야기를 진정으로 함께 나눴었는지 돌이켜 보게 됩니다. 그녀는 남편의 자존심을 위해서 자신이 죽은 아버지의 사인을 위조해서 돈을 빌렸다는 사실을 감췄습니다. 남편은 아무런 부족함

없이 살게 해 준 노라를 그저 인형처럼 귀여워했을 뿐, 그들 부부가 무슨 돈으로 어떻게 그런 휴양지에 갔다 올 수 있었는지 생각해 본 적이 없었습니다.

헬머가 말한 사랑은 어떤가요? 그는 아내를 사랑한다고 말하지만 그의 사랑은 애완동물에게 주는 그것과 별반 다를 바 없어 보이죠. 애교 떨면서 앙증맞게 구는 팻을 주인이 귀여워해 주는 것과 뭐가 다른가요. 그것은 사랑이 아니라 흔히 시혜라고 일컫는 것이죠. 시혜는 권력을 가진 자가 약자의 처지를 동정할 때 나오는 태도입니다. 시혜적인 헬머의 태도는 노라를 자신과 같은 인간이 아니라 사랑받을 짓을 할 때만 귀여워해 주는 인형이자 자신의 소유물로 취급하는 것입니다. 헤르만 헤세가 쓴 시구처럼 헬머에게 아내는 "바라보고 얼싸안고" 갖고 놀다가 변덕이 나면 언제라도 버릴 수 있는 인형과 다름없었습니다. 언제나 만면에 미소를 짓고 종달새처럼 지지배배 하면서 피곤해서 돌아온 그의 마음을 위로해 줄 때만, 권력자 헬머는 노라에게 지극한 사랑을 느끼죠. 하지만 노라가 자신의 지위와 명예에 치명적인 타격을 가할지도 모른다는 판단이 선 뒤부터 그의 태도는 백팔십도 달라졌습니다. 노라가 헌신이라는 이름으로 자신의 자유를 희생하고, 사랑이라는 이름으로 순종할 때만, 그는 우월한 입장에서 아내를 만족스럽게 보호해 주고 사랑해 주었을 따름이죠.

노라는 결혼 8년 만에 처음으로 '진지하게' 남편과 대화를 나눕니다. 결혼 파탄의 순간에 마침내 진지한 대화를 할 수 있다니, 인생은 아이러니합니다. 노라는 자기 삶을 돌이켜 봅니다. 그녀의 아버지는 나의 인형아기라고 부르면서 인형을 갖고 놀듯 그녀를 귀여워했습니다. 그리고 결혼하자 남편인 헬머 또한 그녀를 인형으로 대했습니다. 그녀는 남편에게 다람쥐처럼 재롱을 부리는 것으로 먹고살았습니다. 그것이 사회가 인정하는(혹은 강압하는) 그녀의 일이었으니까요. 그녀의 아버지와 남편은 그녀를 한없이 무능하도록 만들었습니다. 사랑받고 사랑하는 일 말고 노라가 열심히 노력했던 것은 그다지 없었습니다. 노라는 아버지와 남편으로부터 사랑받는 일에 익숙하고 그것에 만족해했습니다. 그것으로 세상을 다 얻은 것처럼 살았습니다. 오로지 사랑받기 위해 태어난 존재처럼요. 그런데 이런 사랑놀이가 끝났다는 사실을 알았을 때, 노라는 어떻게 했어야 할까요?

노라의 인간 선언

노라는 남편의 사랑에 전적으로 의지해 왔던 삶이 자신을 얼마나 무능하게 만들었는지 절실하게 깨닫습니다. 이번 사건으로 영원할 줄 알았던 결혼생활이 깨어질 수도 있고 남편의 변덕에 따라 일방적으로 이혼을 당할 수도 있다는 사실도 알게 됩니다. 노라는 자신이 무슨 짓을 하든 남편이 사랑으로 영원히 감싸 주고 보호해 주리라 믿었습니다. 하지만 노라의 행동이 남편을 위한 것이었음에도 그것이 그에게 불리하게 돌아가자, 그녀에 대한 남편의 태도는 돌변합니다. 그로 인해 노라는 사랑이라는 감정이 영원한 것도, 일평생 지속되는 것도 아니라는 점을 인정하지 않을 수 없게 되었습니다. 아니, 그 사랑이라는 것이 그렇게 순수한 것이 아니라는 것을 알게 되었습니다. 불안정하고 불확실한 남편의 사랑에만 매달려 있을 경우, 남편의 변덕에 따라 자기 삶이 온통 흔들리게 된다는 것을 체득한 것이죠.

이 작품은 가정이 과연 어떤 곳인지 냉정하게 들여다보게 해 주었다는 점에서 충격적이었습니다. 노라는 사랑으로 이뤄진 애정 공동체라고 믿었던 가정이 사실은 남성의 지배, 여성의 종속을 감추고 있었다는 사실을 확연히 깨닫게 됩니다. 가정은 권력과 돈의 영향을 받지 않는 곳이라고 믿었지만 이번 사건으로 가정 또한 그로부터 결코 자유롭지 못하다는 점이 드러나게 되었습니다. 사랑의 공동체라고 여겼던 가정 안에서도 강자와 약자의 권력관계가 있습니다. 가정은 계산이 없는 따스한 안식처라고 여겼지만, 그런 환상은 무너지게 됩니다. 그로 인해 노라는 가정 안에서 여성은 남성과 똑같이 자유롭고 독립적인 인격체로 대접받았던 것은 아니라는 사실과 직면하게 됩니다.

이런 사실을 깨달은 다음 노라가 취해야 할 행동은 어떤 것이었을까요? 폭풍우는 지나갔고, 남편이 아무런 일도 없었다는 듯 다시 잘 지내자고 했을 때, 노라가 "그래요, 이번 일을 거울삼아 우리 잘 살아보아요."라고 했다면, 이 작품은 아무런 충격도 주지 못했을 겁니다. 그때까지의 사회적 관습을 그대로 재현하면서, 권력자이자 강자인 남자들의 입맛을 또다시 맞추는 구태의연한 사실주의 작품 그 이상도 이하도 아니었겠죠.

그런데 노라는 다시 가정에 주저앉지 않습니다. 자기 자신을 찾기 위해 집을 나가겠다고 선언합니다. 결혼생활을 하면서 힘든 일은 있기 마련입니다. 그러니 무너진 애정과 신뢰를 다시 추스르고 앙금으로 갈라진 부분은 땜질해서 화목하게 살 수 있었음에도, 노라는 인간 선언을 하면서 가출합니다. 남성의 그림자와 보호의 그늘에서 벗어나 스스로 인간이 되고 싶어 합니다. 그것도 결혼하여 가정을 가진 여자가 어머니와 아내의 역할에서 벗어나 남성이나 마찬가지로 인간으로 대접받고 싶다고 말이지요. 노라의 이와 같은 인간 선언이 19세기 당대로서는 엄청난 충격이었습니다. 여자도 인간이라는 사실이 너무나 새삼스럽게 다가왔기 때문이었을 겁니다.

3. '새로운' 여성으로서 노라

아내이기에 될 수 없는 인간

헬머는 아내를 기꺼이 용서했는데도 불구하고, 아내 스스로 집을 나가겠다는 선언에 충격을 받습니다. 그는 어머니로서의 거룩한 의무를 저버리고 어디를 가겠다는 것이냐고 묻죠. 여자의 가장 신성한 제1의무를 저버리지 말라고 훈계하면서요. 그것이 남편과 자식에 대한 의무이며, 아내이자 어머니로서의 의무라고요. 그러자 노라는 자기 자신을 교육할 거룩한 의무도 있다고 말합니다. 여태까지 그녀는 엄마로서, 아내로서 사느라고 자기 자신을 돌보지 못했습니다. 여자는 언제나 아내이자 어머니였습니다. 이제 노라는 어머니이자 아내이기에 앞서 자신은 '인간'이라고 선언합니다.

노라 그런 것은 이제 믿지 않아요. 가장 중요한 것은 사람이에요. 당신이 사람인 것처럼 나도 사람이죠. 내가 무엇인지 생각하고 깨닫지 않으면 안 되겠어요.

헬머 당신은 정상이 아니군. 열이 있어. 당신은 이성도 제정신도 없는 것 같군.

노라 내가 오늘 밤처럼 분명하고 자신이 있어 본 적은 없어요.

헬머 남편과 자식을 버릴 정도로 자신 있나?

노라 그래요. 지난 8년 동안 당신의 인형으로 살았어요. 아이 셋을 낳았지만, 지난 8년 동안 여기서 모르는 사람과 함께 산 것 같은 생각이 들었어요.

헬머 우리 집은 따뜻하고 아름답기도 하지, 여기 당신의 피난처가 있어. 자기 아내를 용서했다는 걸 마음속에 품고 있는 건 남자에게는 말로 표현할 수 없을 정도로 달콤하고 만족스러운 일이지. 자기 아내를 진심으로 거짓 없이 용서했다는 것 말이야. 그럼으로써 당신은 두 배로 나의 소유물이 되니까. 난 당신을 이 세상에 다시 낳아 준 거야. 당신은 어떻게 보면 나의 아내이면서 나의 아기이기도 하지. 힘없고 무력한 존재인 당신은 앞으로도 나에게 그런 존재가 될 거야. 나에게 마음을 열기만 하면 나는 당신의 의지와 양심이 되어 주겠어.

헬머는 얘기하죠, 당신은 나의 소유물이라고. 아내 노라는 힘없고 무력한 존재이며 내 옆에서 당신은 늘 그럴 거라고. 그에게 마음을 열면 자신은 노라의 의지와 양심이 되어 주겠노라고. 어떤가요? 헬머에게 노라는 그와 동등한 인간인가요? 아니지요. 의지와 양심조차 혼자서는 가질 수 없는 아기이자 한 사람에게 종속된 소유물일 뿐이죠. 헬머의 이 말은 그 당시 아내를 바라보는 남편이자 남자, 더 나아가 사회의 시선을 대신합니다. 결혼하여 아이를 가진 여자는 한 사람의 성인이 아니라 결혼생활에 충실해야 하는 아내라는 종 그 이상으로 받아들이지 않았다는 얘기죠. 《인형의 집》이 당시는 물론이거니와 지금까지도 여자에 대한 주제를 논할 때 등장하는 이유가 여기에 있습니다.

노라는 처음으로 남편이 말하는 사랑이 무엇인지 곰곰이 생각합니다. 남편으로부터 사랑받는 자신의 처지가 과연 어떤 것인지, 결혼이 과연 무엇인지 직시하게 됩니다. 서로 사랑하여 자유롭게 결혼했다고는 하지만 결혼생활 안에서 여성이 과연 인격을 가진 존재였던가를 질문하게 됩니다. 남편에게 자신은 미성숙한 아이였고 소유물이었습니다. 힘없고 무력하기 때문에 보호받고 사랑받는 존재였습니다. 여성은 스스로 판단할 능력이 없어서 남편이 대신 윤리적인 판단을 해 주고 양심이 무엇인지를 알려 주어야 하는 어린아이와 같은 취급을 받았습니다. 남편의 사랑은 미숙한 아이를 사랑해 주는 것이나 다를 바 없습니다. 판단력도 없고 그래서 책임감도 없는 어린아이와 마찬가지인 여성을 대신하여 남편이 아내의 길잡이 역할을 해 준다면, 여성이 과연 독립적인 인격체라고 할 수 있을까요? 여성은 결혼으로 보호받는다고 생각했지만, 보호하는 자와 보호받는 자의 관계는 대등할 수가 없습니다. 보호받는 입장은 보호해 주는 남편의 사랑과 변덕에 따라 처지가 결정됩니다. 그녀는 이 사건을 계기로 그 점을 비로소 깨닫게 되었습니다.

그것은 자기 혁명

이렇게 하여 노라의 영혼은 잠에서 깨어납니다. 인형, 다람쥐, 종달새의 조롱에서 벗어나 인간이 되기 위해 그녀는 가출합니다. 보호받는 삶, 안락한 소비생활, 사랑받는 기쁨, 물질적인 소유에서 벗어나 자기 자신이 되고자 합니다. 과거 그녀가 걸어 본 적이 없었던 그 길 앞에 어떤 것이 펼쳐질지 그녀는 아직 모릅니다. 그전까지 다닌 적이 없었던 길, 그래서 풀들이 웃자라서 길도 없는 길을 노라 스스로 개척해야 합니다. 노라는 과거의 여자들이 가지 않았던 길에 첫발을 내디딥니다. 과거의 삶에서 완전히 벗어나는 것, 그것이 노라의 자기 혁명입니다.

노라의 자기 혁명은 여성의 의무라고 했던 것에서 벗어나 자기 자신에게 오로지 충실할 것을 선언한 것과 다르지 않습니다. 그런 행동을 위해선 무엇이 필요할까요? 바로 용기입니다. 자신이 알지 못하는

낯선 곳에 첫발을 내딛는 것은 두려운 일이니까요. 여태껏 참새로, 종달새로, 다람쥐로 살다가 사람으로 산다는 것은 쉬운 일이 아니죠. 인형에서 인간이 되는 것은 힘든 과업이니까요. 자유로운 인간이 되겠다는 야심이 없다면 인형으로 사는 것도 뭐 그다지 나쁘지 않을 수 있습니다. 이것이 여성의 길이라고 말해 준 대로 고분고분 따라서 사는 자동인형의 삶은 자기를 포기하는 대가로 안락한 삶을 보장해 줄 수도 있으니까요. 그렇게 사는 것이 여자의 길이라고 사회는 끊임없이 여자들에게 말해 주었으니까요.

노라는 그런 유혹에 눌러앉지 않습니다. 가족을 위한다는 평계로 자신을 방치하는 것에서 벗어나 자신을 교육하고 자기 자신을 실현하는 것. 여자도 인간으로서 존중받을 수 있는 삶을 열어 가는 것. 그것이야말로 그 당시로서는 여성에게 최고의 선善이자 노라의 가출이 의미하는 것일 수 있습니다.

4. 가출한 노라는 어떻게 되었을까?

집을 나가기 전에 준비를 하라?

19, 20세기에 이르기까지 노라는 전 세계적으로 영향을 미쳤다고 해도 과언이 아닙니다. 근대화를 통해 서구의 사상이 들어오게 되었던 아시아의 여러 나라에도 노라는 지대한 영향을 미쳤습니다. 한국,

일본, 중국, 베트남, 인도 할 것 없이 그 당시 노라는 신여성의 모델이자 여성해방, 민족해방의 상징으로 받아들여졌습니다.

하지만 가출한 후 노라는 어떻게 되었을까요? 가출한 노라에게 무슨 일이 일어났을까요? 많은 작가 이론가들이 가출 후 노라의 삶을 몹시 궁금해했지요. 여자의 길을 벗어난 여자는 그 이후 어떻게 되었을까, 라는 호기심 때문이었을 겁니다. 어머니, 아내의 역할에만 충실하고 여성으로서 자신을 버리기만 한다면, 가정은 여성에게 일종의 안식처이자 보호막입니다. 여성이 자기 자신이 될 자유, 자기실현의 자유를 반납한다면 말이지요. 하지만 《인형의 집》은 동화가 아니므로 '노라는 가출 후 오래오래 잘 살았답니다.'로 끝날 수는 없습니다. 노라가 가출한 뒤 현실적으로 어떻게 살았을지 궁금하지 않을 수 없습니다. 그래서 전 세계의 수많은 이론가, 작가들이 노라의 탈출 후기에 관해서 상상해 왔습니다.

중국 작가인 루쉰은 노라가 가출 뒤, 결국 타락하거나 아니면 집으로 되돌아오는 수밖에 없을 것으로 상상했습니다. 1923년 12월 26일 북경여자고등사범학교 문예회 강연에서 행한 〈노라는 집을 나간 후 어떻게 되었는가〉(2004)에서, 루쉰은 꿈에서 깨어났을 때 가장 괴로운 것은 살길이 막막한 것이라고 지적합니다. 노라가 집을 뛰쳐나갔을 때 과연 살길이 무엇이었을까요? 꿈에서 깨어난 노라는 '각성한 마음' 이외에는 가진 것이 없었습니다. 그녀에게는 돈이 필요합니다. 보다 고상하게 말하자면 각성된 의식 이외에 경제력이 있어야 한다는 것이지요. 경제력을 얻는 것은 여자들이 참정권을 요구하는 것보다 훨씬 더 힘들고 치열한 싸움입니다.

여성이 경제력을 갖는 것은 정치참여, 투표권, 여성해방을 부르짖는 것보다 사소해 보이지만 현실적으로 훨씬 힘들고 끈기를 요구하는 싸움입니다. 노라처럼 여자들이 한번 집을 뛰쳐나간다고 하여 세상이 바뀌지는 않습니다. 충동적으로 집을 뛰쳐나가는 것이 중요한 것이 아니라 끈기 있게 사회를 변화시켜 나가는 것이 필요합니다. 남루하고 그다지 표시가 나지 않더라도 집 안에서부터 차근차근 실천해야 한다고 루쉰은 충고합니다. 단지 순간적이고 충동적인 행동은 극적이기는 하지만 그렇기 때문에 구경거리밖에 되지 않는다는 것이지요.

단 한 번의 극적인 행동으로 구경꾼과 세상을 바꿀 수는 없습니다. 극적인 구경거리를 제공하는 것보다, 일시적인 희생으로 세상을 뒤흔드는 것보다, 집 안의 천사로 묶여 있던 여성들이 진정 자유로운 인간이 되려면, 끈질기게 싸워 나가는 실천과 인내가 필요합니다. 그리고 막연하고 추상적인 목표보다는 가까이 있는 성가시고 귀찮은 것들부터 해 나가야 한다고도 말합니다. 자녀들에게 모든 인간은 평등하고 자유로운 존재임을 교육시키는 일부터 차근차근 시작해야 한다는 것입니다. 그러면서 루쉰은 노라에게 충고합니다. 준비도 없이 지금 당장 뛰쳐나갈 것이 아니라 차라리 자식 세대가 해방될 수 있도록 자식 교육을 열심히 시키는 것이 더욱 우선적이지 않겠느냐고 말이지요.

준비는 여성 혼자만의 몫이 아니다

물론 준비되지 않은 채 맞이한 자유가 여성들에게 엄청난 대가를 치르게 할 수도 있습니다. 가정이라는 인형의 집을 벗어났다고 하여 노라에게 해방과 자유가 손쉽게 찾아오는 것은 아닐 것입니다. 자기 실현을 위한 훈련과 교육과 인내와 노력이 필요합니다. 돈을 벌고 먹고사는 문제가 해결된다고 하여 여성이 인격적으로 대접받고 정치적인 권력을 획득하게 되는 것도 아닙니다. 남성 중심 사회가 변화되지 않는 한 여성들이 존중받고 인격적으로 대우받는 세상이 쉽게 열리지는 않습니다.

하지만 여성들이 집 안의 천사로 머물러 있다고 하여 그들에게 자유가 제 발로 찾아오지는 않습니다. 자기 자신이 된다는 것은 남에게 자신을 위탁하거나 내맡기는 것이 아니라 자기 스스로 자신을 책임지는 것입니다. 자유로운 인간이 되겠다는 여성의 인간 선언은 많은 대가를 요구했습니다. 하지만 많은 여자들이 가지 않아서 길도 없던 길을 만들었던 새로운 여성들의 노력은 꾸준히 이어져 왔고, 그 덕분에 우리는 좀 더 편하게 그 길을 따라갈 수 있게 되었습니다.※

준비되지 않은 채 집을 나서서는 안 된다는 루쉰의 충고는 새겨들을 만합니다. 하지만 그것이 어디까지나 여성에게 하는 충고라면 그 또한 편협합니다. 준비는 여성 혼자서 하는 것이 아니기 때문이지요. 자식 세대가 해방될 수 있도록 자식 교육에 열심을 다하라고 했지만, 그런 아내의 노력에 대해 헬머와 같은 남편은 어떻게 대응할까요? 아이에게 이상한 교육을 시키지 말고 자기 일이나 열심히 하라고 충고하지 않을까요? 또한 가정 안에서 엄마에게 양성평등을 배운 아이가 학교와 사회에 나갔을 때 느끼는 현실적 괴리감은 어떻게 보상받을 수 있을까요? 아니 말로는 양성평등을 배우지만 구체적 부모의 모습 속에서는 불평등을 배운 아이는, 과연 말과 행동 사이에서 무엇이 올바른 것이고 그른 것인지 제대로 판단할 수 있을까요? 어느 한쪽의 노력만으로는 해결되지 않는 것이 바로 양성평등의 문제입니다. 루쉰이 말한 준비는 여성 한쪽만의 노력으로는 가능하지 않습니다. 여성은 물론 남성, 사회 전체가 다 같이 준비를 할 때만이 실현 가능하겠지요.

결혼은 사회를 이루는 가장 작은 단위입니다. 이번 장에서는 바로 이 결혼이라는 제도 속에서 여성의 존재, 여성의 지위, 여성의 역할이 무엇이며, 아내로서, 여성으로서 어떤 삶이 올바른지에 대해 고찰해 보았습니다. 결혼은 사회의 씨앗과 같기에 가정 안에서 여성의 지위는 곧 사회적 지위를 상징하는 것이라 할 수 있습니다. 그러므로 양성평등을 논하기 위해 결혼제도 속 여성의 모습을 살펴보는 것은 반드시 필요합니다.《인형의 집》노라의 삶을 들여다본 것은 이 대목의 일종의 시작입니다.

다음에 나올 두 가지 이야기는 결혼생활을 더 깊숙이 들여다보기 위함입니다. 하나는《순수의 시대》이고, 또 하나는《엄마의 말뚝》입니다. 전자는 가정을 구성하는 구성원들 간의 화합되지 않는 모습을 통해 결혼생활 자체의 모순을 보여 줍니다. 관행으로 굳어진 결혼이라는 제도 안에서 여성이 어떤 식으로 살아가는 것이 좋은지 《순수의 시대》를 통해 5장은 질문합니다. 후자는 가족 안 어머니의 역할을 통해 사회가 강요하는 어머니상 및 여성과 어머니 사이의 불일치를 통찰합니다. 여성의 다른 이름이 어머니라고 하는 이 굳어진 명제가 과연 올바른 것인지 6장은 묻습니다. 이 세 개의 작품 및 장을 통해 여자와 아내, 엄마에 대한 여러분의 인식이 조금 더 넓어지고 깊어지기를 기대해 봅니다.

※ 근대 시기에 이르러 노라처럼 여성으로서 자신을 일찌감치 깨달은 여성들을 흔히 신여성이라고 한다. 일본, 조선, 중국, 인도 할 것 없이 근대적인 신교육을 받음으로써 여성의 권리와 자유, 평등을 주장한 여성들이 세계사에 등장하게 된다. '신'여성은 새로운 문화현상으로서 신교육을 받은 여성이자, 여성으로서 정치의식을 지닌 여성들이다. 1910년대를 중심으로 할 때, 신여성은 신교육을 받은 엘리트였다는 점에서는 유사성을 지니고 있을지 모르지만 내부적으로 다양한 차이가 있다. 급진적 신여성, 사회주의 신여성, 기독교 계몽주의 신여성으로 구별할 수 있다.

우리 사회에서 신여성의 대명사로 잘 알려진 여성들은 당대로서는 급진적인 주장을 했다는 점에서, 급진적인 신여성 범주에 들어가는 여성이 김일엽, 김탄실, 나혜석, 윤심덕 등이다. 이들은 김기림의 〈바다와 나비〉라는 시의 흰나비처럼 살았던 여성들이었다. "아무도 그에게 수심을 일러 준 일이 없기에/흰나비는 도무지 바다가 무섭지 않다/靑무우밭인가 해서 내려갔다가는/어린 날개가 물결에 절어서/公主처럼 지쳐서 돌아온" 여성들이었다. 이들은 자기 시대에 앞서 성적인 자유, 자유연애, 여성해방을 외치다가 결과적으로 가부장제의 짠 바닷물에 날개가 상처 입고 젖어서 날지 못하게 된 여성들이었다. 나혜석의 경우 지금으로부터 거의 100년 전에 '급진주의' 페미니즘을 이론화했다고 해도 결코 과장은 아닐 것이다. 그녀가 이론화한 여성의 성적인 자유, 여성적인 글쓰기, 모성 경험 등은 시대를 너무 앞서 있었다. 100년 전에 그런 주장을 하고서도 당대 사회로부터 처벌을 받지 않았다면 오히려 이상할 정도였다. 한국판 노라가 나혜석이라고 할 수 있을 것이다.

급진적이자 자유주의적인 신여성들과 비교해서 또 다른 범주의 신여성들이 있었다. '붉은 연애'로 상징되는 사회주의 페미니스트들이었던 맑스걸들은 민족과 계급의 관점에서 여성운동을 전개해 나갔다. 허정숙, 박원희, 주세죽 등이 이에 해당한다. 사회주의적인 신여성들은 봉건제의 질곡과 민족운동에 무게를 두었다. 일제강점기 당시 여성노동자들은 봉건적 성차별, 식민지적 민족차별, 자본가들의 노동착취라는 다중의 고통에 시달리고 있었다. 일제의 조선인 착취(일본인 남성노동자가 2원 32전, 여공이 1원 1전인 데 비해, 조선인 남자노동자는 1원, 조선인 여자노동자는 59전이었다)에 맞서 조선인 여성노동자들을 조직화하기 위한 사회주의 여성운동은 '조선여성동우회'를 중심으로 전개되었다. 하지만 한국전쟁과 더불어 분단이라는 특수한 한국적 상황에서 이들 중 다수가 월북함으로써 우리 사회에서는 거의 잊힌 여성들이 되었다.

다른 한편으로는 여성종교단체, 특히 서구 기독교 여성계몽주의자들인 김활란, 김미리사, 유각경 등, 기독교와 교육제도에 기초한 계몽주의적인 여성운동이 있었다. 이들은 자유주의 신여성들이 근대의 아이콘으로 소비되고 전시되면서 처벌받았던 것과는 달리 계몽교육과 가부장적인 기독교 윤리로 무장한 결과 어느 정도 자아실현에 성공했던 여성들이었다.

인형의 집

헨리크 입센

《인형의 집》(1879)은 노르웨이 극작가 헨리크 입센(1828~1906)의 잘 알려진 희곡작품입니다. 입센의 작품에는 《인형의 집》 이외에도 《유령》, 《민중의 적》과 같이 사회적 성향이 짙은 희곡과 《브랜드》, 《헤다 가블러》, 《페르귄트》 같은 철학적, 상징적 작품 등이 있습니다.

《인형의 집》의 여주인공인 노라는 한 남자의 아내요, 세 아이의 어머니로서 책임과 헌신보다는 "자기 자신에 대한 책임이 세상에서 가장 신성"하다고 단호하게 선언하고서 가출하는 인물입니다. 모권제 사회에서 부권제 사회로 넘어가게 되면서 여성이 남성의 지배 아래 들어가게 되는 일대 사건을 엥겔스는 여성의 세계사적인 패배라고 말했습니다. 《인형의 집》은 여성의 세계사적인 패배 이후 오로지 가정에만 머물게 된 여성들에게는 무슨 일이 일어났을까를 보여 주는 작품입니다.

노라'들'은 가정에서 사회로 뛰어드는 여성이고 자신에게 주어진 한계를 뛰어넘고 탈주하고자 합니다. 그녀들은 아버지의 집, 남편의 집을 떠나겠다고 공개적으로 선언한 여성들입니다. 노라는 허구적인 희곡 속에서 걸어 나와 새로운 여성상인 신여성의 대명사가 되었습니다.

남편인 헬머는 노라를 '나의 작은 종달새,' '나의 귀여운 다람쥐' 등으로 부릅니다. 가정이야말로 여성의 전부이며 그런 가정 안에서 사랑받는 것이 여성의 의무처럼 받아들여지던 시절, 노라는 남편과의 사이에서 벌어진 극적인 사건으로 인해 가정이야말로 여성을 인형이자 애완용 동물로 가축화하는 곳이라는 사실에 눈뜨게 됩니다. 이제 노라는 사랑받는 애완동물 대신 인격적으로 대접받는 인격체이기를 원합니다.

노라의 가출은 당대로서는 세계적인 파장을 불러왔습니다. 〈인형의 집〉이 1879년 코펜하겐 왕립극장에서 초연되었을 때, 노라의 가출은 엄청난 비난과 찬사를 동시에 받았습니다. 최초의 공연 이후 사람들은 누구의 딸, 누구의 아내가 아닌 존중받는 독립된 인격체로 살고 싶어 했던 노라의 선택을 점차 지지하게 됩니다. 불평등한 사회 인습에 대항하여 여성의 지위를 확립하고자 하는 사상을 뜻하는 노라이즘은 일제강점기 시절 식민지 지식인들에게도 많은 영향을 미쳤습니다. 당시 신교육을 받았던 신여성인 나혜석뿐만 아니라 《삼대》의 작가로 잘 알려진 신청년 염상섭에게도 지대한 영향을 미쳤습니다. 염상섭은 노라의 가출을 '지상至上의 선善'이라고 표현합니다. 이 지상에서 지고의 선은 자신에 대한 책임이며 자아를 찾는 것이라고 그는 선언합니다. 염상섭에게 노라는 가출하여 해방된 여성상이 아니라 구습에서 벗어나 인격적 주체로서 자신을 정립해야 할 청년들의 이상이었습니다.

이처럼 노라는 유럽뿐만 아니라 동아시아 여러 국가들에도 충격을 주었습니다. 그 당시 중국에서 노라는 '혁명의 천사'로 받아들여졌습니다. 유교적인 전통질서가 집약되어 있는 곳이 가족이라고 한다면, 그런 가족제도는 당시 신문물을 받아들였던 신지식인들에게는 '만악의 근원'으로 보였습니다. 중국에서 노라는 단지 여성해방을 상징하는 인물이라기보다 '만악의 근원인 가정'을 타파하는 혁명전사로 상징되었습니다. 여성해방전사로서 노라는 은근슬쩍 신청년들에게 혁명을 독려하는 영웅적 전사이자 혁명의 천사로 해석되기도 했습니다. 이처럼 노라가 번역되고 수용되는 방식은 각 나라의 상황에 따라서 다양한 모습을 보였습니다.

이디스 워튼, 《순수의 시대》

자유와 안정—

여성이여,

어떤 길을 선택하겠는가?

5장

여성이 된다는 것은
유폐되는 것인 동시에 유폐에 저항하는 것이며
또한 그것을 갈망하는 것이다.

- 수전 손택, 《문학은 자유다》

노라가 가출하여 뉴욕으로 갔다면…?

모든 여성이 노라와 같은 선택을 할 수 없다면, 여성에게는 달리 어떤 선택이 가능할까요? 만약 노라가 가출하지 않고 집 안의 천사로 머물렀다면 어떻게 되었을까요? 혹은 노라처럼 집을 벗어난 여성들은 어떻게 살았을까요? 여자가 가출한다는 것은 이혼한다는 뜻이겠죠. 이혼은 가정을 버리는 것이고, 그래서 이혼한 여자는 불경스럽고 위험하게 취급받던 시대에 말이지요. 이혼이 금기되었던 그 시절 여자들은 창문 너머 바깥 세계를 바라보면서 어떤 꿈을 꾸었을까요? 만약 유럽적인 분위기에서 살았던 노라가 가출하여 뉴욕으로 건너갔다면 그녀의 삶은 어땠을까요? 미국은 아메리칸 드림을 상징하는 곳이었으니, 여성도 어렵지 않게 자신의 삶과 꿈을 이뤘을까요?

그런 궁금증에서 출발한 작품이 미국 작가 이디스 워튼의 장편소설 《순수의 시대》라고 해도 좋을 겁니다. 이 작품의 등장인물인 엘렌과 메이는 노라와 동시대를 살았어요. 노라, 엘렌, 메이가 살았던 19세기 말엽까지 여성들에게 결혼은 선택이 아니라 필수며, 여자의 인생에서 최고의 성공은 결혼이고, 여자의 자리는 가정이자 어머니였죠. 메이가 그런 믿음에 따라 집 안의 천사 역할에 만족한 여성이라면, 엘렌은 자유를 찾아 노라의 길을 따라간 여성입니다.

《순수의 시대》는 이디스 워튼에게 여성작가로서는 처음으로 퓰리처상을 안겨 주었고, 대중적으로도 성공한 작품이죠. 이 작품은 인기를 반영하듯 영화화되기도 했지만, 한국의 독자들에게는 그다지 익숙지

않을지도 모른다는 생각에 줄거리를 간략히 소개하고자 해요.《순수의
시대》는 두꺼운 장편이지만 줄거리만 간추린다면 아주 간단하죠.

세 사람 사이의 비밀스러운 관계

1870년 1월의 어느 저녁. 뉴욕의 내로라하는 최상류층 사람들이
메트로폴리탄 오페라 하우스로 들어섭니다. 〈파우스트〉 공연이 있는
날이어서, 자신들의 사회적 신분과 예술적 취향을 전시하기에 좋은
날이었죠. 메트로폴리탄 오페라 하우스는 뉴욕 상류층의 문화적 관행
이 지배하는 사교 공간이기도 했으니까요. 상류사회의 엄격한 관행이
지배하는 그곳에서 청중들이 술렁거리는 사건이 일어납니다. 불미스
러운 일로 소문이 파다한 엘렌 올렌스카 백작부인이 오페라 하우스에
나타났기 때문이죠. 이혼녀(혹은 이혼의 소문이 떠도는)가 공식석상에 얼굴
을 내밀다니 뻔뻔하기도 해라, 라고 수군거리는 시대였으니 말이죠.

뉴욕 상류층 사교계는 그녀의 등장에 일사분란하게 대처합니다.
어떤 파티에는 어떤 복장을 하고 어떤 보석을 걸치고 어떤 부채를 들
고 어떻게 처신해야 하는지와 같은 관행에 익숙한 사람들이 엘렌의
행동을 그냥 넘길 리 없죠. 그들 모임에 합당한 예법을 어긴 자는 마
땅히 추방되어야 합니다. 그곳에서 영향력이 있던, 엘렌의 할머니 밍
곳 부인이 그들을 초대하지만 보란 듯이 아무도 나타나지 않습니다.

이때 등장한 뉴욕 명문가 출신의 매력적인 변호사 뉴랜드 아처. 그
는 아름다운 처녀 메이와 약혼한 사이입니다. 그는 소문이 자자한 엘

렌을 방문합니다. 밍곳 가문의 부탁을 받고 엘렌이 이혼하지 않도록 설득하기 위해서요. 그녀를 찾아갈 때만 하더라도 아처는 온갖 소문이 떠돌고 있는 그녀에게 편견을 갖고 있었어요. 하지만 엘렌을 만나 보고 난 뒤 그는 그녀에게 빠져들죠. 자유에 대한 그녀의 열정과 갈망, 예술적 취향, 세련된 지성에 단박에 매혹되어 버립니다. 아처는 엘렌과 이야기를 나눌수록 자신의 욕망을 억제하기 힘들었죠. 엘렌을 만나기 전까지는 안성맞춤인 옷처럼 편안했던 뉴욕 상류사회의 관행이 이제는 구속복처럼 느껴지고요. 공기가 부족한 어항 속의 금붕어 같은 그에게 엘렌은 산소 같은 존재가 됩니다. 자신을 억제하기 위해 아처는 가족과 함께 휴가를 떠난 약혼녀 메이를 만나러 플로리다로 갑니다. 메이에게 결혼을 앞당기자고 재촉하죠. 이렇게 해서 그는 엘렌에 대한 사랑을 가슴에 품고 메이와 서둘러 결혼합니다. 한때 엘렌과 사랑의 도피행각을 꿈꾸기도 했지만요.

그로부터 26년의 세월이 흘렀습니다. 뉴랜드는 57세가 되었고, 혼자가 되었습니다. 메이는 셋째 아이의 폐렴을 간호하다가 감염이 되어 죽게 됩니다. 뉴랜드는 아들 댈러스와 함께 파리로 여행을 갑니다. 엘렌 올렌스카 백작부인이 살고 있는 곳으로요. 아들이 아버지에게 묻습니다. 옛 애인이었던 엘렌 올렌스카 백작부인을 만나러 가는 기분이 어떠냐고요. 뉴랜드는 깜짝 놀라 어떻게 알았느냐고 묻죠. 그 사건은 그의 가슴에 평생 묻어 둔, 자기만 알고 있는 비밀이라고 생각했으니까요. 그러자 아들은 어머니가 임종의 자리에서 말해 주었다는 놀라운 사실을 밝힙니다. 그 말을 듣고 뉴랜드는 벤치에 앉아 조금 쉬었다 뒤따라 갈 테니 아들에게 먼저 올라가라고 합니다. 그러고는 엘렌의 집 이층 창문을 하염없이 쳐다보다가 발길을 옮겨 혼자 호텔로 돌아갑니다. 소설은 이렇게 끝을 맺죠.

1. 집 안의 천사: 생존전략

평생 순수할 것만 같은 그녀

한국 사회에서 미스코리아 대회나 미인 대회 참가자들에게 사회자가 장래 희망이 무엇이냐고 물으면 대다수가 현모양처라고 답했던 시절이 있었습니다. 20세기 후반에 이르기까지도 그랬으니까요. 지금으로부터 100년도 더 전이었던 19세기 후반에 자아를 찾겠다고 집을 떠난 노라는 당시로서는 예외적이고 그래서 충격적인 여성 인물이었죠. 아마 21세기에 사는 지금의 여러분 중에서도 그런 노라가 놀라운 인물로 여겨질 것 같군요. 자녀의 입장에서는 자식을 버린 엄마를 용서하기 쉽지 않으니까요. 그 시절 대다수 여성들은 집 안의 천사 혹은 현모양처가 되는 길을 자연스럽게 받아들였어요. 메이도 그런 여성 중 한 사람이죠. 그녀는 노라처럼 자기만의 길로 접어들고 싶은 마음은 전혀 없습니다. 그녀는 어떤 일이 있어도 결혼과 가정을 지키는 것이 여자로서 잘 사는 길이라고 믿었던 인물이죠.

메이는 평생 사진 속 인물처럼 변하지 않습니다. 그녀는 나이가 들어도 변함없이 우아하고 아름답게 늙어 가지만 그렇다고 해서 세상을 바라보는 태도가 바뀌거나 성숙한 것처럼 보이지는 않아요. 순수한 상태로 평온하게 인생을 살다가 마지막에 이르러 "그래, 난 인생을 잘 살았어."라고 만족했을 것처럼 보이죠. 그래서 아처는 메이가 남편의 열정과 불행에 관해 아무것도 모른 채 자기 혼자 행복하게 지냈을 것으로 막연히 짐작합니다.

하지만 메이가 골짜기의 백합처럼 순수하기만 했을까요? 아처는 메이가 자신의 열정과 불행에 관해 평생 알지 못했을 것이라고 믿었지만 정말 그랬을까요? 젊은 시절 엘렌과 사랑에 빠졌던 아처에게 엘렌을 포기하지 않을 수 없는 상황이 계속 일어났습니다. 약혼 기간을 앞당겨 결혼할 수 없다고 단호했던 메이가 결혼을 앞당겨도 좋다는 전보를 갑자기 보냈고, 그리하여 결혼은 일사천리로 진행되죠. 게다가 메이는 난데없이 임신을 하고, 미국에 남기로 했던 엘렌은 결국 떠나지 않을 수 없게 된 상황이 빠르게 진행되었거든요.

탁월한 승부사, 메이

어떻게 이런 일이 가능했을까요? 우연처럼 보이는 일련의 사건 뒤에는 메이가 있었습니다. 메이는 자기 손에 쥐고 있는 패를 언제 어느 지점에서 어떻게 내놓아야 할지 정확히 파악했던 겁니다. 메이는 자기가 살고 있는 상류사회의 예의와 매너와 관행을 제대로 활용하죠.

뉴랜드 아처는 적어도 그 사회에서 치욕스럽게 추방당하지 않으려면, 자신의 이기적인 열정과 사랑보다는 의무와 책임을 우선해야 하니까요. 또한 관습에 얽매이지 않는 자유분방한 행동과는 달리 엘렌이 사촌인 메이에게 상처 주지 못할 것이라는 점 또한 메이는 간파했죠.

그런 점에서 메이는 탁월한 양궁 선수의 자질을 갖고 있습니다. 그녀는 그리스 신화에 등장하는 다이애나 여신처럼 활을 잘 쏩니다. 그녀가 쏜 화살은 과녁을 벗어나지 않습니다. 지적으로 탁월하지는 않지만, 메이는 수영, 승마, 양궁과 같이 상류층 여성들이 즐겼던 스포츠에는 능합니다. 탁월한 궁수였던 만큼 자신이 목표한 바를 놓치지 않죠.

그녀는 자기감정을 드러내지 않는 승부사입니다. 임신을 전략적으로 이용하죠. 파렴치한이 되지 않는 한 남자가 임신한 여자를 버릴 수 없다는 것이 그 사회의 불문율이니까요. 그녀는 엘렌에게 임신했다고 말함으로써 그녀가 뉴랜드를 확실히 단념하도록 만들죠. 그다음으로 메이는 엘렌의 송별파티를 주선하고 그 사실을 사방에 알려 그녀가 뉴욕에서 떠나지 않을 수 없도록 합니다. 메이의 순수한 아름다움에 사람들은 쉽게 그녀 편이 되고 그녀의 하소연에 공감합니다. 아처가 엘렌에게 꽃다발을 보냈다는 그녀의 불평 한마디에도 주변 사람들은 뉴랜드와 엘렌이 이미 불륜관계라고 단정하죠. 이혼하지 못해 여전히 유부녀인 엘렌과 유부남인 뉴랜드가 만나서 서로 애틋한 사랑의 감정을 가졌다는 것만으로 두 사람은 내연의 관계이자 추문거리입니다. 메이는 이처럼 자기 가족 및 뉴욕사교계와 합심하여 '침묵의 카르

텔'을 형성하고 엘렌을 꼼짝달싹하지 못하게 추방시킨 겁니다. 메이는 상류사회가 어떻게 유지되고 있는지를 꿰뚫고 있고, 그런 사회를 유지하는 데 그들 모두가 합심하죠. 그들의 세련된 매너 이면에 감춰져 있는 잔인한 계산과 위선을 메이는 충분히 활용합니다.

그런데 그녀는 남편인 아처에게는 어떤 얼굴로 대했을까요? 남편이 엘렌을 사랑했다는 사실을 전혀 모르는 얼굴로 평생 지냈습니다. 남녀 사이에 성적인 열정이나 치명적인 사랑에 관해 아는 바가 전혀 없다는 순수한 아이의 얼굴로 말이죠. 그로 인해 불륜을 꿈꾸었던 남편은 체면을 구기지 않게 되었고, 메이 자신은 우아하게 자존심을 유지할 수 있었던 겁니다. 자유보다는 안정이 더욱 절실해진 우리 세대의 입장에서 본다면 메이의 처사는 충분히 그럴 수 있다고 생각하시나요?

순진했던 건 바로 아처

이 작품에서 평생을 함께 산 사람이 무슨 생각을 하고 있는지, 자기의 진정한 열정이 어떤 것인지 전혀 모르는 인물은 오히려 아처입니다. 그가 보기에 메이는 순수하다 못해 무지해 보여서 숨이 막힙니다. 메이는 문학, 예술에 무식했을지 모르지만, 다른 방면에 무지한 것은 아니었죠. 그녀는 상류사회의 섬세하고 까다롭고 미묘한 인위적인 관습코드에 통달한 인물이니까요. 아처의 무지는 순수함으로 변장한 메이의 다양한 얼굴을 보지 못한 점입니다. 그는 순진한 아내를 교육시키는 선생의 역할을 자처했지만 자신이야말로 평생 아내의 학생이었다는 것을 마지막 순간에 이르러 마침내 깨닫죠. 그는 메이의 순수함이 어느 정도로 갈고닦아야 나올 수 있는 인위적인 순수함인지 모릅니다. 그녀의 가면은 더는 가식이 아니라 피부가 되고 살갗이 되었다는 점 또한 마지막 순간까지 알지 못했던 것이죠.

마지막에 이르러 아처는 엘렌과 결혼한다고 한들 방해할 사람이 전혀 없음에도 그녀를 만나지 않고 뒤돌아섭니다. 이 마지막 장면으로 짐작하건대 그는 자신이 평생 메이의 손바닥 안에서 놀았다는 사실을 처음으로 깨달은 것처럼 보입니다. 그는 엘렌과 사랑에 빠졌던 젊은 시절 양손에 떡을 쥐고 어쩔 줄 모르는 아이처럼 굴었죠. 메이가 그냥 죽어 준다면 문제가 간단히 해결될 텐데, 라고 상상할 정도였으니까요. 아처는 자신이 마치 사랑의 희생자인 양 굴지만, 잃을 것이 너무 많아서 포기하지 못한 인물이었을 뿐이죠. 두 여자 모두에게 죄를 지은 그가 마지막에 이르러 자신을 정말로 사랑한 사람은 메이였구나, 라고 위로하면서 발걸음을 돌렸을까요?

자아가 없는 천사의 진실

메이는 안락한 결혼생활을 유지하기 위해 가면의 전략 내지 내숭의 전략을 선택했습니다. 그녀의 평화롭고 순수한 얼굴 이면에는 고독한 자기기만이 있습니다. 자기가 원하는 것을 얻기 위해 어떤 불평, 불만, 열정, 고통도 결코 드러내지 않았다는 점에서 그녀는 자기감정을 철저히 통제하고 절제한 인물입니다. 당대 여성으로서는 어쩔 수 없었다고 말할 수도 있겠죠. 그녀가 원한 것은 자유가 아니라 남편의 보호 아래 행복하게 지내는 것이었으니까요. 그녀는 한 여성이 되기보다는 아내와 어머니로 지내는 것에 만족했습니다. 여성으로서 자아실현이니 하는 것은 가진 것(가문과 부) 없는 여자들의 헛소리쯤으로 경멸했을 수도 있습니다.

처녀 시절 메이는 엄마의 인형으로 살다가 결혼해서는 남편의 인형으로 살지만 그렇게 살고 있다는 사실에 회의하지 않습니다. 회의를 한다는 것은 뭔가 이게 아닌데, 라는 자기반성이 있다는 것인데, 자아가 없는 사람이 자기반성을 하기란 힘들지요. 메이의 가족을 위시한 뉴욕의 상류층은 신흥귀족으로서 부와 세련된 문화와 관대함을 전시하지만, 자기 집단의 순수성을 위협하는 사람에 대해서는 가차 없이 단죄하고 추방합니다. 그래야만 그들의 신분이 유지되니까요. 그녀에게 남편은 상류층 신분을 유지하는 데 필요한 필수품이고, 그런 필수품의 인형으로 사는 것에서 그녀는 자부심을 찾고 있으니까요.

그녀의 내숭 전략은 흔히 부정적인 여성의 속성이라고 비난받아 온 것들이죠. 관계심리학자들에 따르면, 남자들이 공적인 정의감과 규칙에 따라서 행동한다면, 여자들은 관계를 유지하기 위해 혹은 친밀한 관계에 있는 사람들에게 상처 주지 않기 위해 선의의 거짓말에 능숙하다고 합니다. 메이는 남편을 빼앗기지 않으려고 미소 띤 얼굴로 순진하게 거짓말을 합니다. 그녀는 자신의 연기에 자신마저 속을 수 있는 배우이기도 합니다. 여자는 천 개의 얼굴을 가질 수 있다는 통념을 그녀는 확인시켜 주는 것처럼 보입니다.

그 결과 메이는 자신도 깨닫지 못하는 사이 여성을 속박하는 남성적 질서를 유지하는 데 한몫합니다. 여자가 독립은 무슨, 그저 남편의 보호 아래 사는 것이 최선이라는 믿음을 그녀는 다시 한 번 확인시킵니다. 그녀는 여성의 길이라고 사회가 정해 준 길에 순종함으로써, 가지 않은 길을 가고자 하는 여성들을 좌절시키기도 합니다. 그녀는 남성을 사이에 두고 여성들끼리 경쟁하고 배제함으로써 여성이 여성의 적이라는 통념을 강화시키죠.

하지만 결혼생활이 그녀에게 이상향이기만 했을까요? 메이가 원했던 것은 자유가 아니라 안락하고 행복한 결혼생활이었고 그런 맥락에서 그녀는 얻고자 한 것은 전부 얻었던 것으로 보여요. 그렇다면 한번 물어보죠. 메이는 정말 행복했을까요? 안락한 겉모습과는 달리 결혼생활을 유지하면서 그녀가 잃었던 것은 없을까요? 어찌 보면 그녀는 평생 진실을 외면했고 남편의 껍데기와 더불어 살았습니다.

만약 인간의 본질이 자유에 있다고 한다면, 그녀는 평생 자기 자신으로 살지 못했다고 할 수 있죠. 무엇보다 그녀는 남편의 진실한 사랑을 얻지 못했어요. 그녀는 상류사회의 결혼이란 것이 거래라는 점을 적나라하게 보여 줍니다. 신분의 안락함과 남편의 사랑을 교환했으니까요. 왜냐하면 아처는 평생 마음속에 엘렌을 품고 살았죠. 이뤄질 수 없었던 사랑이기에 더욱 간절했고 실제 엘렌과는 상관없이 그녀를 이

상화하면서 살았으니까요. 그런 남편의 마음을 알고도 메이는 모르는 척했습니다. 그렇게 조용히 넘어갈 때만이 그녀가 그처럼 중요시한 안정적인 결혼생활을 유지할 수 있었으니까요. 그렇다면 그녀가 결혼생활 동안 대가를 치르지 않은 것이 아니죠. 상류층의 삶을 얻는 대신 자신의 진정한 자아, 진실, 남편의 사랑 이 모든 걸 잃었으니까요.

2. 노라의 길: 자유의 대가 혹은 자유라는 보상

풍요의 시대에 빈곤한 여성

19세기 말 뉴욕은 전 세계에서 돈이 몰려들었습니다. 그처럼 막대한 부는 주로 철도, 선박, 모피 거래, 대규모 땅 투기, 주식시장, 금융업을 중심으로 형성된 것이었죠. 1840년부터 엄청나게 팽창하기 시작한 뉴욕에는 투자를 기다리는 자금들이 넘쳐흘렀습니다. 넘쳐 나는 부로 인해 미국에서는 아메리칸 드림이라는 성공 신화가 가능했고요. 메이와 아처의 가문과 같이 지금은 뉴욕의 상류층으로 거들먹거리고 있지만, 한두 세대만 거슬러 올라가 보면 그들의 할아버지들은 돈벌이하러 미국으로 온 사람들이었죠. 넘쳐 나는 부로 신분을 세탁하는 데는 두서너 세대면 족했다는 것이죠. 귀족이 따로 있었던 곳이 아니었으니까요. 신흥귀족은 '신'세계에서는 누구든지 노력하면 성공할 수 있다는 신화의 좋은 본보기라고 할 수 있겠지요. 하지만 여성에게도 그런 미국의 꿈이 쉽게 성취될 수 있었을까요? 성공한 남자를 붙잡는 것이 여성의 성공이라는 사실을 제외한다면요.

뉴욕으로 몰려든 엄청난 부에도 불구하고 여성들이 부자였던 것은 아니었습니다. 부모의 신분과 남편의 부에 더부살이를 하지 않는 한 말이지요. 그 당시 여성들이 남자들처럼 성공할 수 있는 '괜찮은' 일자리를 갖기란 힘들었습니다. 물론 여자라고 하여 다 같은 여자들은 아니죠. 빈곤층 여성들은 온갖 허드렛일에 동원되었어요. 바깥일과 집안일 모두 감당해야 했고요. 그러다 보니 직업은 빈곤층 여성이나 갖는 것으로 간주되었죠. 특히 공장에서 힘들게 일하는 여자들은 상스러운 여자로 취급당했어요. 여공이라는 말을 입에 올리는 것조차 불경스럽게 여겼으니까요. 딸들은 공장에서 번 돈을 고향 부모에게 부쳐 주었죠. 그래서 가난한 부모들은 딸들이 빨리 결혼할까 봐 걱정할 정도였어요. 그럼에도 사회는 성적으로 문란해질 수 있다는 이유를 내세워 여공들의 품행(특히 성적 문란)을 두려워했고, 그들의 노동에 얹혀살면서도 그들을 경멸했습니다. 빈곤층 여자들은 남의 집에 가서 침모, 유모, 식모, 뭐든 했으니까요. 바느질, 빨래, 다림질, 요리, 아이 돌보기 등 온갖 궂은일을 마다하지 않았지만 바로 그런 일을 한다는 이유로 그들은 멸시받았습니다. '신'대륙에서 허드렛일 혹은 궂은일로 취급되는 가사노동은 주로 흑인여성들이 도맡았지요.

자수성가의 땅, 자유와 기회의 땅으로 일컬어졌던 미국이었지만 여성들에게도 그런 꿈들이 쉽게 허용된 것은 아니었습니다. 20세기

초반까지 여자가 직업을 갖고 스스로 생계를 책임지는 것은 보호해
줄 남성이 없다는 증거로 받아들여졌으니까요. 그래서 여성이 작가,
시인, 예술가, 오페라 가수, 배우, 댄서가 되겠다거나, 가정교사, 간호
사, 백화점·가게 점원과 같이 자기 나름의 직업을 갖겠다고 나서는 것
은 심지어 몸을 팔겠다는 소리로 간주되었죠. 정숙해야 할 여성이 뭇
사람들에게 자기 얼굴을 내놓는 직업에 나서겠다고 한다면 말이지요.

선택받는 여자가 되는 법

19세기 미국의 상류층은 유럽의 상류층에 대한 문화적 열등감이
있었고 그래서 뉴욕의 상류층들은 구대륙에서보다 더욱 엄격한 신분
적 관행을 유지하고자 했어요. 유럽의 세련된 문화를 선망하면서도
퇴폐적이라고 비난하면서 청교도적인 윤리관을 고집했고요. 여성의
순결 교육을 고집하고 금주법(1921)을 실시하는 것으로 유럽과 문화적
으로 구별 짓고자 했지요. 이런 상황이었으므로 상류층 여성들은 자
기 신분을 유지하기 위해서 조신하게 행동해야 했어요. 예를 들자면,
뉴욕의 사교계에서는 여자가 이야기 상대를 찾아서 이곳저곳 자리를
옮기면서 이 신사와 이야기하다 저 신사와 이야기하는 것은 여성으로
서 지켜야 할 정숙하고 조신한 태도가 아니었어요. 여자는 자기와 이
야기하고 싶어 하는 신사가 자기 곁에 찾아올 동안 기다려야 했거든
요. 혹은 신사들이 자기 곁에 오도록 하는 방법을 남들의 눈에 거슬리
지 않게 찾아내든지요. 여성은 선택받는 위치이지 선택하는 위치가

아니었던 거죠.

여성 스스로 뭔가 하려고 하면 온 사회가 단속하고 적대시하는 분위기였습니다. 지금도 그 점은 그다지 변한 것 같지 않아요. 여자가 난 당신을 먹여 살릴 만한 재산과 능력과 지위를 갖고 있으니까, 어때 내 품으로 들어오는 건, 이라고 남성에게 구애한다면, 남성들은 어떤 반응을 보일까요? 지금도 싱글 골드미스가 결혼을 원할 경우, '난 조신하고 요리도 잘하고 상냥해요.'라는 식으로 말해야 하니까요. 그 시절 여성에게 요구된 것은 자립이 아니라 의존이죠. 남성에게 사랑받고 선택받아야만 살아갈 수 있는 사회에서 여성들은 아양과 애교와 내숭과 귀염떨기에 익숙해지게 되죠.

반면 상류층 남성들은 돈을 뿌리고 낭비하는 데서 자신들의 부와 능력을 전시했어요. 화려한 겉모습이 중시되는 상류사회에서 여성(혹은 아내)은 남성들이 자신의 권력과 부를 과시하는 특별한 기준이 되었죠. 그러기 위해 남성들은 자신이 선택한 여성을 최대한 아름답게 꾸미고 장식하도록 지원했죠. 상류층의 남녀 관행에 따르면, 남편은 바깥 세계에서 돈을 벌어들이고, 아내는 그 돈으로 사치스럽고 호화로운 집, 가구, 보석, 패션을 통해 남편의 부를 과시했던 거죠.

이혼은 타락한 여성으로의 출발

관행은 여러 계층들을 구별 지어 주는 불문율입니다. 어려서부터 몸에 밴 습관은 하루아침에 습득되는 것이 아니니까요. 몸가짐, 제스

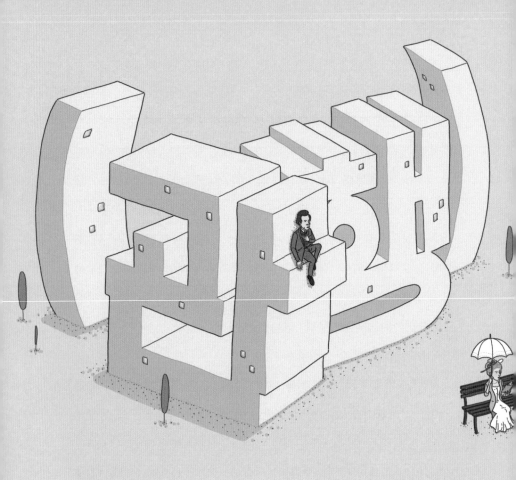

처, 발걸음, 장신구, 복장에 이르기까지 특권 집단은 다른 집단과 자신들을 구별 지어 줄 사회문화적 관행을 만들어 내게 됩니다. 그런 사회문화적 코드 중에서 남자다움과 여자다움을 엄격하게 구분하는 관행은 혈통, 가문, 연줄, 재산 등과 촘촘히 연결되어 있어요. 그런 사회에서 남녀의 관행, 신분질서를 아무렇지도 않게 여기는 여성이 있다면 어땠을까요? '이혼은 안 돼!'가 불문율처럼 되어 있는 상류사회에서

이혼하고자 하는 여성이 있다면요?

여성들에게 이혼할 자유는 그저 얻어진 것이 아니었답니다. 그것은 힘든 싸움의 결과였어요. 엘렌은 잔인한 귀족 남편에게서 벗어나고자 해요. 물론 남편으로부터 벗어난다고 하더라도 그것으로 자유가 주어지지는 않죠. 더 큰 제약의 벽이 그녀를 기다리고 있으니까요. 그것은 바로 이혼한 여성을 멸시하고 능멸하는 가혹한 사회라는 벽이죠. 그녀에게 이혼은 단순한 것이 아니었어요. 지금까지 쌓아 온 상류층 여성으로서의 모든 지위와 편리함을 벗어던지고 사람들이 흔히 생각하는 타락한 여성으로 새롭게 출발해야 하니까요.

그 모든 편견에도 불구하고 엘렌은 여성에게 이혼을 허락하지 않는 가톨릭 국가법과 남편에게서 벗어나고자 탈출을 감행합니다. 프로테스탄트 국가이자 법적 이혼이 허용된 미국으로요. 하지만 현실은 어땠을까요? 법적으로는 이혼이 허용되었지만 실제 사람들의 시선과 태도는 차가웠죠. 이혼한 여성(엘렌)은 추문거리였으니까요. 어떻게 그럴 수 있느냐고 사회는 그녀를 침묵으로 맹비난했죠. 이렇듯 당시 이혼한 여성의 경우 주변의 엄청난 비난을 감수하는 것은 물론, 남편과 가족으로부터 얻을 수 있는 안락한 경제적 지원, 사회적 신분과 인맥은 포기해야 했어요. 자신이 추문거리가 되는 것도 참아야 하고 사교계에서의 추방도 견뎌야 했죠. 자유가 아니면 죽음을 달라고 했던 시대였지만, (이혼의) 자유는 여성에게 쉽게 주어지지 않았습니다.

하지만 그로 인해 얻게 되는 자유와 진실

이혼을 선택한 대가로 엘렌은 사회적 비난과 배척, 경제적 어려움 등을 치르죠. 하지만 그녀가 대가와 희생만을 치른 걸까요? 그녀는 많은 것을 잃었지만 그로 인해 많은 것을 얻었습니다. 가장 중요한 것은 자기 자신으로 살아가면서 자신의 길을 걸어갈 자유입니다. 그녀는 뉴욕 상류사회가 무시했던 예술가, 작가, 음악가들과 자유롭게 교류하고, 사상가들과 지적인 토론이 이어지는 날들을 보내죠. 여성이 지적, 문화적 장으로 나갈 수 있는 길을 열었던 겁니다. 좋은 대화 상대가 있는 것이 이 세상 무엇보다 소중한 것이라면, 그녀는 더없이 좋은 대화 상대가 있는 삶을 살았습니다. 그녀는 지적인 모임과 대화에 참여하고 열렬한 호기심으로 당대의 사상을 논하고 우정과 동료애의 장을 열어 나갔습니다. 관행적인 사회적 잣대에 의하면 잃은 것이 훨씬 더 많다고 할 수 있지만, 그녀 개인의 삶의 질을 생각한다면 형식적인 이익은 잃었지만 삶의 고귀한 가치는 얻었습니다. 바로 그 반대의 선택을 한 메이와 대조를 이루면서요.

이 점은 엘렌이 파리에서 살았던 것과 무관하지 않습니다. 벨 에포크 시대 파리의 분위기를 흡수한 채 뉴욕으로 돌아온 엘렌은 세상 경험이 풍부했으니까요. 벨 에포크belle epoche, 즉 아름다운 시절은 1890~1914년 동안을 일컫는 시대적 용어입니다. 프랑스혁명에 뒤따른 폭력, 정치적인 격동기를 치른 후에 거의 80년 동안 평화와 번영을 구가하던 시절이었죠. 인상주의 화가들의 선명한 색채, 마르셀 푸

르스트의 소설, 1889년·1890년의 세계박람회, 파리의 에펠탑, 알렉상드르 3세의 다리, 그랑·프티 팔레 궁, 첫 번째 지하철 노선의 개통….
이 모든 것이 벨 에포크의 낙천적인 분위기와 힘찬 시대적 에너지를 잘 반영해 주죠. 엘렌은 파리의 혁명적 변화와 해방적인 분위기를 경험했습니다. 파리의 지적인 분위기와 새로운 예술에 공감했던 그녀는 인간으로서 자유와 진실을 추구합니다. 그녀는 진실과 대면할 자유, 참된 자아를 찾을 자유, 진정으로 사랑할 자유를 찾고자 했어요. 남편의 폭력에서 벗어나 이혼할 자유, 여자 혼자 독립적으로 살아갈 자유를 추구했던 거죠.

가톨릭 국가인 프랑스에서도 그 당시 여성의 이혼은 허락되지 않았지만, 사회 분위기는 뉴욕의 상류층보다는 유연했습니다. 소설 속의 엘렌과 동시대에 살았던 작가 조르주 상드(George Sand, 1804~1876, 프랑스 낭만주의 시대의 대표적인 여성작가)는 이혼을 하지 못했지만 양복을 입고 거침없는 사회적 발언을 했고, 양성애자로서의 자기 정체성에 거리낌이 없었던 것처럼 보였으니까요. 그에 비하면 벨 에포크 시대 파리의 세련된 분위기에서 살면서 문화적 소양과 폭넓은 지식을 겸비했다고 할지라도 엘렌은 상드처럼 개혁주의적인 인물이 될 수 없었다는 한계는 분명히 있었겠죠.

3. 또 다른 길: 여성연대

서로를 보듬는 공동체의 시각

이 작품을 보면 여자들이 살아가는 데 남성의 보호와 사랑보다 여자들 사이의 우정과 연대가 오히려 서로에게 얼마나 큰 힘이 되는지 알 수 있어요. 남성 중심 사회는 결혼이야말로 여성의 유일한 직장이자 안식처라고 오랜 세월 동안 주장해 왔지만, 정말 그럴까요? 앞서 보았다시피 엘렌이 자유를 선택하고 진실을 외면하지 않으면서 자기를 찾는 일은 메도라 이모의 보살핌과 할머니 밍곳 부인의 지원이 있었기에 가능했어요. 결혼이 여성에게 허락된 거의 유일한 직업이 되면, 여성들은 남자의 사랑과 남편의 보호에 전적으로 의지할 수밖에 없습니다. 남자의 사랑이 식어도 엘렌이 살아갈 수 있는 힘이 되었던 것은 할머니와 이모의 지원이었죠. 잃을 것이 너무 많았던 아처가 결국 엘렌을 버려도, 엘렌이 이혼으로 추문거리가 되어도 그녀의 편이 되어 주었던 사람은 여자들이었죠. 그렇다고 여자들 사이에 경쟁, 질투, 배신이 없다는 것은 아닙니다.

흔히 남자들 사이에는 우정이 있지만 여자들 사이에는 질투밖에 없는 것처럼 말합니다. 이 또한 정말 그럴까요? 이모 메도라는 이 남자에게 베풀고 저 남자에게 배신당해 나이가 들어가면서 점점 더 가난해졌지만 고아였던 엘렌을 끝까지 보살펴 주고 애정을 쏟았습니다. 처음에는 메도라가 고아가 된 소녀 엘렌을 데리고 유럽으로 떠납니다. 세월이 흐르고 이번에는 엘렌이 가난한 메도라 이모와 함께 유럽으로 갑니다. 혼자인 엘렌의 곁에는 혼자인 메도라 이모가 있습니다. 두 명의 망명자처럼 보이지만, 두 사람은 더는 혼자가 아닙니다. 그다지 잃을 것이 없었던 여자들의 우정과 연대라고 할 수 있겠죠.

대리엄마로서 메도라의 보살핌과 자유분방한 교육이 없었다면 고아 소녀 엘렌이 자유로운 영혼으로 살아 나갈 수 없었을 것입니다. 메도라는 어린 엘렌에게 인형이 되기 위한 에티켓 교육이 아니라 자유로운 교육을 시켰습니다. 아홉 살에 부모를 모두 잃은 엘렌은 메도라의 손에서 특이한 교육을 받으면서 자라요. 규격에 얽매이지 않는 교육이었죠. 엘렌이 받았던 교육은 그 당시 상류층 여자아이들이 주로 받던 교양과 예절교육이 아니었습니다. 메도라는 당시 상류층 처녀들이 사교계에 나가기 위해 배워야 했던 것들을 엘렌에게 가르치지 않았어요. 그녀는 엘렌에게 그림 교육을 시키면서도 당시 여성들이 주로 했던 예쁘장한 풍경화나 정물화가 아니라 여성모델의 초상화를 그리도록 가르쳤죠. 가정교사를 두고 혼자 음악교육을 받던 시절에 그녀는 엘렌에게 전문음악가로 구성된 5중주, 4중주에 맞춰서 피아노 레슨을 받게 했고요.

메도라의 영향 아래 격식과 겉치레에서 벗어나 자유롭게 자랐던 엘렌은 누구에게나 따스하고 누구든 똑같이 대합니다. 뉴욕 상류층들은 쳐다보지 않는 가난한 작가 등 예술가 집단과 스스럼없이 어울리고요. 그때까지만 해도 작가, 예술가 들은 상류층 사교계 집단에서는 푸대접을 받던 시절이었어요. 상류층은 보헤미안적인 예술가, 가난한 작가들을 자기 집단에 끼워 줄 만한 신분이 아니라고 보았으니까요. 엘렌은 귀족이라고 젠체하지 않고 주변의 가난한 이웃과도 허물없이 지냅니다. 그녀는 남성이든, 여성이든, 귀족이든, 하인이든 상관없이 다 함께 살아갈 수 있는 그런 공간과 공동체의 가능성을 보여 줍니다.

엘렌이 인습에서 벗어날 수 있었던 배경에는 또 한 명의 여성이 있습니다. 바로 할머니 밍곳 부인입니다. 엘렌이 상류사회의 따가운 눈총을 견딜 수 있도록 해 주었던 방패막이 역할을 여장부인 할머니가 해 주었지요. 할머니 밍곳 부인은 엘렌이 뉴욕 사교계에서 추문거리가 되어 추방당했을 때에도 대범하게 그녀를 감싸 주고 엘렌이 그곳에서 살아갈 수 있는 환경을 만들어 줍니다. 이런 할머니와 이모가 대리 어머니 역할을 하면서 서로 연대했기 때문에 엘렌은 자유로운 삶을 선택할 수 있었어요. 여성들끼리의 연대가 여성의 자유와 독립에 힘을 실어 주게 된 거죠.

여성에서 여성으로 이어지는 기억과 이야기의 유산

결혼제도를 통해 남성 중심 질서를 강화해 주면서 서로 경쟁하고 질투하고 서로를 감시하고 단속하는 것에서 벗어나, 여성들은 엄마와 딸로 여성과 여성으로 이어지는 기억과 이야기의 유산을 물려줄 필요가 있습니다. 그런 기억과 이야기가 이어져 내려가면서 여성의 역사와 전통이 만들어져야 여자들이 남성과 대등한 삶으로 나아갈 수 있는 세상이 만들어질 것이기 때문이죠. 선배 세대의 모델이 없으면 각 세대마다 원점에서 또다시 출발해야 하니까요.

결혼생활이 여성으로서 자아 찾기와 자아실현과 양립할 수 없다는 생각에, 온갖 구속과 불리한 조건을 감수하고서라도 이처럼 남들이 가지 않는 길을 선택하는 여성들이 있습니다. 엘렌에게 자전적인 요소를 투사했던 《순수의 시대》 작가 이디스 워튼 또한 남들이 가지 않는 고생길로 접어든 여성에 해당하죠. 이디스 워튼의 어머니는 어린 시절 그녀가 이야기를 꾸며 내면서 책에 몰두하는 것에 질색했습니다. 여자가 이야기를 좋아하고 책에 파묻혀 지내면서 외모를 꾸미지 않으면, 사교계에서 사랑받기 힘들고 결혼에 성공하기도 힘들다는 이유 때문이었어요. 그녀의 어머니는 딸을 빨리 사교계에 입문시켜 일찌감치 결혼하도록 합니다. 워튼은 불행한 결혼생활을 했지만 결혼 17년 만에 마침내 이혼을 하고 작가가 됨으로써 자기 생계를 스스로 책임지게 됩니다. 소극적으로 살았던 세월을 보상하려는 것처럼, 1차 세계대전이 발발했을 때 그녀는 구호품을 모아서 전선에 보내는 등 적극적인 사회활동과 구호활동을 펼치면서 혼자 살아갑니다. 그녀는 마침내 글을 써서 먹고사는 문제를 해결하게 됨으로써 후세대 여성들에게 전문직 여성작가로서의 길을 열어 주었죠.

이제까지 우리는 두 부류의 결혼한 여성을 보았습니다. 한 사람은 가정생활에 충실한, 그러면서 사회가 원하고 여성 스스로 택하지 않을 수 없었던 집 안의 천사 역할을 자처한 메이입니다. 다른 한 사람은 겉으로 볼 때는 아무 문제가 없어 보이는 백작부인이었지만, 남편에게서 탈출하여 거짓된 사랑과 가정생활에서 벗어나 자유로운 인간으로서 영혼과 마음이 먼저인 삶을 살고자 하는 엘렌이죠. 메이는 형식에서는 완벽한 보상을 받았지만 내적으로는 진정한 사랑도 자유로운 자신도 얻지 못하는 대가를 치렀고, 엘렌은 표면적으로는 조롱받고 실패한 삶을 선택했지만, 그에 비해 자유와 영혼, 따뜻한 우정과 독립이라는 내적인 보상을 받았습니다.

21세기를 사는 여러분들이라면 엘렌과 메이 중 어느 입장을 선택하겠어요? 여성으로서 자신을 존중하면서 사는 엘렌과 남편의 그늘 아래서 보호받지만 평생 자기기만 속에서 살아야 하는 메이 중 누구와 공감하나요? 혹은 여성으로서 달리 살아갈 수 있는 그 밖의 다른 방식은 없을까요?

다음 장에서 우리는 조금 더 넓은 의미의 결혼한 여성을 만나 보려 합니다. 그 이름도 숭고한 '엄마'입니다. 결혼하고서 아이를 낳은 여성에게는 '엄마'라는 이름이 무척 자연스럽습니다. 집 안에서도 밖에서도 여자는 '누구 엄마'라 불리게 되죠. 본인의 이름은 어디 가고 말입니다. '엄마'라는 이름으로 살아가게 되는 결혼한 여성의 삶, 그것은 무엇일까요? 그 삶은 여성에게 어떤 선택을 하게 할까요? 정작 엄마라 불리는 여성 자신 이외에 주변과 사회가 주문하는 역할은 무엇일까요? 여러분의 엄마를 떠올리며 다음 장을 함께 열어 보기로 해요.

작가와 작품 알아보기

순수의 시대

이디스 워튼

《순수의 시대》,《기쁨의 집》,《그 지방의 관습》,《이선 프롬》등의 작가 이디스 워튼(1862~1937)은 미국 뉴욕 상류층 가정에서 태어났습니다. 이디스 워튼의 어머니 루크레치아는 《엄마의 말뚝》에 등장하는 희생적인 어머니와는 사뭇 달랐습니다. 그녀는 나이 마흔에도 여전히 아름답고 매력적이어서 뉴욕 사교계를 지배할 정도였습니다. 그런 어머니의 눈에 외모, 미모, 패션에는 무관심하고 책에만 관심이 있는 세련되지 못한 이디스 워튼은 언제나 못마땅한 딸이었습니다. 세련된 사교계 여인이었던 어머니의 눈에 그녀는 지나치게 지적이고 '이야기 지어내기' 따위에만 관심이 있었습니다. 이처럼 이디스 워튼은 어린 시절부터 오로지 글쓰기에만 몰두했습니다. 그 결과 그녀 나이 열다섯 살에 소설 《제멋대로》를 발표하지요.

그녀는 소설에서 자신에게 익숙한 세계를 다뤘습니다. 뉴욕 사교계는 모든 주제들 중에서도 '가장 얄팍하고 천박함'에도 불구하고 그녀가 가장 잘 아는 세계였고, 그녀 소설의 주요한 무대가 됩니다. 사교계를 통해 결혼에 이르는 상류층 여성들이 자신들의 화려한 위치를 유지하기 위해 갈등하고 타협하고 거래하고 제휴하는 것을 그녀는 일상적으로 보아 왔으니까요. 1885년 그녀는 열세 살 연상이었던 테드 워튼과 결혼합니다. 불행한 결혼생활 이후, 신경쇠약에 시달리면서도 그녀는 장기간 유럽에 체류하면서 유럽 여러 지역을 여행하고 그곳의 역사, 건축, 미술에 관한 글들을 계속하여 발표했습니다.《순수의 시대》의 올렌스카 백작부인처럼 그녀는 외국 생활을 오래 한 사람들에게서 흔히 볼 수 있는 객관적인 시선으로 미국 사회의 물질만능주의, 상류사회의 위선, 신구 세대 간의 갈등을 다양한 작품에 담아냈습니다.

　　《기쁨의 집》(1905)은 그해 최고의 베스트셀러가 되었고, 1920년에 발표한《순수의 시대》로 워튼은 1921년 여성작가 최초로 퓰리처상 수상자가 되었습니다. 인정받는 작가가 되고 소설가인 헨리 제임스와 같은 절친들과 소중한 관계를 맺게 되면서 그녀는 마침내 두려움의 대상이기도 했던 남편과 이혼할 수 있는 용기를 냅니다.

이디스 워튼의 소설들은 19세기 말과 20세기 초 뉴욕 상류사회를 배경으로 하여 가부장적인 물신주의 사회가 남녀관계, 나아가 인간관계를 부패시키고 타락시키는 양상을 세밀하게 기록했습니다. 《기쁨의 집》은 상류사회 사교계의 문법을 익히 알고 있으면서도 그런 삶에 편승하는 데 실패함으로써 비극에 이르는 릴리의 모습을 그려 내고 있습니다. 반면 《그 지방의 관습》에서 언딘 스프라그는 '결혼이 여성의 에너지를 분출하고 욕망을 달성하는 유일한 창구로 여겨지던 미국 사회'의 모습을 적나라하게 보여 줍니다. 언딘은 여성이 남성에게는 승리의 트로피로 여겨지던 시절 결혼만이 여성의 야심과 재능을 실현할 수 있는 유일한 영역이라는 사실을 깨닫고 그것을 역이용합니다. 그녀는 결혼, 이혼을 반복하면서 부를 축적하고 자신의 주가를 끌어올립니다. 그녀에게 결혼은 뉴욕의 신흥자본가 세력이 전통적인 상류사회를 압도하면서 그랬던 것처럼 수단과 방법을 가리지 않는 하나의 거래이자 사업이었습니다.

《순수의 시대》에서 메이가 우아하면서도 잔인한 방식이자 순수하면서도 노회한 방식으로 연적인 사촌언니 올렌스카 백작부인을 축출하는 것에서 보다시피, 결혼시장을 중심으로 여성들 사이에서 벌이는 천박한 권모술수들을 우아하고 세련되게 보여 주는 데 탁월한 재능을 발휘한 작가가 이디스 워튼입니다.

박완서, 《엄마의 말뚝》

6장 모성은 본능일까, 만들어지는 것일까

여인 없이도 생명이 탄생하는 다른 길이 있다면
삶은 얼마나 행복할 것인가!
- 《메데이아》

나 그토록 제도를 증오했건만
엄마는 제도다.
나를 묶었던 그것으로 너를 묶다니!
내가 그 여자이고 총독부다
엄마를 죽여라! 랄라.
- 김승희, 〈제도〉

마더 쇼크 – 모성이냐 커리어냐

엄마가 보여 주는 자식 사랑을 우리는 모성애라고 하죠. 엄마의 사랑과 보살핌 덕분에 아이들은 보호받고, 자라서 사회의 소중한 구성원이 됩니다. 그리스 신화에 등장하는 데메테르를 아시나요? 그녀는 탄생과 성장의 상징인 대지를 다스리는 여신으로서 지극한 모성의 모델이기도 하죠. 지극한 모성에 관한 이야기는 여신이 잃어버린 딸, 페르세포네를 찾아서 세상 끝까지 방랑하는 데에서 시작합니다. 방랑의 끝자락에서 여신은 딸이 죽은 자와 지하 세계의 신인 하데스에게 납치되었고 이미 그의 아내가 되었다는 것을 알게 됩니다. 어쩔 수 없이 여신은 하데스와 타협하게 되는데, 딸이 6개월 동안은 어머니에게 와서 머물고 나머지 6개월 동안은 하데스에게 가는 것이었습니다. 그래서 딸을 볼 수 없는 6개월 동안에는 여신의 슬픔으로 세상은 겨울 왕국이 되고, 딸이 그녀에게 와서 머무는 6개월 동안에는 딸을 되찾은 여신의 기쁨으로 세상은 봄날이 됩니다.

이렇듯 엄마의 사랑은 봄날의 마르지 않는 샘물과 같지요. 현실에서 엄마의 모습은 서로 다르고 아무리 다양하다 하더라도, 우리가 생각하는 엄마의 상은 이처럼 따스하게 보살펴 주는 한결같은 모습 아닌가요? 그런데 '내'가 엄마가 된다고 상상해 보면 어떤가요? 내가 아이를 낳고 엄마의 자리에 앉는다면 그래서 엄마 노릇을 해야 한다면 그때의 '나'는 어떤 엄마일지 상상이 가나요?

EBS 다큐프라임 〈마더 쇼크〉에서 엄마들은 이야기합니다. 지금

30~40대 고학력 엄마들이기도 한 그들은 헌신적인 자기 엄마들의 모습을 보고 자랐습니다. 직장 맘이기도 한 이들은 자신의 엄마를 떠올리면서 좋은 엄마가 되고자 합니다. 엄마가 된 여성들은 자기 엄마들처럼 "아이를 위해 나를 희생해야 한다. 아이가 최우선이 되어야 한다. 엄마로서 헌신적이어야 한다."고 자기 세뇌를 합니다. 이들 젊은 엄마들은 그들 엄마들 덕분에 잘 교육받고 여성으로서 자아성취와 자아실현을 한 세대들이니까요.

바로 그 점, 누군가의 희생으로 자신의 사회적 성취를 이루어 냈다는 점 때문에 이들은 동시에 엄마 노릇에만 전념하고 만족하기 힘든 세대이기도 합니다. 여성들도 자아성취와 자아실현이 가능한 시대에 전업주부로서 엄마 노릇만 하는 것은 곧바로 사회와 단절을 뜻하기 때문이죠. 그래서 머릿속에서는 헌신적인 모성애를 생각하지만, 가슴속에서는 한 인간이자 여성으로서 '나'는 무엇인가라는 자아의 정체성 문제가 꿈틀거립니다. 이러다가 세상과는 영원히 멀어지는 것은 아닐까, 하는 불안과 두려움이 스멀거리기도 하죠. 여성들에게 자아성취와 자아실현을 강조하는 시대이지만, 다른 한편으로 아이를 갖게 되면 커리어 우먼과 엄마 노릇을 병행하기 힘든 게 냉혹한 현실이니까요. 그래서 커리어 우먼으로서의 여성, 그리고 엄마로서의 모성 사이에 갈등이 초래되죠. 어떤 경우에는 모성이냐 커리어냐, 라는 식의 양자택일을 강요받기도 합니다.

그런 현실 때문인지 요즘 많은 여성들은 반드시 결혼해야 한다고 생각하지 않습니다. 결혼이 필수였던 시대와 달리 여성들에게 결혼은 여러 선택지 중 하나가 되었습니다. 설령 결혼을 선택한다고 해도 아이를 낳겠다는 결정이 필수 사항도 아닙니다. 결혼과 모성이 커리어와 대치되는 상황에서 여성들에게 결혼과 모성은 필수가 아니라 선택 사항이 되고 만 것이죠.

모성은 원래 네 안에 있어…

그런데 이상합니다. 오늘날 여성에게 결혼과 모성이 선택 사항이 되었으면, 모성애 또한 선택 사항이 되어야 하건만 사회통념은 그것을 인정하지 않습니다. 비단 사회뿐만 아니라 여성 스스로도 모성애는 여성에게 당연한 것으로 생각합니다. 아이를 낳았다면 모성애는 저절로 따라오는 것으로 생각한다는 것이죠. 사회생활을 유지하기 위해, 혹은 가정 안에서 자신의 지위를 인정받기 위해 자신의 권리를 강하게 주장하는 엄마가 있다고 합시다. 반복되는 야근과 회식으로 매일 늦게 들어오는 엄마가 있다고 합시다. 그 사람에 대해 사람들은 뭐라고 할까요? 이기적이고 나쁜 엄마라고 비난하지 않을까요? 엄마가 됐으면 자기는 좀 참아야 한다고 생각지 않을까요? 노라처럼 아이들을 버리고 가출하는 모성에 대해 극심한 비난의 칼을 꽂는 것처럼요.

만약 모성이 선택이라면 여성들은 모성을 거부할 수도 있습니다. 노라의 경우에서 보다시피 여성이 자신의 자아실현과 해방을 위해 엄마이기를 포기할 수 있겠죠. 반대로 앞서 언급한 〈마더 쇼크〉에 등장한 엄마들처럼 엄마가 되고 난 뒤 헌신적인 엄마 역할을 하려고 마음을 다잡고 노력할 수도 있고요. 이 양 극단의 모습을 보면 어떤 생각이 드나요? 여러 사람들이 주장하듯 모성이 자연이자 본능이라면 선택도, 노력도 필요 없을 것입니다. 그런데 현실에서 엄마는 자신을 찾고자 엄마이기를 포기하기도 하고, 아니면 부단히 노력해서 자기가 알고 있는 엄마의 모습을 갖추려 애쓰기도 합니다. 이렇듯 모성은 학습과 배움에 의지한다는 것입니다. 이들 모습이 확인해 주는 것은 '모성이 본능이 아닐 수도 있다'는 것 아닐까요?

물론 이런 주장에 대한 반박도 만만치 않을 수 있습니다. 사실 아이를 낳고 아이를 돌보는 인간의 모성애는 동물들이 보여 주는 모성 본능과 유사한 측면이 있기도 하니까요. 그러나 인간이 사회적 동물이고 사회적 관계가 발전함에 따라서 동물적 본능도 약화된다고 본다면 문제는 백팔십도 달라집니다. 더구나 남녀관계의 변화 및 양성평등 의식이 고취되고 있는 지금의 현실에서 볼 때 굳이 엄마 혼자 아이를 돌보면서 전적인 책임을 져야 한다는 의식 또한 낡은 것으로 볼 수 있고요. 여기서 우리가 새롭게 인식해야 할 사실은, 모성 또한 자기 시대의 여러 요인들과의 관계 속에서 배우고 학습되는 것일 수 있다는 점입니다. 그리고 이렇게 모성이 상황에 따른 선택이라고 한다면, 그것은 엄마와 아이의 관계, 가족관계, 자기 시대의 역사적·문화적·교육적 상황 속에서 형성되는 것으로 이해할 수 있습니다.

그렇다면 여성은 어떻게 엄마가 되는 것일까요? 이에 대한 고찰이 바로 이번 장의 주제입니다. 역사적으로 보면 우리의 엄마들은 오래된 유교전통이라는 이름으로 조선시대로부터 면면히 물려받은 엄마노릇을 배우면서 또 하나의 엄마로 살아왔습니다. 엄마 노릇 또한 사회·문화적으로 배우고 익히는 것이라고 한다면 그 시절로 거슬러 올라가 그 당시 엄마들은 어떻게 살았는지, 그들은 어떤 학습을 하며 엄마로 살았던 것인지 궁금하지 않나요? 그 시절의 모성은 현재의 모성과는 얼마나 같고 얼마나 다를까요? 모성 또한 학습되는 것이라면 모성은 시대적인 맥락에 따라 어떻게 다른 모습으로 나타날까요? 그때의 상황을 확인하고 나면 그로부터 이어져 온 지금의 구조도 좀 더 확실하게 파악될 수 있겠죠.

또 다른 질문입니다. 여자는 약해도 엄마는 강하다고 하면서, 사회가 엄마의 강한 힘을 그처럼 칭송하는 이유는 뭐라고 생각하나요? 사회가 유지되려면 미래세대 없이는 불가능하죠. 우리의 소중한 미래세대를 전적으로 맡길 만큼 개별 여성들의 모성이 그렇게 크고 강할까요? 우리의 미래세대를 사회 전체가 합심하여 보살필 수는 없을까요? 이제부터 그 질문들에 차근차근 다가가 보도록 해요.

1. 전통 시대의 어머니: 현모양처

아들의 출세는 곧 엄마의 벼슬

조선시대 여성의 삶은 결혼하여 현모양처가 되는 것이었어요. 그 시절 여성들에게 공부하여 출세하고 공직에 나갈 수 있는 길은 막혀 있었죠. 정치적 리더가 되고 고급 관리가 되어 백성을 다스리는 역할은 남성에게만 주어졌고요. 이렇게 여성이 정치에 진출하는 길은 막혀 있었으므로, 정치와 공적 영역은 남성들만의 리그였습니다. 반면 여성은 결혼하여 조상과 시부모를 잘 섬기는 며느리, 남편을 공경하는 아내, 자녀를 낳아서 잘 키우는 어머니 역할을 전담했고요. 이처럼 남녀의 역할이 분명히 나눠져 있었다는 점에서 전통사회는 남녀가 유별했습니다. 여자들에게는 사내아이를 낳아서 가문을 이어 나가는 절대적인 과업이 주어졌죠. 아들에게서 아들로 가문이 이어져 내려가는 부계 중심 사회에서 어머니에게 남자아이의 생산보다 귀중한 덕목은 없었으니까요.

남성을 중심으로 하는 가부장 사회에서 사내아이의 생산은 어머니의 기쁨이자 자부심이었죠. 반대로 아들을 기다리는 집안에서 아들을 낳지 못한 여자는 죄인이었고요. 이런 시대에 어머니는 자신도 여자이지만, 아들과 딸을 똑같이 대하기 힘들었습니다. 남존여비가 엄연히 존재했고 남아를 선호했던 사회였으므로 아들, 딸에 대한 어머니들의 태도 또한 그에 맞춰 자연스럽게 달라진 것이죠. 온 집안이 합심하여 아들에게는 모든 것을 뒷받침해 주고 재산을 물려주고 가문을 잇게 합니다. 한편, 딸은 남의 집으로 시집보내면 그만이라는 생각이 '자연스럽게' 만들어졌고요. 아들에게는 열성적으로 공부를 시키면서도 딸들에게는 공부를 가르치지 않는 것이 당연시 되었습니다. 오히려 손녀에게 공부를 시키는 며느리가 있다면, 그 며느리는 시부모에게 밉보여야 했죠.

여기서 자신이 과거에 나갈 수 없었던 어머니들은 아들을 통해 대리만족을 구했습니다. 아들이 과거에 급제하면, 어머니에게도 벼슬이 하사되었으니까요. 아들이 벼슬을 하게 되면, 가문의 영광이자 동시에 어머니의 영광이기도 했죠. 온 집안이 출세한 아들의 덕을 보았습니다. 자식의 성공은 곧 어머니의 성공이었고, 그것은 어머니가 가족 안에서 자신을 표현하는 한 방법이었어요. 이런 시대였기 때문에 어머니들은 아들 교육에 지극정성을 다하지 않을 수 없었겠죠. 맹자의 어머니처럼 맹모삼천지교도 마다하지 않을 정도로요.

근대 시대의 또 다른 엄마 이야기

그런데, 이렇게 집안의 희망이자 고귀한 존재인 아들 교육을 위해 뒷바라지는 누가 했을까요? 같은 남성인 아버지 혹은 할아버지일까요? 아니죠. 특히 가난한 양반 가문에서 과거 공부하는 아들의 뒷바라지는 주로 어머니의 몫이었어요. 양반 남성의 특권은 일하지 않는 것이었으니까요. 양반가 남성은 찢어지게 가난하여 '나물 먹고 물

마시며' 주린 배를 채우더라도 '팔을 베고 누워' 있을 뿐 일하지 않았죠. '오성과 한음'으로 잘 알려진 이항복의 어머니는 "과거 보러 간 사람은 오지 않고 해는 이미 저물었네. 집안 종들의 얼굴조차 쓸쓸하네. 해마다 과거 마당 반찬으로 싸 보내느라 새벽닭 우는 소리 들리지 않네."라고 하소연합니다. 과거 뒷바라지를 하느라 해마다 닭을 잡다 보니 이제 새벽닭이 마당에서 우는 소리마저 듣지 못할 지경이라는 것입니다. 이처럼 가세가 기울어도 아들의 뒷바라지만큼은 열심이었던 것이 조선시대 양반계층의 엄마들 모습이었습니다.

그렇다면 조선시대와 비교하여 근대 시기에 접어들었을 때의 모성은 어떤 모습일까요? 딸과 그 딸의 엄마와 그 엄마의 시어머니가 만드는 여성 3대의 이야기가 담긴 박완서의 자전적인 소설 《엄마의 말뚝》에는 전통적인 사회에서와는 '다르면서도 같은' 어머니의 모습이 드러나 있습니다. 전통적인 사회에서 어머니는 가문을 위해 아들에게 거의 모든 것을 바쳤다면, 이 소설에서 엄마는 아들을 공부시켜 가문을 일으켜야 한다고 본다는 점에서 전통적인 모성과 별반 다르지 않지요. 하지만 딸에게도 신식교육을 시켜야 한다고 생각한다는 점에서는 다른 모습을 보입니다.

《엄마의 말뚝》이 다루는 시대는 일제 식민지 근대에서부터 한국전쟁으로 이어지는 역사적 격동기입니다. 그런 역사적 상황은 주인공 엄마가 엄마 노릇을 하는 데 지대한 영향을 미치는데요, 더 자세히 들어가 볼까요.

2. 말뚝으로서 엄마: 가부장 시대의 가모장

며느리 말고 엄마가 될게, 내 아이들아

《엄마의 말뚝》에서 여자아이 '나'의 엄마는 대가족의 며느리 대신 엄마가 되기로 작정합니다. 시부모 섬기는 순종적인 며느리 노릇을 포기하고 내 아이들을 내 손으로 잘 키우는 엄마가 되고자 해요. 엄마는 자녀들을 공부시켜서 보란 듯이 성공시키고 싶습니다. 그런 점에서 가문의 질서에 순종적이었던 전통적인 엄마의 모습과는 다른 모습을 보이죠. '나'의 엄마는 '나'의 아이들을 '내'가 키우겠다는 자의식이 강한 엄마입니다. 엄마가 처음부터 그러지는 않았고요, 시대적 상황과 그로 인한 가족 내의 변화가 그 요인이 되었죠.

《엄마의 말뚝》은 일제의 식민지 강점기, 분단과 한국전쟁 등을 거치면서 혼란스럽고 어려웠던 그 시절을 살아야 했던 엄마의 모습이 화자인 딸의 눈을 통해 묘사됩니다. 일본의 강점기 동안 많은 조선 남자들은 태평양 전쟁에 학도병으로 강제 동원되었어요. 전쟁으로 끌려가지 않았던 남성들은 독립운동을 위해 만주로, 상해로 떠났습니다. 해방 직후 발발한 한국전쟁으로 인해 많은 남자들은 또다시 전쟁터로 떠났고요. 대부분의 남자들이 집을 비우고 전쟁터로 나가는 일이 반복되자 수많은 가정들은 아버지, 남편, 아들, 오빠와 같이 집안의 기둥이던 남자들을 잃습니다. 집안의 남자들이 바람처럼 떠돌자 그들의 빈자리를 채워야 하는 것은 여자들이었습니다. 남자가 없는 집안에서 가난한 집안 살림을 도맡고 자식들을 뒷바라지하는 일은 자연스럽게 엄마의 몫이 되었죠. 남성 중심의 가부장 사회에서 자리를 비운 남자들 대신 엄마가 가모장이 되어야 하는 시대였던 셈이지요.

이러한 집안의 형식적 변화와 함께 의식적 변화 또한 그 시대에 확산됩니다. 《엄마의 말뚝》에서 엄마 홀로 아이들을 데리고 살아야 했던 시절은 전통적인 사회질서가 허물어지고 서구의 새로운 문물이 쏟아져 들어왔던 시기를 거친 뒤였어요. 비록 일본의 강제에 의한 것이었지만 서구의 신문물이 조선에 유입되는 근대화와 더불어 들어온 것이 개화사상이었어요. 신분제 사회와는 달리 모든 인간은 평등하다는 만민평등사상이 널리 퍼지게 되었던 겁니다. 그와 더불어 조선 사회에서도 1894년 갑오개혁이 선포되었죠. 조선 사회의 병폐로 지적되었던 여러 제도와 관습에 대한 대대적인 개혁이 단행되었지요. 양반과 천민의 신분차별을 폐지하고 조혼을 금지하고 과부의 재혼을 허용합니다. 주인과 노예가 없는 세상이라면, 즉 모든 인간이 평등하다면 남녀 또한 평등하지 않을 수 없다는 여성해방사상도 바다 건너 조선으로 들어오게 됩니다. 남자는 태어날 때부터 존귀하고 여자는 태어날 때부터 비천한 존재라는 남존여비의 사상은 만민평등사상에 어긋나는 것으로 지목되었지요.

시아버지를 대신한 엄마의 새로운 힘

이런 의식 변화의 물결에 따라 지금까지는 없었던 교육의 기회가 여성에게도 열리게 되었습니다. 한편으론 새로운 문명과 과학적 지식이 전해지면서 전통적인 유학 논리에 따른 남성 중심의 질서와 규범도 그 권위를 잃게 되었고요. 그것은 '나'의 집에서도 구체적으로 드러납니다. 신문물에 관해 소문으로나마 알고 있었던 엄마가 한학을 공부한 학식 높은 시아버지나 무당을 믿는 시어머니보다는 집안에서 새로운 힘을 갖게 되었던 것이죠. 어떻게 그게 가능했느냐고요?

이 소설에서 어느 날 아버지는 배가 아프다고 방 안에서 데굴데굴 굴렀습니다. 맹장염인지 복막염인지 모르겠지만, 할머니는 무당을 찾아가서 굿을 하기도 하고 아버지에게 한약을 달여 먹이기도 했어요. 하지만 굿이나 한약으로 다스릴 병이 아니었다는 것이 엄마의 생각이었죠. 그 당시 대도시였던 송도 출신 엄마는 양의학에 관해 소문으로 들어 알고 있었는데요, 그래서 엄마는 남편의 병이 외과적인 수술로 간단히 고칠 수 있는 것이라 생각했죠. 엄마는 남편의 병을 양의사에게 보여서 '째고 도려내고 꿰맬 수' 있었더라면 남편이 그처럼 어이없이 죽지는 않았을 것이라고 애통해했습니다. 엄마는 남편의 죽음을 전통적인 한의학이나 미신의 탓으로 돌린 것이지요.

구질서를 상징하는 할아버지의 세계는 고고한 선비정신이 살아 있고 잔치 때면 온 동네 사람들이 전부 모일 수 있는 너른 마당이 있는 양반가의 세계입니다. 또한 그곳은 뒷마당에 토종 국화가 심긴 낙원과도 같은 곳이었죠. '나'의 할아버지는 한학이 높으신 분이었지만 '내'가 스케이트를 신나게 타는 모습을 보고서 '적물산 무당이 작두 타는' 해괴한 모습이자, 계집아이가 집안 망신시키는 모습이라고 꾸짖습니다. 그런 할아버지의 세계는 심지어 어린 '나'에게마저도 '우물 안 개구리'의 세계처럼 우습고 낡은, 그래서 불쌍한 것으로 비칩니다. 게다가 아들이 죽고 난 뒤 풍까지 맞아서 문밖출입을 하지 않는 할아버지의 세계는 이제 현실적인 힘마저 잃습니다.

아버지의 죽음을 계기로 엄마는 구질서에서 벗어나는 새로운 힘을 얻습니다. 그런데 그 힘은 누군가가 그저 가져다준 것이 아니라 현실적 필요에 의해 엄마 스스로 얻어낸 것이기도 합니다. 자기가 나서지 않으면 자식들마저 건사하기 힘들다는 걸 체감했기 때문에 일어난 자각인 셈이죠. 집안 어른인 할아버지마저 기운을 잃게 되자 엄마는 가모장으로 변합니다. 더구나 이제 엄마는 시집이라는 울타리조차 과감히 벗어나려고 하죠. 시아버지의 그늘에 있었다면 엄마의 삶은 며느리로서 보호받을 수 있을지 모르지요. 하지만 엄마는 아버지의 삼년상을 치르기도 전에 아들을 데리고 과감하게 시댁이 있는 박적골을 떠납니다.

바늘 하나에 자식들을 매달고…

젊은 나이에 남편을 잃고 홀로된 엄마가 보여 주는 모습은 당당하고 주체적입니다. 맏며느리로서 시부모 공양하고 제사 모시는 신성한 의무를 포기하는 대신 엄마는 아무런 재산상의 권리도 주장하지 않습니다. 숟가락 하나도 시집 것은 건드리지 않고 오로지 엄마의 재간인 바느질 솜씨 하나만 믿고 시댁을 떠나죠. 며느리 노릇을 포기하는 대신 엄마는 엄마 노릇을 선택한 겁니다.

조선시대 자식을 아무리 잘 키워 벼슬자리에 앉히는 게 훌륭한 어머니의 덕목이라 할지라도 그보다 더 우선인 여자의 덕목은 좋은 아내, 순종적인 며느리의 역할이었어요. 자식을 교육시키겠다고 시부모 집을 떠난다는 것은 유교 덕목에 완전히 위배되는 것이었죠. 그런 점에서 엄마의 결단은 대단히 시대를 앞선 선택이었던 겁니다. 그러므로 엄마는 더더욱 시부모 집안의 경제적 도움을 전혀 받지 않고 독자적으로 그 길을 가려 했지요. 경제적인 지원으로 시댁과 이어지게 된다면, 엄마의 선택은 이후 경제적 지원을 하는 지원자의 권력에 따라 얼마든지 되돌려질 수 있기 때문이죠. 엄마의 선택은 그만큼 확고하고 결연한 것이었어요. 그 시절 자신의 바느질 솜씨 하나 믿고 여자 혼자 아무 연고도 없는 서울로 아이들을 데리고 간다는 것은 대단한 결단이었던 것이죠.

서울에 도착, 엄마는 바느질로 생계를 이어 갑니다. 엄마의 바늘은 가족을 보살피고 먹여 살리는 유일한 생계수단입니다. 엄마는 '낯설고 바늘 끝 하나 박을' 틈도 없는 서울에 아등바등 뿌리를 내리려고 억척스럽게 노력하지요. 지게꾼과 한 푼을 가지고 다투고, 식량이 바닥난 전시상황에서는 목숨을 걸고 식량을 구하러 나서죠. 엄마가 이처럼 억척을 떨지 않으면 자식들을 먹여 살리고 교육시킬 방법이 없기 때문이었죠.

아까 소설 속의 엄마는 전통적인 사회에서와는 '다르면서도 같은' 어머니 상을 보인다고 말했죠? 무엇이 같고, 무엇이 다를까요? 먼저 상당히 근대적인 생각을 가진 '나'의 엄마지만 아들 교육 문제에 있어서는 전통적인 어머니들과 다를 바 없습니다. 엄마는 삯바느질로 아들을 뒷바라지해요. 아버지가 없는 집안에서는 아들이 성공해야 집안을 일으켜 세울 수 있지요. 엄마의 생각이 아무리 진보적이었다고 할지라도 아직은 그런 시대였고 엄마는 그런 시대에 사는 평범한 사람입니다. 그러니 엄마는 그때의 사람들이 대부분 그렇듯, 아들에게 모든 기대를 겁니다. 공부 잘하고 의젓한 아들은 엄마의 자랑거리였죠. 엄마는 조선시대의 엄마들처럼 아들을 통해 입신양명을 꿈꾼 것이지요.

하지만 엄마는 분명하게 달랐습니다. 조선시대 엄마들은 딸들의 교육을 희생시켰지만, '나'의 엄마는 아들과 다를 바 없이 딸에게도 근대적인 교육을 시켜야 한다고 생각하지요. 계집아이인 '나' 또한 시골구석에 남겨 두지 않고 교육을 시키기로 작정하죠. 계집애는 운문(한글)만 깨치면 그만이라는 시대에 엄마는 할아버지와 할머니의 뜻을 어기면서 딸을 서울로 데리고 갑니다. 딸에게도 소신을 갖고 근대적인 교육을 시킨다는 점에서 '나'의 엄마는 전통적인 엄마와는 다른 근대적인 모습을 보입니다.

난 이렇게 살아도 넌 모던걸이 되어야 해

왜 엄마는 그 힘든 상황에도 불구하고 딸을 공부시키려 했을까요? 이전 관습에 따라 아들 교육에 성공해서 집안을 일으키는 것으로 끝날 수도 있는데요. 엄마가 시부모의 뜻을 거스르고 '나'를 서울로 데려가려 하자, 구시대를 상징하는 시어머니가 "핵교를? 기집애를 핵교를?"이라고 거듭 물어요. 그러자 엄마는 "네, 기집애도 가르쳐야겠어요."라고 단호하게 답하죠.

이렇게 답할 수 있는 사회적 요인이라 한다면 무엇보다 여성에게도 교육의 기회가 열렸기 때문이었습니다. 여성도 공부를 하면 남자 못지않게 뭐든 할 수 있다는 남녀평등 사상이 바다 건너 조선으로 들어왔고 그것이 현실적으로도 가능했고요. 하지만 아무리 시대가 바뀌고 사회적 의식이 변화되고 제도가 그에 발맞춘다 하더라도, 개개인의 의식과 행동이 달라지지 않는다면 그 변화란 전혀 쓸모없는 것일 수도 있지요. 그래서 중요한 것은 엄마의 의식과 바람과 결단이었던 것이죠.

엄마가 아들에게 거는 기대는 아들이 성공해서 아들 혼자 잘 먹고 잘사는 것으로 끝나지 않습니다. 이전 세대 혹은 그 시대 사람들이 아들에게 흔히 바라는 것처럼 아들이 집안의 기둥이 되는 것입니다. 즉 아들의 성공은 아들 혼자만의 성공이 아니라 집안의 성공이고 엄마 자신의 성공으로 여겼다는 점에서 엄마는 전통 시대의 태도를 그대로 보이고 있습니다.

하지만 딸에 대한 기대는 그와 다릅니다. 딸이 공부를 해서 신여성이 되길 바라는 마음속에는 내가 못한 것을 딸이 대신 하고, 내가 상황이 안 되어 해 보지 못한 것을 딸은 해 보길 바라고, 내가 받은 여자로서의 설움을 딸은 갖지 않기를 바라는 마음이 자리하고 있습니다. 그것은 자기 소망의 대리충족이기도 하고, 딸과 아들을 동등하게 바라보는 근대적인 시선이기도 합니다. 시집보내면 끝인 딸이 아니라, 시집가서 나와 똑같이 힘들게 여자로 사는 게 아니라, 나와는 달리 내 딸은 당당하게 목소리 내며 한평생 살기를 바라는 사랑의 다른 표현이기도 합니다.

그래서 엄마는 댕기를 들어 치렁치렁 땋은 '나'의 머릿단을 단숨에 잘라서 단발로 만드는 결단을 내립니다. 그 시절 단발머리는 신여성의 상징이었으니 이것은 딸을 신여성으로 키우겠다는 의지의 표현이지요. 신여성, 즉 모던걸modern girl을 모단걸(毛斷 girl: 머리카락을 자른 여자)이라고 부르기까지 했던 시절이었으니까요.

딸 공부를 위한 맹모삼천지교

그렇게 엄마의 꿈은 딸이 공부를 많이 해서 신여성이 되는 것입니다. 엄마는 딸이 자신처럼 못 배운 여성이 되길 원치 않지요. 엄마는 자신도 신여성이 되어 핸드백 팔에 끼고 뾰족구두 신고 보란 듯이 거리를 활보하고 싶었을 것입니다. 엄마는 그런 꿈을 딸에게 투사하죠. 엄마에게 신여성이란 '공부를 많이 해서 이 세상의 이치에 대해 모르는 것이 없고 마음먹은 건 뭐든 마음대로 할 수 있는 여자'였어요. 엄마는 신교육을 받으면 남자든 여자든 상관없이 지식을 가질 수 있게 되고, 여성도 무지에서 벗어나 자유롭고 독립적인 삶을 살 수 있다는 생각을 갖고 있었습니다. 여성도 자기 삶을 주체적으로 살 수 있다고 여겼다는 점에서 엄마는 앞을 내다보는 눈이 있었다고 할 수 있겠죠. "계집애 공부시키는 건 아들 공부시키는 것하고 달라서 순전히 저 한 몸 좋으라고 시키는 거지, …너 공부 많이 해서 신여성 되면 네 신세가 피는 거야."

사랑하는 딸의 교육을 위해서라면 엄마는 '맹모삼천지교'도 마다하지 않습니다. 엄마의 가족이 서울 생활에서 처음으로 정착한 현저동은 서대문 형무소와 그다지 멀지 않은 곳이었어요. 그래서 '나'는 동네 아이들과 어울려 감옥소 마당에서 죄수들 흉내를 내면서 놀거나 미끄럼을 타면서 놀았습니다. 그 사실을 알게 된 엄마는 이런 동네에서 딸아이를 공부시킬 수는 없다고 생각한 끝에 교육환경이 좋은 성문 안 학교에 보내기로 결심합니다.

1930년에도 학구제가 있었어요. 요즘의 학군제라고 할 수 있는 학구제는 타동네 학교로 마음대로 지원하는 것을 금지한 제도죠. 말하자면 그 시절에도 강북학군의 아이가 강남학군에 맘대로 지원할 수 없었던 것이죠. 엄마는 친척 댁을 수소문해서 주소지를 옮기고 딸을 사대문 안쪽에 있는 매동 학교에 입학시켰습니다. '나'의 가족이 처음으로 서울 생활을 했던 현저동은 사대문 바깥이었어요. 그 당시 사대

문 바깥과 사대문 안은 학군이 달랐습니다. 한국인들의 교육열을 반영하듯, 1930년대에도 위장전입은 있었습니다. 엄마는 일찌감치 그런 위장전입을 실행했던 인물이었죠. 딸의 교육을 위해서라면 사소한 불법쯤은 얼마든지 저지를 수 있는 엄마였습니다. 딸을 사대문 안 학교에 보내기 위해 엄마는 딸에게 실제로 사는 주소지와 위장전입한 주소지를 따로 외우게 했어요. 엄마는 딸이 가난한 달동네 아이들과 상스러운 행동(분필로 성기 그리기, 의사 놀이 등)을 하면서 함께 어울리지 못하도록 학교를 핑계로 그들과 떼어 놓죠. 딸 교육을 위한 엄마의 자세는 이렇듯 적극적이었습니다.

억척스러운 가모장이 말뚝을 박는 이유

엄마의 소원은 이처럼 아들 딸 구별하지 않고 자녀 교육을 통해 서울에서도 사대문 안에 말뚝을 박는 것이었습니다. 엄마는 자녀의 성공을 통해 시댁과 주변의 모든 사람들에게 '여봐란 듯이' 보여 주고 싶었습니다. "여기는 서울에서도 사대문 밖이란다. 서울이랄 것도 없지 뭐. 느이 오래비 성공할 때까지만 여기서 고생하면 우리도 여봐란 듯이 문 안에 들어가 살 수 있을 거야." 그리고 현저동 상상(上上) 꼭대기 문간방에 세 들어 살면서도 엄마가 당당할 수 있었던 배경에는 자녀들을 성공시킬 수 있다는 확고한 믿음이 있었기 때문이었어요.

결국 그런 엄마의 소원은 이뤄집니다. '나'의 오빠는 공부를 잘해서 번듯한 직장에 다니게 되고 효성도 지극하죠. '나'의 가족은 꼬불꼬불한 곱창길 같은 현저동 상상 꼭대기의 셋방에서 벗어나 사대문 안으로 마침내 입성하게 되고, 가난에서도 벗어나게 됩니다.

가부장의 시대에 가모장 가족은 엄마가 억척스럽지 않으면 살아남을 수 없었어요. 엄마가 여성으로서 자아실현을 하고 싶어 했다고 할지라도 그런 꿈을 접어 두고 자식을 위해 살지 않으면 안 되는 상황이었습니다. 뒤에는 한국전쟁과 피난이라는 어려운 상황으로 인해 엄마가 더욱 억척스럽게 굴지 않으면 자녀들과 함께 살아남기도 힘들었습니다. 엄마를 중심으로 악착스럽게 산 결과 가모장 가족은 가난에서 벗어나 '번듯한' 생활을 하기에 이르죠.

전쟁을 경험했고 헐벗고 가난했던 그 시절 자식들이 살아남을 수 있었던 것은 이처럼 엄마라는 말뚝이 있었기 때문입니다. 그 시절의 억척스러운 모성상은 살아남기 위한 처절한 몸부림이라고 볼 수 있어요. 전쟁을 경험하면서 격동의 시기를 보냈던 시절, 희생하고 헌신하는 가모장들이 없었더라면 자식 세대들은 어떻게 되었을까요? 전쟁고아가 되고 입양아가 되어 세계를 떠돌았을지도 모를 일입니다.

3. 사회적 모성: 보편적 돌봄

헌신적인 모성을 칭송하는 이유는?

오늘날 엄마의 역할은 과거와 많이 달라진 것처럼 보입니다. 전시 상황도 아니고 대가족이 모여 사는 시대도 아니죠. 아들, 딸 구별말고 하나만 나아 잘 기르자는 시대로까지 이르렀어요. 아들이건 딸이건 차별받지 않고 교육받을 수 있고, 여자라고 해서 진출하지 못하는 영역은 거의 없게 되었죠. 조선시대처럼 엄마가 자식의 성공을 자신의 성공으로 간주하는 시대도 아닙니다. 여성에게 반드시 결혼하여 엄마가 되어야 한다고 강조하는 시대도 아니고요. 여성 스스로 사회적으로 자아실현을 할 수 있는 마당에 여성이 구태여 모성을 통해 대리만족해야 할 이유는 없습니다.

그런데 이렇게 시대가 달라졌지만 우리 사회는 지금도 끊임없이 헌신적인 모성을 이상화하고 칭송합니다. 왜 그토록 모성을 신성시하고 미화하는 걸까요? 사회가 과도하게 이상화시킨다고 생각해 본 적이 있나요? 이에 대해서는 다시 한 번 되돌아볼 필요가 있습니다. 청소년인 여러분도 머지않아 성인이 되고 가정을 이루어 남편과 아내가 될 거예요. 아직 먼 남의 얘기처럼 들릴지 모르지만, 기껏해야 10년이면 그게 현실이 되어 있을 거예요. 그 10년 동안 사회는 지금과 달라져 있을까요? 그때 여러분의 현실이 될 사회의 관습과 제도가 과연 여러분이 모성 혹은 부성과 사회적 자아실현을 동시에 이룰 수 있도록 도와줄 것으로 믿나요? 저는 개인적으로 그에 대해 부정적입니다. 지금부터 여러분 스스로가 그 문제를 진지하게 고민하고 그 해결책을 찾으려 하지 않는다면 아마도 여러분은 지금과 똑같은 상황을 만나게 될 것입니다.

'연약한' 여자와 '강한' 모성, 그 간극의 위태로움

사회가 불안하고 불안정할수록 희생적인 모성이 강조됩니다. 사회라는 안전장치와 보호망이 없으면, 물론 희생적인 아버지도 강조되게 마련이지만 사람들은 오로지 엄마에게서 그 답을 찾으려 들 가능성이 더욱 높지요. 배고픈 아이들이 엄마의 젖가슴에 악착같이 매달리는 것처럼요. 그래서 모성의 과도한 이상화는 사회 전체가 엄마에게 의존하는 이상한 모양새를 띠게 되지요.

이것은 솔직하게 말하자면 사회가, 특히 사회의 지배층이나 남성이 책임져야 할 것을 여자들에게 떠넘기는 것이라고 할 수 있습니다. 그러니 모성 강조는 약자를 보살피는 헌신적인 모성이 여성의 자연스러운 모습이라는 일반화를 이끌어 내어 여성들이 그런 역할을 자연스럽게 떠맡도록 하는 교묘한 심리 장치의 하나입니다. 그리고 엄마의 헌신과 사랑만이 개인을 보호해 줄 수 있는 유일한 사회보장이자 보험이라고 한다면, 엄마는 또한 스스로 강한 모성을 갖지 않을 수 없습니다.

그런데 강력한 모성의 힘이란 것이 실은 사회가 약자라고 말하는 여성에게 기대는 것이니, 약자인 여자와 강한 모성 사이의 간극은 더욱 커질 수밖에 없습니다. 이렇게 두 간극이 벌어질수록 사회적 안전망은 더욱 불안한 것이며 가모장이라는 짐을 짊어진 여성의 삶은 더욱 강퍅하고 위태롭게 보입니다. 무엇보다 그처럼 강조된 모성은 엄마가 된 여성들에게 두려움과 불안을 느끼도록 만듭니다. 행여 엄마로서의 기준에 미달하지는 않을까, 아이의 모든 행동이 내 책임은 아닌가 부담감에 시달리죠.

그런데 아직까지 직장탁아와 같은 공동양육이 미흡한 것이 우리의 실정입니다. 그러니 고학력 직장여성들은 커리어와 양육을 병행하기 힘들어서 커리어를 포기하는 경우가 많습니다. 커리어가 단절된 엄마들은 이번에는 자기가 직접 돈을 벌지 못한다는 불안감과 남편에게 의존하고 있다는 열등감, 집 안에서 애 키우는 것 말고는 하는 일이 없다는 자괴감에 시달립니다.

이런 구도 속에서 자기가 포기한 커리어를 보상해 주는 것이 뭘까요? 사회적 성취에 버금가는 희열과 집중력을 선사하는 것은 바로 자녀의 성취입니다. 자신의 커리어를 희생시켜 선택한 자녀 양육이므로 자녀의 성취가 곧 엄마의 성취가 됩니다. 그리하여 남존여비의 조선시대도 아닌 양성평등이 가능하다고 보는 오늘날조차 엄마들은 자식의 성공을 자신의 성취로 간주하게 되는 자기모순에 빠지는 것이죠. 자식이 실패하는 경우 엄마들은 때로 그것을 자기 본인의 실패로 느껴 심한 두려움, 불안, 죄책감, 박탈감까지 느끼기도 합니다. 그래서 그런 불안과 두려움에서 벗어나려고 자식이 원하지 않는데도 불구하고 계속해서 자식들의 학업과 생활 일거수일투족에 간섭하고 관여하죠. 이것은 자식들을 하나의 인격체가 아닌, 엄마가 보호하고 양육해야 할 미성숙한 존재로 머물러 있도록 만듭니다. 그 결과 나이 든 자식마저 엄마라는 울타리를 찾게 만들어 엄친아를 재생산하는 악순환의 고리를 만듭니다.

더구나 심각한 경쟁사회를 경험했던 우리 엄마들은 내 아이의 성공을 위해 자신의 모든 것을 '올인' 합니다. 나아가 내 아이의 성취만이 소중한 것이니 내 아이는 이유 여하를 불문하고 다른 아이들을 제치고 경쟁에서 이겨야 한다는 것이 엄마들의 소망이 됩니다. 그저 잘해서도 안 되고 남들'보다' 훨씬 잘해야 경쟁에서 살아남을 수 있다고 보기 때문이죠. 한때(혹은 지금도) SKY를 보내는 데에는 네 박자, 곧 엄마의 정보력, 아빠의 무관심, 조부모의 재력, 중국 아주머니의 애정이 필요하다는 농담이 유행했습니다.

이렇듯이 오늘날 우리 사회가 여성에게 자아성취를 강조하면서도 자아성취와 자녀 양육 둘 다 병행할 수 있는 사회적 장치를 마련해 주지 않음으로써 여성들은 전통적인 시대보다도 더욱 여성과 모성 사이에서 분열되고 있습니다. 그런 자기 분열을 보상이라도 하려는 듯 엄마들은 '자녀의 성취가 곧 자신의 성공'으로 여기게 되고 자녀와 자신을 분리하지 못하는 모성의 오지에 갇혀 버리게 되죠. 그러니 엄마들은 자녀 교육의 성패에 전력투구하는 치맛바람의 주인공이 되거나 세계를 떠돌면서 기러기 엄마든 펭귄 엄마든 마다하지 않는 겁니다. 여기서 경쟁사회에서 모성은 자녀의 보호 기능도 하지만, 다른 한편 오로지 자기 가족, 자기 자식만 챙기는 이기적 양상으로 변질될 수도 있다는 사실을 확인하게 됩니다.

더구나 모든 책임을 엄마와 개별 가족에게만 맡긴다고 한다면, 엄마 없는 아이들은 어떻게 될까요? "넌 엄마도 없니?"라는 일상적인 질문은 엄마가 아이의 교육과 양육 모든 것을 책임지고 있는데, 그런 엄마조차 없다면 이미 정상적인 학생의 자격을 상실했다는 의미입니다. 우리 모두는 언젠가는 엄마에게서 벗어나고 마침내는 엄마를 떠나보내야 합니다. 우리 모두는 한 개인으로서 독립해야 합니다. 그런 의미에서 혼자가 된 엄마들도 자식을 넘어 스스로를 돌보고 보살필 수 있을 뿐만 아니라 혈연가족을 넘어서 다른 사회 구성원들과도 함께 나누는 모성의 확대가 절대적으로 필요합니다.

사회적 모성을 가능하게 하려면

확대된 범위의 모성, 그것을 사회적 모성이라고 합니다. 혈연가족을 넘어서 사회적 영역으로 확장된 보편적 보살핌이 바로 사회적 모성입니다. 그리고 우리 시대에 절실히 필요한 것은 바로 사회적 모성입니다. 그것은 자기 자녀의 양육을 넘어서 공동체의 미래세대에 대한 보살핌까지 병행할 수 있도록 해 주는 장치니까요.

그런데 사회적 모성을 가능하게 하려면 더는 사회가 가족 단위에서 내 아이만을 돌보게 하거나 엄마에게 그 짐을 떠넘겨서는 안 됩니다. 사회 구성원 모두가 나서서 미래세대의 양육과 교육을 공동으로 보살피게 만들 때 사회적 모성은 가능합니다. 사실 그것은 첫째 사회 구성원 모두의 절실한 바람과 피땀 어린 노력, 둘째 보살핌 노동에 대한 성숙된 의식, 셋째 그것을 제도화시키려는 노력과 힘이 모두 어우러질 때 가능합니다. 그러면 이제부터 사회적 모성이 실현될 수 있는 여건들 하나하나를 구체적으로 살펴보기로 하지요.

① 모든 아이가 내 아이처럼 소중하다

먼저 우리 사회의 구성원 모두가 자녀의 양육과 교육을 자신의 시급한 문제로 받아들이고 이것을 사회적 이슈로 제기하는 것이 중요합니다. 가령 내 아이의 미래를 걱정하지 않는 부모는 없지요. 그러나 곰곰이 생각해 본다면 내 아이의 미래가 걱정된다면 이웃의 그리고 우리 사회 전체의 미래세대 역시 걱정스러운 것이죠. 언제까지 우리 아이들이 기성세대와 같이 경쟁의 늪에서 벗어나지 못한 채 입시 지옥이나 입사 지옥, 승진 지옥에서 헤어나지 못하게 해야 하는가요?

그럼에도 대다수 가족의 엄마든 아빠든 '자기 눈앞의 불씨'만 바라보고 '집 전체를 태우려는 숨은 불씨'를 보지 않으려 합니다. 지금 당장 우리 아이가 일류 대학에 들어가면 그만이고 대기업에 취업하면 그만이라고 보지요. 이것은 물론 자녀 양육과 교육 문제가 온전하게 각 가정이나 엄마에게만 있다고 보는 사회적인 의식과도 연관된 것이죠. 그러니 먼저 우리 가족부터 '내 아이의 양육과 교육만 잘하면 그만'이라는 이기적인 사고를 벗어나도록 노력하는 것이 우선입니다. 내 아이가 행복하게 크려면 당연하게도 나만이 아니라 우리 사회 전체의 인식 전환과 실천이 필요한 것이죠.

언제나 그렇듯이 이제부터라도 늦지 않은 것입니다. 먼저 내 가정에서부터 인식의 전환을 하려고 노력하고 실천해야 합니다. 그러고 나서 이웃과 공동체 전체로 확산하려는 노력과 실천이 이어져야 하겠지요. 엄마의 무조건적인 모성을 예찬하는 사람들을 설득하고 이해시키면서 더불어 살아가도록 보살피는 사회적 모성이 왜 필요한 것인지를 알리는 것은 그래서 중요합니다. 필요는 발명의 어머니가 아니라 필요는 개선과 개혁의 어머니이지요. 내 소중한 아이를 생각한다면 사회적 모성의 적극적 실천에 공감하리라 생각합니다.

② 아이를 보살피는 것은 중요한 사회적 노동이다

두 번째로 사회적 모성은 곧 보살핌 노동에 대한 인식 전환에서 온다는 점은 아무리 강조해도 지나치지 않습니다. 사실 우리 사회는 생명을 보살피는 모성을 그토록 칭송하면서도 집 안에서 아이 키우는 일은 직장에서 돈을 버는 것에 비하면 열등한 것으로 간주합니다. 엄마가 잠시 한눈을 파는 사이에 아이가 다치게 되면 집안 어른이나 남편은 "놀면서 애 하나 제대로 못 보느냐."고 핀잔을 줍니다. 아이 양육은 노동이 아니라 노는 것으로 간주하는 거지요. 돈벌이 노동에 비해 보살핌 노동은 돈으로 환산되지 않는다는 점에서 열등한 것으로 취급하는 것이죠.

그러므로 사회적 모성을 실현하려면 보살핌 노동을 사회적 노동의 중요한 부분으로 그리고 사회 구성원 모두가 인정하는 사회적 보편인식으로 바꿔 내는 것이 절대적으로 필요합니다. 실제로 모성이 수행하는 보살핌 노동을 사회 전체가 분담하고 책임질 만큼 소중한 것으로 받아들여야 제도화라는 다음 단계로 나아갈 수 있습니다. 이런 인식의 전환을 위해서 우리는 모성이 자연이자 본능이라고 보는 시각에 의문을 제기하는 것이 필요합니다. 이제 가사 노동만이 아니라 보살핌 노동 역시 남녀가, 나아가 사회 전체가 공동으로 책임져야 한다는 뜻이지요.

현재 우리 사회는 남성에게도 육아 휴직을 허용할 정도로 점차 인식의 발전이 이루어지고는 있습니다. 하지만 아직도 육아는 엄마의 고유한 영역처럼 여기거나 자녀 교육에 대한 엄마의 입김이 강한 것도 사실입니다. 그러니 모성의 신성함을 강조해 육아를 엄마의 고유 영역으로 묶어 두려는 얄팍한 이념적인 술수를 경계해야 하지요. 이제 새로운 여성 운동은 모성을 본능이라고 보는 기존의 시각을 바꾸어 기존의 남녀질서만이 아니라 지배 구조를 고착하려는 틀까지도 깨는 단계로 나아가야 합니다. 그렇게 돼야 직장이 있는 남성의 노동보다 여성의 보살핌 노동이(혹은 그 반대가) 실은 우리 사회의 인간적인 가치를 높이며 더불어 사는 공동체 정신을 고양한다는 인식의 전환이 제대로 이루어지겠지요. 결국 보편적 보살핌 노동으로서의 사회적 모성이 바로 우리 사회의 무한경쟁과 이기적 욕망의 구조를 깨는 중요한 출발점이 된다는 것이지요.

또한 사회적 모성으로서의 보살핌은 이윤을 남기는 것이 아니라 생명을 보살피는 것을 가장 주요한 가치로 여기는 것입니다. 그러므로 사회적 모성은 생명을 가진 모든 존재를 존중하는 생각으로 확장됩니다. 그것은 인간뿐만 아니라 동물 종을 포함하여 지구상에서 함께 살아갈 모든 존재들을 더불어 보살피고 돌보는 생명 윤리이자 지구적 정의로 나아갑니다.

③ 사회적 모성을 제도적으로 정착하다

마지막으로 이런 사회적 모성에 대한 인식 전환이 확산되면 이어서 법적·제도적 형태로도 발전시켜야 합니다. 사실 사회적 모성이라는 보살핌 노동은 가족 안에서 내 아이만 챙기는 좁은 울타리를 뛰어넘어 공동체적인 전망을 가져야 진정한 의미를 갖게 됩니다. 이제 사회적 모성은 그것을 사회적·법적으로 제도화시킴으로써 개인의 차원을 넘어서 이웃과 공동체의 미래를 담보하는 기초로 작용합니다. 오늘날과 같은 무한경쟁과 이기심으로 생겨난 생명과 인간 경시 풍조는 안전지대가 없는 사회의 사막화를 강화시킵니다. 하지만 보편화되고 제도화된 사회적 모성은 경쟁으로 인해 황폐해진 사회에 오아시스 역할을 할 수 있게 될 것입니다.

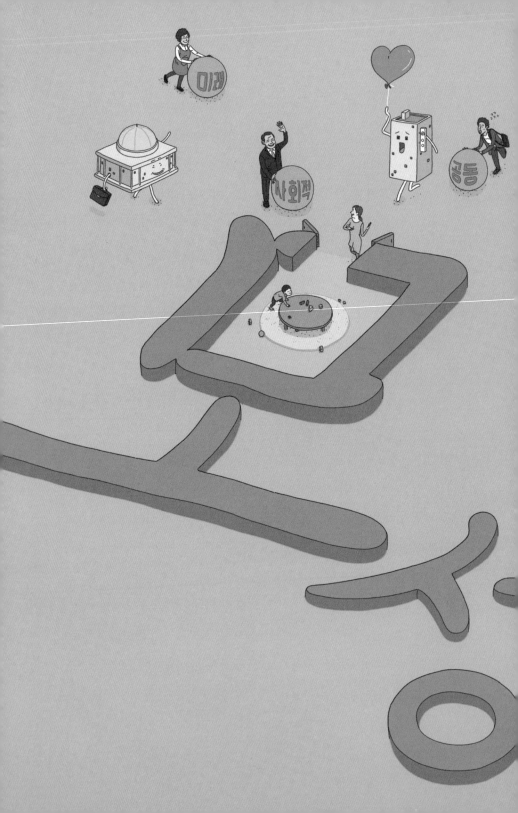

사회적 모성은 불안한 삶을 보호하는 안전 그물망

그런 의미에서 사회적 모성은 공중 곡예사들의 그물망에 비유할 수 있습니다. 사실 경쟁사회에서 각 개인의 삶은 공중 곡예와 같이 아슬아슬하고 때로는 추락할 때도 있습니다. 하지만 사회적 모성이라는 그물망이 이런 개인들의 위험한 곡예를 보호한다면 우리는 안심하고 곡예를 하며 다시 튀어 올라 도약할 수도 있습니다. 이것이 보편적 보살핌으로서의 사회적 모성이 추구하는 진정한 목표입니다. 성별과 나이를 떠나 보편적 보살핌의 원리로서 사회적 모성을 상상하고 실현하는 것, 그것이야말로 미래세대에게 경쟁사회의 불투명한 앞날 대신 공존의 희망을 일구게 하는 안전그물망이 될 것입니다.

엄마의 말뚝

박완서

　결혼을 하고 엄마가 되면 여자는 자기 이름을 잊고 살아갑니다. 학교에 가면 자녀의 이름으로 불립니다. 누구누구의 어머니가 됩니다. 《엄마의 말뚝》(1980)에서 늙은 어머니는 자기 딸을 손자의 이름으로 부릅니다. "민석 에미야," 하는 식이지요. 가족 안에서 엄마는 엄마로서의 역할만 있지 엄마가 동시에 여자라는 사실은 잊힙니다. 엄마의 이름인 고유명사는 잊히지만, 보통명사로서 '엄마'는 그 말만 들어도 우리에게 가슴 찡한 존재가 됩니다.

　《엄마의 말뚝》의 시대적 배경이 되는 한국전쟁 통에 엄마의 역할은 절대적입니다. 그런 상황에서 엄마의 사랑은 아이의 생존과 직결됩니다. 엄마는 아이들에게는 말뚝이자 집안에서는 가모장 역할을 해야 합니다. 서정주의 시구처럼 애비는 팔 할이 바람이어서, 십중팔구 가족을 떠나 전장으로, 정계로, 직장으로 떠돌았고, 가족을 돌보는 것은 주로 엄마의 몫이기 때문입니다.

《엄마의 말뚝》작가인 박완서는 엄마가 되고도 한참이 지난 40세에 《여성동아》현상공모작인《나목裸木》으로 등단했습니다. 공모전에 당선되었을 때 박완서는 벌써 다섯 명의 아이를 둔 전업가정주부였습니다. 《나목》은 전쟁 중 오빠는 죽고 오갈 데 없는 어머니와 어린 조카, 올케의 생계를 위해 그녀가 미군부대 초상화부에서 근무할 때 만난 화가 박수근에 대한 내용입니다.

6.25 한국전쟁의 상황이 개인들에게 어떤 영향을 미쳤던가를 탁월하게 보여 주었던 이들 작품을 두고 박완서는 이렇게 말한 적이 있습니다. "6.25가 없었어도 내가 글을 썼을까 하는 생각을 하곤 한다. 6.25가 안 났으면 선생님이 됐을 수도 있었을 것"이라고 했고, "힘든 시기를 겪고 남다른 경험을 하면서 이걸 잊지 말고 기억해야겠다, 언젠가는 이걸 쓰리라."는 생각을 했다고 합니다. 역사 교과서에 나오는 딱딱한 사실들이 아니라 그 시절을 살아 내야 했던 사람들, 엄마들의 생생한 이야기를 기억하도록 해 준 것이 이 작품입니다.

《엄마의 말뚝》에서는 전쟁 통에 자식을 잃고 그 사실을 평생 가슴에 묻고 지내다가 아흔을 바라보는 나이에도 죽은 아들을 차마 떠나보내지 못해서 생의 마지막에 이르러 적나라한 광기를 고스란히 보이는 엄마의 모습이 그려집니다. 그런 엄마의 모습은 작가 박완서 자신의 모습이기도 합니다. 하나뿐인 아들을 잃고 그런 상실을 견딜 수 없어 하는 작가의 모습이 그녀의 작품에 담긴 것이죠.《엄마의 말뚝》의 화자인 '나'의 어머니는 아들을 잃었고, 마찬가지로 작가 박완서 또한 아들을 잃었습니다. 이렇듯 엄마로서 자식을 지켜 내지 못하도록 만드는 역사에 대한 회한과 분노, 그리고 어쩔 수 없이 아들의 죽음을 받아들이지 않을 수 없는 이야기들이 박완서의 수필, 소설에는 가득 차 있습니다.

작가로서 박완서는 삶의 일상적 경험을 일상의 언어로 묘사함으로써 소설 읽는 재미를 덧붙이고자 했습니다. 그녀는 엄마 이야기뿐만 아니라 중산층의 삶이 보여 주는 위선과 속물근성과 욕망을 신랄한 언어로 파헤칩니다. 박완서 작가는 나이가 들어가면서 상실(아들, 남편, 어머니)을 경험하는 것 자체가 인생이라는 사실을 관조하면서 받아들이고자 합니다. 하지만 모든 욕망을 내려놓으면서도 자신이 평생 매달린 문학마저 대중의 관심에서 점점 멀어지는 것에 못내 아쉬움을 전한 적이 있습니다. 그녀는《그 많던 싱아는 누가 다 먹었을까》에 실린 작가의 말에서

"소설이 점점 단명해지다 못해 일회적인 소모품처럼 대접받는 시대건만 소설 쓰기는 손톱만치도 쉬워지지 않는구나. 억울하면 안 쓰면 그만이지만 그래도 억울하다."고 토로합니다.

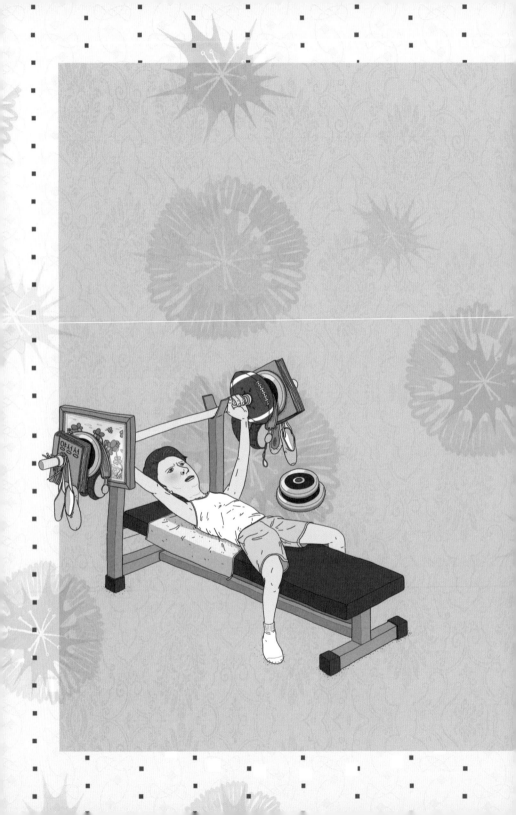

여자 대 남자 말고
사람과 사람

3부

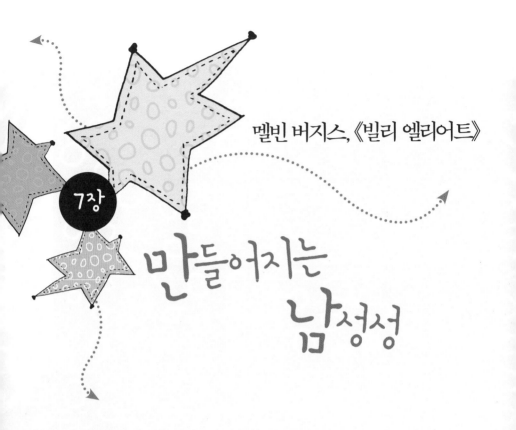

멜빈 버지스, 《빌리 엘리어트》

7장

만들어지는
남성성

왜 남성은 불평해서는 안 되고 남성은 울어서는 안 되는가?
왜냐하면 그것은 남성답지 못하기 때문이다.
왜 그것은 남성답지 못한가?

– 스트린드베리

진짜 남자, 진짜 여자라는 공식

이런 기사가 있습니다. "여자들은 남자들보다 낯선 사람들에게 자주 길을 물어본다. 여자들은 왜 길을 물어볼까? 그 이유는 여자들과 남자들은 다른 방식으로 생각하기 때문이다." 어떻게 달리 생각한다는 것일까요? 남자들에게 정보가 많다는 것은 우월하다는 뜻입니다. 누구에게 길을 묻는다는 것은 자신을 약자이자 열등한 위치에 세우는 것이라고 생각하기 때문에 가능한 남들에게 길을 묻지 않는 게 남자들이라고 합니다. 반면 낯선 사람과도 관계 형성이 쉬운 여자들은 그렇게 생각하지 않는다는 것이지요. 우리는 또한 이런 말도 자주 듣습니다. 남자는 '해결'을 원하고 여자는 '위로'를 원한다, 남자는 '정의'를 원하고 여자는 '공감'을 원한다. 이런 말도 있습니다. 남자는 '권력'을 원하고 여자는 '사랑'을 원한다. 마치 남자는 이렇고 여자는 저렇다는 엄격한 공식이 있는 것처럼 보입니다.

〈진짜 사나이〉라는 TV 프로그램이 있습니다. 단지 사나이가 아니라 '진짜' 사나이가 되려면 어떻게 해야 하는가를 보여 주는 프로그램이지요. 사나이로 태어난다고 해서 전부 사나이가 아니라고 한다면, '진짜' 사나이가 될 수 있도록 끊임없이 노력해야 한다는 말이 될 것입니다. 어떤 것이 진짜 사내다운 사내의 모습일까요? 뛰어놀다 넘어진 아이가 심하게 긁힌 상처를 보고 기겁하여 웁니다. 그러면 "사내 녀석이 계집애처럼 울긴."이라고 하면서 아빠는 아들을 달래고 타이릅니다. 이처럼 남자는 울고 싶어도 눈물의 쓰임새는 여자의 것이니 울지 말아야 하고, 약하더라도 강하게 굴어야 합니다. 남자=강자라고 한다면 강자는 울지 말아야 한다는 것이 남자다움의 공식처럼 보입니다.

고대 그리스 시절에도 눈물과 슬픔은 여자의 것이니 남자는 슬퍼하면서 눈물 흘리지 말라고 했습니다. 그리스 시대 도시국가들 사이에는 전쟁이 잦았습니다. 그러다 보니 남성의 역할은 주로 수호자, 전사의 역할이었죠. 전쟁이 잦았던 시절 국가를 수호해야 하는 전사로서의 남성은 비겁하게 살아남는 것보다는 용감하게 죽는 것을 명예로 여겼습니다. 신라 시대 화랑5계에서 임전무퇴(전쟁에 임해서는 물러나지 말아야 한다)가 있었던 것처럼요. 전쟁터에서 겁에 질려 울면서 달아나는 남자는 자신을 치욕스럽게 여겨야 했습니다.

아테네 여자들은 집 안에서 울 수는 있지만 여자의 곡소리가 담장 너머로 나가서는 안 됩니다. 죽은 자들을 묻고 그들에 대한 기억을 가슴에 품고 사는 것이 여자들의 몫이었지요. 심지어 스파르타의 엄마들은 아들의 죽음 앞에서도 미소를 지을 정도였다지요. 나라를 위해 용맹하게 싸우다 죽은 전사자 앞에서 의연하게 행동하는 것이 '스파르타인들의 미소'입니다. 아테네 여자들은 장례행렬을 뒤따르면서 공개적으로 슬픔을 드러낼 수 없었지요. 자식 잃은 슬픔을 대놓고 드러내면 남자들의 사기를 떨어뜨리고 국가의 안보를 해치는 것으로 간주되었기 때문이죠. 국정은 차질 없이 돌아가야 하는데 사사로운 정에 얽매인 여자들의 통곡으로 국가의 일정이 마비되어서는 안 된다는 생각 때문이었죠.

만약 국가의 엄격한 금지가 겁 많은 남자를 용감하게 만들어 준다면, 허약했던 남자들이 화생방(화학, 생물학, 방사능을 아울러 이르는 말), 극기 훈련, 유격훈련과 같은 통과의례를 거치고 나서 늠름하고 의젓한 사나이로 다시 태어난다면, 남자답다는 것은 사회적 기대에 부응하여 만들어진다는 뜻은 아닐까요? 그렇다면 '진짜' 사나이 혹은 남자다운 남자가 사회적, 시대적 맥락에 따라 만들어진다고 볼 수는 없을까요? 이런 문제의식에서 출발해 우선 어린 시절 양육 과정을 통해 형성되는 남성성부터 한번 살펴볼까 합니다. 어린 시절에 형성되어 고착된 것들은 성인이 되고 난 뒤에도 장기 지속되기 때문입니다.

1. 남자의 탄생

아이의 성장에 관한 심리분석적 이론

우리는 '생물학적으로' 남자아이, 여자아이로 태어난다고 하더라도, 오랜 세월에 걸쳐 '사회적으로' 용인되는 남자다움, 여자다움을 학습하고 배웁니다. 한 아이가 자라서 사회적 인간으로 성장하는 데 엄마의 역할은 지대합니다. 많은 사회에서 아이를 돌보는 것은 엄마의 역할로 여깁니다. 어린 시절 아이는 자신을 보살펴 주는 사람을 사랑하고 그에게 사랑받기를 원하죠. 행여 엄마의 사랑을 잃고 버림받으면 어쩌나, 하는 심리적 불안이 아이들에게 있다고 합니다.

자기 손으로 먹을 수도 없고 똥오줌을 가릴 수도 없는 아이는 엄마에게 매달릴 수밖에 없겠지요. 아이는 배가 고파서 울고 축축하게 젖은 엉덩이가 불편해서 웁니다. 그런데도 엄마가 여느 때와 달리 제때 만족시켜 주지 않으면 아이의 마음속에는 이러다가 죽을지도 모르겠다는 불안과 분노가 피어오릅니다. 좋은 엄마가 날 이렇게 내버려두지는 않을 테니까, 이건 필히 나쁜 엄마의 짓일 거야, 라고 상상합니다. 배가 고파 죽을 지경일 때 젖가슴이 입으로 들어오면 아이는 나쁜 엄마를 공격합니다. 갓 나기 시작한 치아로 엄마의 젖가슴을 물어뜯고자 합니다. 아이의 머릿속에서 자기 마음대로 할 수 없는 존재에 대한 분노와 불안은 나쁜 엄마에게로, 자신의 욕구를 충족시켜 주는 젖가슴은 좋은 엄마에게로 투사됩니다.

남자아이든, 여자아이든 양성 모두에게 일차적인 애착의 대상은 엄마입니다. 무엇보다 엄마가 먹이고 입히는 등 양육을 도맡기 때문이죠. 엄마와 딸은 같은 여성이므로 여자아이가 엄마로부터 성별 역할을 학습하는 것에 그다지 문제가 없습니다. 반면, 남자아이는 자신을 엄마와 동일시하게 되면 성별 역할에 문제가 생기죠. 남자아이는 자신의 남성적 자아를 형성하기 위해 엄마와 분리되어야 합니다. 그 말은 자신이 처음으로 느낀 사랑의 대상이었던 엄마와 거리를 유지하면서 사랑의 대상을 아버지에게로 이동해야 한다는 뜻입니다. 남자아이는 아버지의 질서와 권위를 받아들여야 남자로서 자아를 형성하면서 남자다운 남자로 성장하게 된다고 보기 때문이죠. 그래서 남자아이는 엄마와 자신을 구분 짓고 자아의 경계선을 유지하려고 애씁니다.

자라면서 남자아이는 자신의 생명줄을 쥐고서 전권을 행사했던 엄마에게 의존하는 상태로 되돌아가고 싶어 하지 않습니다. 남자아이의 환상 속에서 엄마는, 그를 사랑하면서도 여차하면 자신을 먹어 삼킬 수도 있는 전능한 존재입니다. 엄마의 젖을 먹는 구강기 단계에서 아이는 엄마와 자신이 분리된 존재라는 사실을 제대로 구분하지 못합니다. 그래서 아이는 배가 고파 죽을 지경인데도 젖이 입안으로 들어오지 않으면 누군가가 자신을 죽이려 한다는 환상을 갖게 됩니다. 아이는 배가 고파 고통스러운 것이 아니라 누군가가 자신을 삼키려 들어서 고통스럽게 느낀다는 것이지요. 자신의 생명줄을 쥐고 있는 전능한 엄마에 대한 사랑과 공포심으로 인해 아이는 엄마와 애증의 관계가 됩니다. 이런 양면성 때문에 남자아이는 엄마의 세계와 공감하기보다 거리를 유지하면서 한 개인으로 성장하고 자아를 형성합니다. 반면 여아는 자신의 정체성을 위해서 사랑의 대상을 바꿀 필요가 없습니다. 여자아이는 엄마의 세계와 그다지 갈등 없이 연결되어 있으므로, 엄마와 공생관계에서 벗어날 필요가 없다는 것이지요. 그 대신 여자아이는 자아의 경계선이 불분명하다는 대가를 치르게 됩니다.

이처럼 엄마와의 관계에서 남아는 독립성, 여아는 친밀성에 기초하기 때문에 여성적 정체성은 타인과 분리되는 상황을 위협으로 느낀다면, 남성은 과도한 친밀성을 위협으로 느낍니다. 따라서 남자아이는 개별화, 자율성, 독립성을 유지하고 타인을 가능한 자기 의지에 굴복시켜야 한다고 느끼는 데 반해, 여자아이는 관계를 유지하려고 노력한다고 합니다.

엄마와의 거리 유지에서 비롯된 남성의 정복 욕구

남자아이와 여자아이의 성장에 관한 이러한 심리분석적 이론에 관해서는 여러 가지 비판이 있습니다. 이런 이론은 기존의 상식에 꿰맞춰서 남자답다, 여자답다를 재해석한 것처럼 보인다는 것이지요. 그러다 보니 남성성, 여성성의 이분법적인 구도를 깨기보다 오히려 과학적 설명으로 강화시켜 주는 것처럼 보이기도 합니다. 하지만 이 이론에서 귀 기울여 보아야 할 것은 엄마에게 전적으로 양육을 맡겼을 때 아이는 엄마와 애증의 관계를 맺기 쉽다는 것입니다. 절대적으로 엄마에게 의존할 수밖에 없는 아이는 엄마를 사랑하면서도 동시에 자신의 무력함에서 비롯된 분노를 엄마 탓으로 돌릴 수도 있다는 것이지요. 그로 인해 엄마의 사랑은 넘쳐도 안 되고 모자라도 안 된다, 이래도 엄마 탓 저래도 엄마 탓으로 모든 비난과 책임이 엄마에게로 향하게 된다는 것이죠.

이런 문제들을 접어두고 본다면, 남성은 세계와 거리를 유지하고 세계를 정복의 대상이자 경계의 대상으로 파악한다는 것입니다. 그래야만 남성으로서 자신의 우월성을 확보할 수 있을 것으로 보기 때문이죠. 어린 시절 양육 과정에서 형성된 공격적인 남성성이 사회적인 형태로 나타난다면, 그것이 남성성=정복자의 이미지일 수 있습니다.

2. 정복자로서 남성성

정복자의 후예들

여러분이 어린 시절에 읽었을 〈잭과 콩나무〉라는 동화가 있습니다. 잭은 엄마와 함께 살고 있습니다. 병든 엄마는 늙어서 젖도 잘 나오지 않는 젖소를 팔아 약을 사 오도록 잭에게 시킵니다. 시장으로 가던 도중 잭은 한 노인을 만납니다. 노인은 하늘에 닿을 만큼 엄청나게 크게 자라는 콩나무 씨앗 다섯 알을 보여 주며, 그걸 젖소와 바꾸자고 흥정합니다. 어린 잭은 호기심에 그렇게 하지요. 약을 사올까 기다렸던 잭의 엄마는 화가 나서 콩을 창밖으로 던져 버립니다. 다음 날 아침 눈을 뜨자 콩나무는 하늘에 닿을 정도로 자라 있습니다. 잭은 콩나무를 사다리 삼아 하늘로 올라갑니다. 구름 위에는 무서운 거인이 살고 있었죠. 잭은 거인 몰래 황금자루를 훔쳐서 내려옵니다. 황금자루를 보고 엄마는 기뻐합니다. 또다시 잭은 콩나무를 타고 올라가 거인의 집에서 황금알을 낳는 거위를 훔칩니다. 이번에도 엄마는 기뻐하죠. 잭은 다시 한 번 더 엄마를 기쁘게 하려고 거인의 집에서 하프를 훔치다가 거인에게 들킵니다. 하프 소리에 놀란 거인이 잠에서 깨어나 뒤쫓아 오자 잭은 재빨리 콩나무를 타고 땅으로 내려와 콩나무를 베어 버립니다. 거인은 떨어져서 죽고, 잭과 엄마는 부자로 잘 살았다고 합니다.

이 동화 내용을 읽어 보면 잭은 남의 것을 스스럼없이 훔칩니다.

자신과 다르게 생기면 괴물로 취급하고 죽이는 것도 마다하지 않습니다. 이 동화는 영국의 식민지정복시대의 남성다움을 보여 주는 전형적인 사례가 아닐까 합니다. 배를 타고 수평선 너머로 모험을 떠나 타인의 자원과 재산을 약탈하고, 그곳 사람들을 죽이거나 노예로 팔아넘긴 종잣돈으로 부자가 된 남성들에게서 정복자 후예의 모습을 발견할 수 있습니다.

근대 유럽에서는 대규모 전쟁이 많이 발생했습니다. 11~12세기는 주로 십자군 전쟁과 같이 종교가 전쟁의 명분이었다면, 17~18세기에 이르면 종교전쟁이 왕조전쟁으로 바뀝니다. 전쟁은 종교적인 권위를 없앴을 뿐만 아니라 그런 종교에 바탕을 둔 귀족질서 또한 무너뜨렸습니다. 전쟁으로 많은 귀족들, 기사들이 죽었을 뿐만 아니라 전쟁에 동원된 인민들 또한 수없이 죽어 나갔지요. 전쟁에 지친 나라들은 베스트팔렌 조약을 통해 강력한 중앙집권적인 민족국가nation-state를 확립하고요.

강력한 중앙집권적 군주제를 유지하려면 강력한 군사력이 필요합니다. 중앙집권적 국가는 힘센 큰아버지 노릇을 하면서 가부장적 질서를 견고하게 했습니다. 국가는 남성의 권력을 제도화하였고 관료와 직업군인이 등장하죠. 군대는 근대국가의 핵심적 요소가 되었습니다. 중세의 용맹한 기사도 정신은 이제 민족국가를 위해 충성하는 시민(군인) 정신으로 대체됩니다.

남성은 곧 전사

이처럼 나라를 지키는 남성의 이미지는 전사의 이미지와 겹쳐집니다. "그대들의 피는 전쟁으로 단련된 조상으로부터 물려받은 것이다. 싸워야 할 전투, 이겨야 할 전쟁, 올라야 하는 고지, 해야 할 힘든 과업이 있는 한 우리 중 누군가는 남자들처럼 행동해야 한다."고 외치는 모습에서 남성다운 모습은 죽음을 무릅쓰는 전사의 이미지입니다. 군가의 내용은 주로 전투적인 남성성을 강조합니다. "사나이로 태어나서 할 일도 많다만/너와 나, 나라 지키는 영광에 살았다/전투와 전투 속에 맺어진 전우여/산봉우리에 해 뜨고 해가 질 적에/부모형제 나를 믿고 단잠을 이룬다."는 것이지요.

후방에서 부모형제가 단잠을 잘 수 있도록 목숨 걸고 나라를 지키는 수호자로서 남성다움은 강력한 민족국가의 발달과 무관하지 않습니다. 남성들에게 자부심을 부여해 주는 것 중의 하나가 자기 나라와 자기 여자들을 지킨다는 수호자의 이미지지요. 신성한 조국을 위해 나라를 지킨다는 영웅적인 무용담들은 남성들의 자부심을 높여 줍니다. 군대에 다녀온 남성을 믿음직하다고 보는 것 또한 그런 이유 때문이죠.

병역의 의무는 현대에도 공적인 장으로 들어가는 정치적 성년식이자 진짜 사나이가 되는 통과의례입니다. TV 프로그램에서는 군대생활이야말로 진짜 멋진 사나이가 되는 지름길임을 보여 줍니다. 그렇게하여 사회는 군대를 다녀와야 사람이 된다든지 혹은 군대를 다녀온 남자만이 여자들과 아이들을 보호해 줄 수 있는 늠름한 남성이라는 분위기를 만듭니다. 이처럼 자신의 목숨을 기꺼이 바쳐서라도 조국의 수호자가 되리라는 남성의 이미지는 남성성의 발명에 한몫하게 됩니다.

3. 근대적 남성성 이미지

신사의 이미지

근대로 들어오면 남성의 이미지는 사뭇 달라집니다. 전사로서의 이미지보다는 화이트칼라 중간계급 남성에게는 신사의 이미지가, 노동자계급에게는 강인한 육체노동자의 이미지가 강조됩니다. 중세가 남성성을 기사도에서 찾았다고 한다면, 근대는 신사도에서 찾았다고 할 수 있습니다. 중세 기사도의 잔재는 결투에서 찾아볼 수 있습니다. 귀족남성들은 명예가 실추되었다고 생각하면 상대방에게 결투를 신청했습니다. 지금 보면 돈키호테처럼 보일지도 모르죠. 명예가 실추되었다고 목숨을 걸다니 웃긴다, 라고 할 수 있겠지요. 오늘날 명예가 실추되면 명예훼손죄로 고발하지 서로 죽이지는 않으니까요. 그 시대를 벗어나서 후대의 관점으로 보면 우스꽝스러운 짓들도 당대의 시선에서는 남성다운 것으로 여겼다는 것이지요. 그런 기사도를 짠하게 여기면서 풍자한 것이 세르반테스의 《돈키호테》입니다.

산업혁명 이후 동화 속의 잭처럼 부를 축적한 남성들은 육체노동에 생계를 의지하지 않습니다. 신사의 이미지는 어느 정도 부가 축적되었을 경우, 부와 사회적 지위에 덧붙여 세련된 문화와 예술을 이해할 수 있는 점잖은 교양인이었습니다. 찰스 디킨스의 《위대한 유산》에서 핍은 가난한 고아 소년입니다. 익명의 후원자가 나서서 그를 신사로 만들고자 합니다. 그 돈으로 핍은 신사수업을 받습니다. 가난한 노동자가 교육을 받고 교양을 갖추게 되면서 신분상승이 가능한지를 보여 주었던 잣대가 바로 신사도라고 할 수 있을 것입니다. 신사가 되기 위해 런던으로 간 핍은 식탁예절, 대화하는 법, 사교모임에서 춤추는 법, 에티켓, 패션 감각을 배우고 교양과 지식으로 무장합니다. 이 소설은 이 과정에서 진정한 신사란 어떤 남성인가에 주목합니다.

산업역군 – 생계부양자 – 국방수호자–정치적 시민

반면 육체노동이 필요한 산업노동자들에게는 신사와는 다른 남성성이 강조됩니다. 근대 산업시대 이후 남성에게는 가족을 책임질 수 있는 책임감과 독립성이 중요해지죠. 이웃끼리의 협동과 단결을 중시했던 농촌사회에서와는 달리 도시생활에서는 개인적인 독립과 자립이 강조됩니다. 이웃이 없어진 도시에서는 고립된 한 가족을 중심으로 생활이 이뤄집니다. 직장에서 피곤한 일과를 마치고 돌아온 남성 가장이 휴식을 취하고 가족과 함께 즐기는 곳이 가정입니다. 그러므로 가족부양자로서 남성에게 요구된 남성다움은 무엇보다 가족을 먹여 살릴 수 있는 생계부양 능력이었지요.

생계를 책임지는 남성의 힘은 정치적, 경제적 자립을 획득하는 데 있습니다. 산업시대가 되면 노동계급 남성은 생계부양자에서 남성다운 자부심을 갖게 되죠. 생계부양자에 덧붙여 수호자, 보호자로서 남성의 역할이 완전히 사라진 것은 물론 아닙니다. 민족국가를 위해 희생하고 헌신하기를 남성들에게 요구한 국가는 그들에게 혜택을 주지 않을 수 없습니다. 국가는 국토방위의 의무를 지게 된 남성들에게 정치에 참여할 권리를 부여하지요.

정치적 주체가 된 남성은 공적인 정치의 영역으로 진출합니다. 참정권을 갖게 된 남성들은 정치적 시민이 되죠. 물론 남성들이 효율적으로 잘 싸운 탓이기도 하지만 남성 노동자들은 일찌감치 시민의 역할을 부여받았습니다. 시민으로서 남성들이 투표권을 갖게 된 것이 1848년입니다(이에 반해 프랑스에서 여성들이 투표권을 갖게 된 것은 그로부터 100년이 지난 1944년입니다). 이렇게 하여 근대 산업시대 남성다움은 산업역군-생계부양자-국방수호자-정치적 시민이라는 이미지로 부각됩니다. 이런 역할에 맞춰 남성다움은 능동성, 독립성, 자율성, 책임감 등이 되었고요.

산업노동자들의 육체노동이 서서히 퇴조하는 시대에 이르면 남성성에 대한 사회의 기대 또한 변하게 됩니다. 산업자본주의 시대에 적압한 산업역군으로서 강인함과 생계부양자로서 자부심이 새로운 환경을 맞이하여 쇠락할 때, 이를 유지하려는 아버지와 그것에서 벗어나려는 아들이 갈등하는 모습을 보여 준 작품이 있습니다. 어디 한번 살펴볼까요?

4. 발레 하는 남자

아빠가 아들에게 권투를 권하는 이유

굴뚝산업자본주의 시대의 끝자락에 이르러 변화하는 남성성의 모습을 21세기에 사는 우리가 직접 볼 수는 없지요. 하지만 그때의 상황을 짐작할 수 있게 구체적으로 보여 준 소설이 있습니다. 영국 작가 멜빈 버지스가 쓴 소설 《빌리 엘리어트》입니다. 소설 원작을 영화나 뮤지컬로 각색하는 것과 달리, 이 작품은 영화가 먼저고 소설이 나중입니다. 영화 〈빌리 엘리어트〉를 본 작가가 영화의 여백까지 살려 소설로 탄생시킨 것이죠. 이 작품은 한국에서도 영화, 뮤지컬로 많은 인기를 누렸습니다. 시대가 변했음에도 과거의 남성다움을 신봉하는 아버지와 다음 세대인 아들 빌리가 서로 충돌하고 또 화해하는 과정을 그리고 있는데요, 두 사람이 갈등하는 모습을 통해 남성다움이란 어떤 것인지 찾아볼 수 있어요. 이 작품은 권투 권하는 아버지와 발레 하고 싶은 아들의 갈등을 통해 그 점을 독자에게 질문하도록 유도합니다.

"발레? 사내 녀석이 권투나 축구나 레슬링이 아니라 발레를 한다고?" 빌리의 아버지는 기가 막힙니다. 그에게 발레는 부잣집 여자아이들이나 하는 사치입니다. 아무리 세상이 변했다 하더라도 여자아이들에게 권투 글러브를 끼우고 남자아이들에게 발레 토슈즈를 신긴다고? 상상만 해도 가관이라고 빌리의 아버지는 생각하죠. 그는 권투, 축구야말로 남자다운 운동이라고 여깁니다. 남자가 발레로 자신을 지킬 수 있단 말인가? 그럴 리 없다고 그는 머리를 흔듭니다. 그가 보기에 강인한 정신과 튼튼한 근육이 남성에게는 필요합니다. 그래야만 동료들과 연대하며 끈질기게 버티면서 스스로를 지켜 낼 수 있을 것이기 때문입니다.

빌리의 아버지와 형은 광부입니다. 빌리의 할아버지도 광부였습니다. 영국의 산업혁명을 가져다준 동력은 석탄이었습니다. 19세기 말 빌리의 할아버지가 캐냈던 석탄은 수많은 공장을 돌리고 거리와 가정을 밝혔습니다. 석탄은 물 위에 증기선을 띄우고 땅 위에서는 기차가 달릴 수 있도록 해 주었습니다. 한마디로 석탄이 없으면 나라 전체가 기능을 멈출 정도였죠. 하지만 빌리의 아버지가 광부가 된 1980년대에 이르면, 아르헨티나에서 실어 온 석탄 가격이 영국노동자들에게 임금을 주고 캐는 것보다 훨씬 싸게 먹힙니다. 철의 여인으로 불렸던 대처 수상은 탄광의 경영난을 이유로 광산의 경영합리화와 구조조정을 요구했습니다. 화석연료를 대신할 만한 대체연료를 개발하고, 적자광산은 폐쇄하겠다는 것이 정부의 입장이었죠.

이 소설의 배경은 잉글랜드 북동부 탄광지역이었던 아싱턴입니다. 1984~85년 광부들의 대규모 총파업이 일어났던 곳이죠. 대처 정부의 산업합리화 조치에 의해 탄광이 구조조정에 들어가자 탄광노조가 1년 넘게 대처 정부에 맞서 투쟁하였죠. 결국 노조의 총파업은 실패로 돌아가고 장기간에 걸친 투쟁은 노동자의 패배로 막을 내리게 됩니다.

이런 일련의 과정 속에서 1980년, 석탄을 태워서 공장을 돌렸던 굴뚝산업들은 이미 한물간 산업이 되었습니다. 그런 만큼 산업시대가 요구하던 남성다움 또한 변하고 있었지요. 산업역군이자 생계부양자로서 강인하고 호전적인 남성다움이 말이지요. 시대가 변하고 있었지만 빌리의 아버지는 산업시대 남성노동자의 전형적인 모습입니다. 그에게 남자다운 남자는 자신의 자립을 지키기 위해 싸울 줄 아는 남자죠. 그래야만 자신뿐만 아니라 가족을 지키고 가정을 유지할 수 있기 때문입니다. 가족의 생계를 책임지는 독립적이고 강인하게 단련된 남자는 나약한 모습을 보여서는 안 됩니다. 빌리의 아버지에게 남자가 자신과 가족을 지킬 수 없으면 더는 남자가 아니고, 그런 삶은 살 가치가 없는 삶입니다.

그래서 빌리의 아버지는 빌리 또한 자신처럼 독립적이고 강인한 남자가 되길 원합니다. 마을복지관 권투클럽에 빌리를 보낸 건 그런 이유 때문이죠. 하지만 빌리는 권투에는 관심이 없습니다. 레슬링도 싫습니다. 빌리가 하고 싶은 건 피아노와 발레입니다. 빌리의 엄마는 돌아가시고, 할머니는 정신이 약간 오락가락합니다. 할머니를 보살피는 것은 빌리의 몫이죠. 빌리는 형처럼 강철노동자투사가 되고 싶은 마음이 없습니다. 권투와 싸움으로 자신을 지키기보다 우아하고 아름다운 발레와 탭댄스에 더 마음이 갑니다. 그렇지만 아버지의 강압적인 손에 이끌려 권투클럽에 들어가게 되죠.

하지만 거기엔 탄광이 없잖니

아버지와 권투코치에게 권투는 바위처럼 버티고 서서 탱크처럼 밀어붙이는 것입니다. 하지만 빌리에게는 권투조차 나비처럼 날아서 벌처럼 쏘는 것입니다. 빌리는 경쾌한 발동작으로 링 위를 돌아다니면서 스텝을 밟듯 움직입니다. 춤추듯 경쾌하게 링을 돌던 빌리는 곰처럼 버티고 서 있다가 한 방 날린 친구의 훅에 나가떨어집니다. 결국 빌리는 할아버지로부터 3대째 물려받은 권투 글러브를 벗어 던지고 발레 토슈즈를 선택합니다.

아버지 입장에서 이것은 남자다움을 포기하는 것입니다. 남자라면 장남인 토니처럼 강인함으로 무장하고 파업에 동참하고 경찰의 곤봉 진압에도 맞서야 합니다. 음악을 하더라도 남성다운 음악인 록큰롤 정도는 해야 합니다. 피아노 앞에 다소곳하게 앉아 피아노를 치는 것은 여자아이들이나 하는 짓입니다. 한 사회가 요구하는 남자다움에 못 미치는 남자는 조롱의 대상이 됩니다. 아버지는 빌리가 동네사람들로부터 계집애 같다는 소리를 듣는 게 수치스럽고 안타깝습니다. 남자를 사랑하는 빌리의 친구 마이클처럼 될까 봐 빌리를 걱정하죠.

빌리의 아버지는 평생 탄광촌 바깥으로 벗어난 적 없이 일하고 또 일했습니다. 시대는 바뀌었고 더는 산업시대의 남성다움만으로 살아남기 힘든 시절을 맞이합니다. 하지만 광부로서 갱도에서 석탄을 캐는 것 말고 그가 할 수 있는 것이 그다지 없습니다. 그의 세계는 탄광촌이 전부였으니까요. 극적인 과정을 거쳐 아빠는 빌리가 발레를 하는 것을 허락합니다. 동네사람들이 모아 준 돈으로 런던에 오디션을 보러 가면서 빌리가 아빠에게 묻습니다.

"거긴 어때요, 아빠?"

"뭐가?"

"런던 말예요."

"모르겠다. 한 번도 더램을 벗어나 본 적이 없으니."

"한 번도 안 가 봤다고요?"

"내가 왜 런던엘 갔어야 하지?"

"거긴 수도잖아요."

"하지만 탄광이 없잖아."

"맙소사! 아빠 머릿속엔 온통 탄광 생각뿐이에요?"

노동자의 육체는 경제적 자산

열두 살인 빌리는 런던으로 가고 있지만 마흔다섯 살인 아빠는 여태껏 한 번도 광산촌을 떠나 본 적이 없었던 거죠. 아버지에게 남성다움은 강인함과 연대였지만 그가 생각한 남성다움은 노조의 파업이 실패로 돌아가면서 무너지게 됩니다. 탄광이 문을 닫게 된다면 그가 말한 남성다움으로는 스스로를 지킬 수 없게 됩니다.

공장과 광산의 고강도 노동은 문자 그대로 노동자의 몸을 소모시킵니다. 육체노동자의 강인함을 시험하는 행위들은 남성성을 보여 주는 수단이 될 수 있습니다. 하지만 그런 강인함은 육체노동자의 육체를 파괴합니다. 그것은 자본주의의 경제적 압력과 경영통제 아래에서 파괴적인 방식으로 행해진 탓에 생겨나는 현상이지요. 위험한 근로현장에서 일하는 노동자들의 평균수명은 중산층 사무직 남성들의 평균수명과 비교할 때 차이가 납니다. 화이트칼라의 남성성과는 달리 노동자계급 남성성은 공장 작업에 적합한 그것이 됩니다. 그로 인해 소모적인 노동에 적합한 몸과 성격이 노동계급 남성에게 요구되는 남성성으로 여겨집니다.

근육의 쇠퇴는 남성성에도 변화를 가져와

남성성의 강조는 경제적 현실과 무관한 것이 아닙니다. 노동하는 남자들의 육체적 능력은 노동시장에서 내놓을 수 있는 경제적 자산이니까요. 이런 자산은 변합니다. 힘든 노동을 견디도록 단련된 거친 남성성은 산업재해, 피로, 부상 등으로 인해 그들의 몸을 쉽게 망가뜨립니다. 육체를 완전히 벗어난 남성성이라는 것이 없다고 한다면, 남성적인 근육질의 쇠퇴는 근육질 남성성의 쇠퇴로 연결될 수 있겠지요.

광부로서 빌리 아버지의 삶은 분명 패배였지만, 남성다움의 전형에서 벗어난 빌리에게서 변모하는 남성성의 가능성을 볼 수 있지 않을까 합니다. 빌리는 씩씩하고 늠름하고 공격적인 남성상과 순종적이고 헌신적이고 희생적인 여성상이라는 성별 이분법을 깨는 인물입니다. 발레리노로서 빌리의 아름다운 춤은 근육적인 남성다움, 강인하고 전투적인 남성다움에서 벗어나 있다는 점에서 새로운 남성다움의 가능성을 열어 나가는 것이라고 볼 수 있을 것입니다.

빌리가 보여 주다시피 후기 근대 산업사회로 넘어가게 되면 남성 다움은 육체에 바탕을 둔 호전성과 공격성보다 개인주의, 업적주의, 성취주의와 더불어 정서적 유연성이 보다 더 요구됩니다. 특히 과거 에는 여성적인 것으로 간주되었던 유연성, 감성, 직관이 남성에게도 점차적으로 요구된다는 점이 산업시대의 남성다움과 이후의 남성다 움이 달라지는 지점이라고 볼 수 있습니다. 후기 산업시대의 성격 자 체가 근육의 힘에 기초한 노동이 아니라 유연성, 직관, 정보, 아이디어 가 경쟁력인 시대였기 때문일 것입니다.

5. 새롭게 만들어지는 남성성

남성으로서의 수치심은 원초적 수치심일 뿐

이처럼 남자/남자다움은 시대에 따라 변해 왔습니다. 과도한 남성 성의 요구는 남성에게도 좋기만 한 것은 아닐 테지요. 그것은 남성에 게도 도달하기 힘든 과제이기 때문입니다. 왜 그럴까요? 이를테면, 사 회는 이렇게 말합니다. 남성은 독립적이고 강하지 않으면 안 된다. 남 성은 불평해서는 안 되고 울어서도 안 된다. 약한 모습을 보여서도, 수다스러워서도 안 된다. 남자는 치마를 입어도 안 되고, 화장을 해도 안 되며, 발레를 해도 안 된다. 남성들에게 안 돼, 안 돼가 무수히 많아지는 것이죠. 이런 사회의 기대에 맞춰 남성은 남성답지 못한 모습을 자제하고 억눌러야 합니다.

과도한 남성성을 기대하는 사회에서 나약한 남자는 자신을 수치스러워해야 합니다. 계집애 같다는 조롱과 모욕에 수치심을 느끼고 사람들에게 놀림감이 됩니다. 인간이면 누구에게나 있을 수 있는 나약함, 두려움이 마치 없는 것처럼 굴어야 합니다. 자신이 두려워하는 모습을 들킬까 봐 과도한 폭력성과 공격성으로 두려움을 감추기도 하지요. 남자로서 수치스러운 모습을 보이지 않기 위한 과도한 영웅담이 만들어지기도 하고요.

남자답지 못하다는 것에서 느끼는 수치심은 일찌감치 형성됩니다. 인간이라면 누구나 자신을 보살펴 줄 사람(모성적인 것)에게 의지하지 않을 수 없다는 사실로 인해 비롯된 '원초적 수치심primitive shame'이 그것입니다. 인간은 타인의 보살핌에 자신을 맡기고 의지할 수밖에 없습니다. 그것이 인간의 조건입니다. 그럼에도 불구하고 남성다움을 강조하는 사회에서 육신의 한계로 인한 의존성은 치욕스러운 것이 됩니다.

이런 '원초적 수치심'은 우리가 타인을 필요로 한다는 사실을 수치스럽게 여기도록 학습하는 것에서 비롯됩니다. 바위처럼 단단하고 완전하고 강인한 것을 남자다움이라고 믿기 때문입니다. '진짜 사나이'는 완벽하고 독립적인 존재여야 합니다. 누구의 도움도 없이 그 자체로 완벽한 것에서 남성다움의 이상을 찾는다면, 소멸하는 것, 변하는 것들은 부끄럽고 수치스러운 것이 됩니다. 나약함, 상호의존성, 부족함은 훼손된 남성성의 표시가 되기 때문입니다.

내가 약하다는 걸 인정할 때 타인을 존중하게 되는 것

지금까지 남자에게 강요된 남성성과 그로 인해 남성들이 처한 억압된 상황을 살펴보았는데요. 어떤가요? 자연스럽게 혹은 합리적으로 느껴지나요? 여성에게 강요된 사회의 주문으로 인해 여성이 오랜 역사 속에서 불공정하고 불합리한 경우에 처했던 것과 마찬가지로(6장까지 우리는 그 이야기를 나누었죠), 남성 또한 강요된 남성다움의 틀에 얽매여 있었습니다.

남성과 여성 양쪽에 강요된 남성다움과 여성다움이라는 상이 남성과 여성이 서로를 견제하면서 공존하지 못하게 한 우울한 이유였던 것이지요. 이제 우리가 해야 할 일은 어떻게 하면 강요에 의해 분리된 남성과 여성을 한자리에 모아 마주 보고 화합하게 하느냐에 대한 진지한 고민일 것입니다. 어떤 길이 있을까요?

무엇보다 엄격한 남성성이 아니라 타인에 대한 사랑과 존중을 배우는 것이 양성이 함께 살아가는 데 필요합니다. 남들에게 공감하고 연민을 느낄 수 있는 마음은 자신이 약한 존재임을 인정할 때 나옵니다. 자신이 언제나 강자라고 생각하는 사람은 자신이 약자가 될 가능성이 있다고 생각지 않습니다. 그런 강자가 약자를 배려하기는 힘듦니다. 장 자크 루소의 말처럼 왕이 백성을 가엾게 여기지 않는 것은 왕은 백성이 될 리 없기 때문입니다. 귀족이 노예에게 동정심을 가지 않는 것은 자신이 천민이 될 수 있음을 상상하지 못하기 때문입니다. 남자가 여자의 처지를 이해하지 못하는 것은, 자신이 여자의 처지가 될 수 있음을 상상하지 못하기 때문이죠. 만약 남성다움이 오로지 강하고 완벽한 것을 추구하는 것이라고 한다면, 타인의 고통에 공감하기 힘들고 타인을 존중하기도 힘들 것입니다. 완벽한 강자는 '고통받는 인류의 슬픈 풍경'을 상상하기 어렵기 때문입니다.

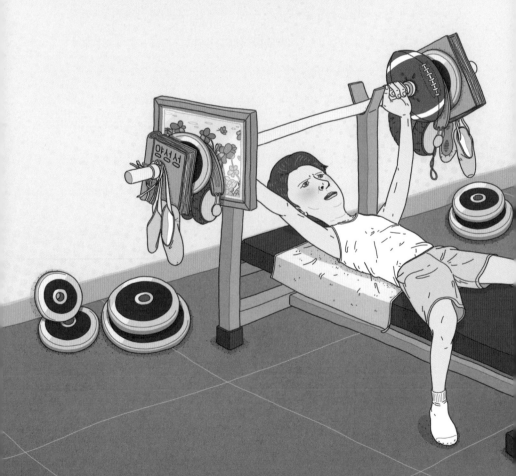

여러분이 잘 아는 〈미녀와 야수〉라는 디즈니 애니메이션이 있습니다. 몹시 추운 어느 겨울날 크고 아름다운 성에 한 노파가 찾아옵니다. 그녀는 장미꽃 한 송이를 왕자에게 건네주면서 하룻밤 재워 달라고 부탁합니다. 이 추위에 얼어 죽지 않도록 하룻밤만 재워 달라고 간청하지요. 하지만 왕자는 늙고 추한 노파를 보고 냉정하게 노파의 부탁을 거절합니다. 왕자는 노파가 추위에 얼어 죽을 수도 있는 상황이지만, 아무런 연민이나 자비심 없이 매몰차게 쫓아냅니다. 그러자 동화가 그렇듯이 늙은 노파는 갑자기 '펑' 하고 아름다운 여자마법사로 바뀝니다. 그녀는 왕자가 사랑하는 법을 배우지 못했으므로 짐승이나 다를 바 없다고 꾸짖으면서 왕자를 야수로 만들어 버립니다. 타인에 대한 존중과 배려를 배우지 못한 것이야말로 야수나 다를 바 없다는 뜻이겠지요.

엄마의 입장이 되어 본 빌리와 아빠

사람에 대한 존중은 자신을 타인의 입장에 세울 수 있는 상상력에서 비롯됩니다. 《빌리 엘리어트》에서 그 점을 잘 보여 주는 존재가 빌리입니다. 빌리는 돌아가신 엄마의 입장이 되어 상상합니다. 빌리는 엄마가 남긴 편지를 읽으면서 엄마의 마음속으로 들어가 봅니다. 어린 아들을 두고 먼저 떠나야 했던 엄마가 자신에게 무엇을 바랐을지 상상해요. 냉장고를 열고 우유를 병 채로 마시던 빌리는 엄마의 눈길을 상상하면서 우유를 컵에 따라 마십니다. 빌리는 엄마라면 무엇을 원했을까, 라는 상상력을 통해 오디션을 위한 안무를 구성합니다.

빌리의 아버지 또한 죽은 아내였다면 어떻게 행동했을까를 상상합니다. 아마도 아내였다면 빌리가 원하는 것을 하도록 해 주었을 것이라는 점에 생각이 미칩니다. 그가 빌리에게 발레를 허락하게 된 것은 죽은 아내의 입장에서 생각해 볼 수 있었기 때문입니다. 타인의 자리에 설 수 있도록 해 주는 상상력이야말로 또 다른 남성성을 열어 주는 열쇠입니다.

과도한 남성다움의 요구가 남성에게도 억압적이라고 한다면, 그것을 내려놓을 수 있을 때 남성 또한 왜곡된 남성다움에서 해방될 것입니다. 남성을 비춰 주는 여성이라는 거울이 찌그러져 있으면 남성 자신의 이미지 또한 일그러지지 않을 수 없습니다. 여성과 남성, 양성이 공존하기 위해서라도 한 성을 비틀리게 만드는 여러 가지 장치를 제거하는 것이 필요합니다.

양성이 공존하기 위해 상대방의 성은 무엇을 원하는지 끊임없이 탐색해 보아야 할 것입니다. 바로 그 탐색의 시작이 다음 장에서 다루는 주제입니다.

빌리 엘리어트

멜빈 버지스

앞서 언급했던 작품들, 《백설 공주》, 《제인 에어》, 《춘향전》, 《순수의 시대》 등은 하나같이 소설의 인기에 힘입어 여러 번 영화로 제작되었던 작품입니다. 그와는 대조적으로 《빌리 엘리어트》(2001)는 영화의 엄청난 인기에 힘입어 소설로 만들어진 경우입니다.

스티븐 달드리 감독의 영화 〈빌리 엘리어트〉를 동명의 소설로 만든 작가는 멜빈 버지스입니다. 그는 1954년 잉글랜드 미들섹스에서 태어났는데, 자폐적인 유년기와 낙제생이라는 꼬리표가 늘 따라다녔던 오타쿠 소년이었다고 합니다. 그는 우울한 청소년기를 거치면서 건설현장 인부와 같은 온갖 막노동, 임시직을 전전했습니다. 그 와중에도 틈틈이 글을 쓰다가 뒤늦게 작가로 데뷔했습니다. 그는 작품에서 청소년 가출, 낙태, 약물 중독과 같은 첨예한 사회문제와 청소년 문제를 주로 다루었습니다.

버지스의 대표작으로는《빌리 엘리어트》이외에도, 1980년대 청소년 문제를 정면으로 다뤄 영국의 권위 있는 아동청소년 문학상인 카네기상을 수상한《정크Junk》와《최후의 늑대》, 그리고 동화《올새와 자르비》등이 있습니다.

《빌리 엘리어트》에서 윌킨슨 무용선생님은 오디션 안무를 준비하기 위해 빌리에게 영감이 떠오를 만한 소중한 물건을 가져오라고 합니다. 빌리는 엄마의 마지막 편지와 흑백 스트라이프 무늬가 있는 셔츠를 가져갑니다. 이 티셔츠는 뉴캐슬 유나이티드의 유니폼입니다. 이 축구클럽의 연고지 뉴캐슬은《빌리 엘리어트》의 무대인 아싱턴 바로 근방입니다.

이 소설의 한 옮긴이가 언급했다시피, 뉴캐슬 유나이티드 축구클럽의 유니폼인 흑백의 스트라이프 티셔츠는 광산촌 인구의 대부분을 차지하는 광부들을 연상시킬 수 있습니다. "석탄가루로 뒤범벅된 광부의 얼굴과 하얗게 빛나는 치아의 모습"에서 선명한 흑백 스트라이프를 연상하지 않았을까 합니다.

산업혁명 이후 제조업 노동자들과 광부들은 전형적인 노동자계급의 남성성을 상징해 왔습니다. 노조의 연대와 형제애를 상징하는 스포츠가 축구였고 서브컬처 음악은 록뮤직이었습니다. 비틀스의 도시로 유명한 리버풀은 먼 과거에는 해외무역으로 번창했던 항구도시였고, 산업혁명 이후에는 공장연기로 가득 찬 중공업도시였습니다. 그곳에서 남성적인 록음악이 탄생한 것은 우연이 아닐 것입니다. 하지만 비틀스 멤버들이 거리를 방황하던 청소년이었을 무렵 리버풀은 과거의 영광은 사라지고 없었습니다. 리버풀은 빌리가 살았던 아싱턴의 광산촌과 마찬가지로 산업구조의 변화로 가난과 실업이 만연한 도시가 되었습니다. 굴뚝노동자들의 남성성 또한 그와 더불어 빛이 바래기 시작했고요.

좋았던 그 시절 남성성을 상징하는 스포츠가 축구나 권투였습니다. 이런 스포츠는 노동자계급의 남성성을 상징하는 운동이었지만, 아이러니하게도 그런 스포츠는 남성노동자들의 폭력적인 에너지를 순치시키는 것이기도 합니다. 훌리건에서 보다시피요. 영국의 문화평론가이자 비평가였던 매튜 아널드는 노동자들에게 축구공이라도 던져 주어라, 그러지 않으면 그들은 폭동을 일으킬 것이라고 경고했습니다.

스포츠 문화, 예술 등도 계급화, 젠더화 되어 있기 때문에 우리는 발레복을 입은 광산촌 남자아이는 상상하기 힘듭니다. 그런 편견에도 불구하고 광산촌에서 발레를 통해 변화하는 남성성을 보여 주는 상징적 인물이 빌리입니다. 1995년 초연 직후 주류 언론에 의해 '게이들의 백조의 호수'(혹은 동성애자인 매튜본의 백조의 호수)로 조롱받았던 바로 그 백조가 됨으로써, 변화하는 남성성, 동성애적 정체성을 상징하는 빌리의 몸짓은 남녀의 몸짓 어느 하나로 규정할 수 없는 무늬와 색채를 드러내고 있습니다.

버지니아 울프, 《자기만의 방》

8장

여자가 정말로 원하는 것을 찾아오라

쑥과 마늘을 먹고

백일 동안 동굴 속 어둠을 견디면

신시의 햇볕을 그대에게 주리라던

환웅의 약속을 기다리지 않고

스스로 햇빛의 폭포 속으로 뛰쳐나간 호랑이

단군신화 속에서 낙제하고 단군신화 밖에서 외출한 그녀

그녀는 그 뒤 어느 산야를 홀로 헤매다가 짐승인 채 그냥 죽고 말았을까

아니면 어느 결식의 고난 기슭 위에서

홀로 힘을 얻어 스스로 인간의 몸을 얻지는 않았을까

– 김승희, 〈다시 보는 단군신화〉

벽에다 머리를 박고 싶은 문제 : "여자는 무엇을 원하는가?"

양성이 공존하려면 서로가 무엇을 원하는지를 알아보려는 노력이 필요합니다. 그렇다면 여자는 무엇을 원할까요? 정신분석학자인 프로이트는 이 질문은 너무 어렵고 골치가 아파서 많은 남자들이 벽에다 머리를 박고 싶었을 것이라고 했습니다. 풀기 힘든 수학 문제나 모르는 한자의 뜻을 알아내려고 할 때 골치가 지끈거리는 것처럼요. 여자는 그처럼 이해하기 힘든 상형문자일까요? 한편으로, 사람의 욕망이 수학의 함수처럼 정확한 값어치로 측정될 수 있을까요? 바로 그렇기 때문에 여자는 무엇을 원하는가에 대한 질문은 끊임없이 이어져 왔습니다. 과연 여자는 무엇을 원할까요? 여러분은 이 질문에 무어라고 대답하시겠어요? 500년 전에 이 질문에 대답을 해 준 아낙네가 있습니다.

15세기 무렵에 나온 초서(Geoffrey Chaucer, ?1342~1400, 영국의 시인)의 《켄터베리 이야기》에도 '여자는 무엇을 원하는가'에 관한 내용이 나옵니다. 《켄터베리 이야기》는 만물이 소생하는 4월의 어느 봄날 켄터베리 성당으로 순례 여행을 떠나는 사람들이 하룻밤 쉬어 가려고 여관에 모여드는 것으로 시작합니다. 순례자들 중에는 기사, 여수도원장, 시골 사제, 법률가, 탁발승, 의사, 목수, 대학생, 직공, 선원, 상인, 농민, 요리사, 방앗간 주인 등 당대 영국 사회의 거의 모든 계층이 망라되어 있습니다. 그들은 순례 여행길의 지루함을 달래려고 돌아가면서 이야기 하나씩을 합니다. 그들 중에는 온천으로 유명한 배스 지역에서 온 아낙네도 있었습니다. 그녀는 여자가 무엇을 원하는지에 관해 답을 제시합니다.

한 기사가 숲에서 길을 잃었습니다. 기사는 목숨을 걸고 수수께끼의 답을 찾는 중이었습니다. 기사는 여왕의 시녀를 겁탈한 죄로 사형을 선고받았습니다. 처형 직전, 여왕은 한 가지 조건 아래 그의 목숨을 살려 주겠노라고 말합니다. 1년 이내에 "여자가 정말로 원하는 것이 무엇인지" 알아오라는 것이었습니다. 여자가 진정으로 원하는 것을 안다면 겁탈이 왜 필요했겠느냐는 뜻이겠죠. 하여튼 목숨을 구하려면 기사는 1년 이내에 답을 찾아와야 했어요.

전국 방방곡곡을 헤매다가 기사는 숲 속에서 한 노파를 만났습니다. 노파는 기사가 원하는 답을 알려 줄 테니 자신과 결혼해 달라고 합니다. 기사는 기가 막혔지만 어차피 죽을 목숨이라면 무엇이든 못하랴 싶었죠. 그러자 노파는 여자가 진정으로 원하는 것은 '주도권 sovereignty', 다시 말해 '자기 삶을 주체적으로 살아가는 것'이라고 말해 줍니다. 기사는 여왕에게 이 답을 말하고 목숨을 구합니다. 기사는 늙은 노파와 잠자리를 하고 싶지는 않았지만, 세상을 떠돌아다니면서 깨달은 바가 있었습니다. 인간은 겉모습이 전부가 아니라는 것 말이지요. 기사는 그녀에게 주도권을 주고 잠자리를 허락합니다. 그러자 늙은 노파는 갑자기 '펑' 하고 아름다운 아가씨로 변합니다. 그리하여 두 사람은 그 이후에도 오랫동안 행복하게 살았다고 합니다.

남자는 일을 원하고, 여자는 사랑을 원한다고 흔히들 말하죠. 하지만 초서가 살았던 15세기 여자들도 자기 삶을 주도적으로 살아가길 원했나 봅니다. 흔히 생각하는 것과 달리 여성들이 원했던 것은 남성에게 사랑받고 보호받으면서 의존하는 것이 아니었습니다. 그들은 주도권을 원했습니다. 자기 삶을 주체적으로 살아가고 싶다는 말이죠. 하지만 배스의 아낙네가 들려준 이야기와는 달리 역사적으로 여성은 남성에게 의지하면서 살았습니다. 그렇다면 여자들은 왜, 어떻게 하여 남자에게 의지하고 보호받으면서 살게 되었을까요? 왜 여자들은 인류의 발전에 기여한 것이 없다는 평가를 받게 되었을까요? 역사학자들은 '여자들이 제국을 호령한 적도 없고, 지리상의 발견을 한 적도 없고, 전장에서 군대를 호령한 적도 없고, 셰익스피어와 같은 희곡을 쓴 적도 없으며, '야만인들'에게 문명을 전파한 적도 없다.'고 주장합니다. 그렇다면 여자들은 도대체 무엇을 한 것일까요? 여자들은 무엇을 원했길래 그렇게 살아왔을까요?

1. 자기만의 방과 돈

왜 지금껏 여자는 가난하게 살았는가

이런 끊임없는 의문에 해답을 찾으려 한 작품이 영국 여성작가 버지니아 울프의 《자기만의 방》입니다. 역사학자들이 제기한 질문에 대한 답으로 울프는 뜬금없이 여자들의 가난 탓을 합니다. 여자들이 가난한 것과 인류 문명의 발전에 여자들이 기여한 바가 없다는 것 사이에 과연 어떤 관련이 있다는 것일까요?

울프는 그처럼 진지한 주제를 대단히 가벼운 문체로 풀어 나갑니다. 울프는 우리 어머니들은 너무 가난했다고 통탄합니다. 남자들이 고기와 와인을 먹을 때 여자들은 빵과 물로 식사를 했습니다. 식사를 잘하지 못하면 생각을 잘할 수 없고, 잠을 잘 잘 수 없고, 사랑을 잘할 수도 없습니다. 그런 상황에서 우리 어머니들이 문명에 기여하기를 기대하기는 어려웠을 것이라고 울프는 유머러스하게 말합니다. 그렇다면 남자들은 부유한데 여자들은 왜 그토록 가난했을까요?

역사를 살펴보면 남성들은 끊임없이 전쟁을 치렀습니다. 전쟁의 전리품은 특정한 남성의 몫이었고, 그 몫으로 문명을 성취해 왔습니다. 영국이 자랑하는 대영제국의 박물관은 문명의 전시장이기도 하지만 거대한 약탈의 전시장이기도 합니다. 영국은 노예무역으로 크나큰 이익을 챙겼습니다. 문명의 이면에는 이처럼 야만의 얼굴이 동시에 감춰져 있습니다. 그와 유사하게 일상적인 삶에서도 남성은 여성을 정복했습니다. 정복당한 여성들은 자립할 힘이 없었으므로 남성의 보호를 받아들일 수밖에 없었고요.

누군가가 나를 보호해 준다는 것은 든든하고 기분 좋은 일이라고 생각할 수 있겠지요. 한번 물어보죠. 성인 남성은 자신이 여자의 보호 대상이라고 하면 기분 좋아할까요? 성인 여성은 자신이 남성의 보호 대상이라고 하면 어떨까요? 전자보다 후자의 경우 긍정의 대답이 나올 것입니다. 기분 좋을 뿐 아니라 보호받는 것이 사랑받는 일이라고 생각할지 모릅니다.

　하지만 항상 그렇지는 않습니다. 다시 한 번 생각해 보면 여성이 언제나 보호의 대상이 된다는 것은 그리 기분 좋은 일은 아닙니다. 그것은 여성이 자기 삶을 스스로 꾸릴 능력이 없는 어린아이 취급을 받는 것과 다를 바 없으니까요. 인간은 동물을 완전히 정복하고 난 뒤 동물원을 만들고 동물을 보호합니다. 미성년자를 보호하는 이유는 그들이 아직 자립할 힘이 없기 때문이죠. 보호 대상은 보호해 주는 자의 변덕에 자신을 맡겨야 합니다. 마치 노라가 남편의 사랑과 분노, 그리고 용서의 감정에 따라 보호 대상이 되거나 버려지는 것처럼요. 이처럼 보호하는 자와 보호받는 자의 관계는 강자와 약자의 관계가 됩니다.

　앞 장에서 이야기한 바를 다시 상기해 볼까요? 〈노라는 집을 나간 후 어떻게 되었는가〉라는 글에서 작가 루쉰은 가출한 노라는 이후 돈이 없어 살길이 막막했을 것이라고 했습니다. 한마디로 가출하더라도 돈이 없어서 사람답게 살지 못했을 거란 얘기지요. 해방과 자유는커녕 하루하루 먹고살 길을 찾느라 남루해지고 인간 대접조차 받지 못했을 거라 상상합니다. 바로 이 대목을 울프는 강조한 것입니다. 여성이 남성의 보호에서 벗어나 자립을 하려면 돈이 필요합니다. 하지만 돈이 필요한 시대에 돈을 벌 수 없으니 여성은 가난할 수밖에 없습니다. 여성들은 어머니, 딸, 아내의 역할을 전부 하더라도 돈이 지불되지 않았습니다. 돈이 없으니 남성에게 생계를 의존하지 않을 수 없었고요. 생계를 남성에게 의존한 채 보호받는 입장인 여성들이 인류 문명에 기여하기를 기대하기는 어렵지 않았을까요.

《자기만의 방》이 출판되기 1년 전인 1928년, 영국에서는 드디어 21세 이상의 여성들이 투표권을 행사할 수 있게 되었습니다. 프랑스의 여성 극작가였던 올랭프 드 구즈가 "여성이 단두대에 설 수 있다면 의회단상에도 설 수 있어야 한다."고 선언한 지 100년도 더 지났을 무렵입니다. 그녀는 프랑스혁명 직후 발표된 〈인간과 시민의 권리 선언〉에 언급한 인간 속에 여성은 없다고 비판했죠. 혁명선언문이 남성man 인간Man의 권리만을 인정하고 있다고 비판하면서 그녀는 〈여성과 여성시민의 권리 선언〉(1792)을 썼고요. 여성도 남성과 똑같은 시민으로서 자유와 평등을 누려야 한다는 올랭프 드 구즈의 선언이 당대로서는 얼마나 위험한 발언이었는지를 알려 주는 사건이 그녀의 처형이었습니다. 이런 시련의 시기를 겪으며 여성이 투표권 하나를 얻기까지 100년이 넘게 걸린 겁니다.

주머니가 차야 세상을 있는 그대로 바라보는 자유를 얻는다

그런데도 울프는 참정권보다는 돈이 더 중요하다고 단호하게 말합니다. 그녀는 돈과 참정권 중에서 자기 수중에 있는 돈이 훨씬 더 소중하다고 고백합니다. 참정권을 무시해서가 아니라 여성들이 가난에서 벗어나려면 투표권만으로는 충분하지 않다는 뜻이죠. 또한 투표권이 중요하다고 할지라도 여성이 가난에서 벗어나지 못하는 한, 그들이 세상에 대한 분노와 원망에서 벗어날 수 없다고 지적합니다. 울프는 인도에서 승마를 하다가 떨어져서 죽은 숙모로부터 유산을 상속받게 되었던 경험을 이야기합니다. 수입이 없어서 지갑이 텅 비었을 때 느꼈던 공포와 쓰라림은 무엇보다 마음의 독이 되었습니다. 하지만 돈이 고정적으로 들어오게 되자 영혼을 갉아먹던 분노와 공포가 사라지면서 대단찮은 재능일지라도 그것을 드러낼 수 있는 여유가 생겼다고 울프는 말합니다. 고정된 수입이 불러일으키는 기분의 변화란 이처럼 엄청난 것이었죠! 돈이 들어오고 마음의 여유가 생기자 사물과 세상을 있는 그대로 바라볼 수 있는 자유를 얻었다고 말합니다. 그러자 가난으로 인한 쓰라린 감정과 분노가 사라지고 세상을 너그럽게 볼 수 있었다는 것이지요. 그것이 고정된 수입이 주는 마음의 여유이자 변화였습니다.

그런 이유로 인해 울프는 여성이 작가가 되기를 원한다면, 무엇보다 안정된 수입이 필요하다고 주장합니다. 분노와 원망하는 마음에서 자유로워져야겠다는 마음가짐과 단호한 결심만으로 그런 마음상태로부터 자유로워지는 것은 아니니까요. 자유로워질 수 있는 물질적인 조건이 우선적으로 충족되어야 합니다. 무엇보다 작가가 되려는 여성은 연간 500파운드의 안정된 수입이 필요하다고 울프는 구체적으로 제시했고요.

그다음 작가가 되고자 하는 여성에게 필요한 것은 자기만의 방이라고 그녀는 역설합니다. 혼자 생각할 수 있는 공간으로서 방은 작가에게 필수적이라고 울프는 보았기 때문이지요. 여기서 자기만의 방은 여성이 가정 내에서 하는 온갖 일로부터 벗어나 오롯이 자기 자신으로 머물 수 있는 공간입니다. 그곳에서는 세상과 남성에 대한 분노, 원망, 연민 등이 사라지고 평정한 마음이 됩니다. 그렇게 되면 여성이 보호받던 시절, 남성에게 의존하던 시절에 생각했던 여성다움과도 결별하게 됩니다. 여성이 글을 쓰는 것으로 돈을 벌고 생활이 가능해지는 것이야말로 여성들에게는 혁명적 사건이라고 그녀는 말합니다.

이렇게 본다면 여자는 무엇을 원하는가에 대한 울프의 대답 역시 배스의 아낙네의 답과 그다지 멀리 떨어져 있지 않습니다. 울프에게도 여성이 원하는 것은 '자기 자신이 되는 것'입니다. 자기 자신이 된다는 것은 자기 삶을 주체적으로 살아가는 것입니다. 여성이 자기 자신이 될 때, 여성이 의존상태에서 벗어나서 자유로워질 때 남성 또한 자기 자신이 됩니다. 남성과 여성은 서로를 비추는 거울이기 때문입니다. 여성이 남성에게 의존하지 않을 때, 자기 힘으로 살 수 있을 때, 양성공존의 가능성이 열립니다.

여성들이 스스로 글을 쓰기 시작하면 아마도 과거와는 다른 이야기들이 나올 것으로 그녀는 기대합니다. 남성들의 글쓰기에 등장한 여성의 모습이 아니라 여성 스스로 주도적으로 자기 이야기를 한다면 과거와는 다른 이야기가 나올 수 있지 않을까요.

2. 여성의 역사 다시 쓰기

여성이 셰익스피어 같은 희곡을 쓰는 건 불가능하다?

어떤 일이 가치가 있고 어떤 일은 무가치할까요? 그런 가치판단은 누가 할까요? 평생 남의 아이를 스무 명이나 키워 냈던 하녀가 연봉 1억을 받는 금융 매니저보다 가치가 없을까요? 아이 키우는 것과 젖 먹이는 일 말고 여성이 인류 역사에 이바지한 것이 없다는 프로이트의 주장은 사실일까요? 울프는 여성의 관점에서 역사를 다시 읽고 써 본다면 어떨지 상상합니다.

역사책이 전개하고 있는 역사적 사실을 생각해 봅시다. 역사책은 전쟁으로 채워져 있다고 해도 과언이 아닙니다. 전쟁에서는 얼마나 많은 사람을 죽였는가에 따라 영웅이 되기도 하고 패자가 되기도 합니다. 남성들의 이야기history: his/story로서 역사는 정복과 전쟁으로 가득 차 있습니다. 전쟁은 도처에, 언제나 존재해 왔습니다. 전쟁으로 이익을 보는 자들은 누구일까요? 울프의 말처럼 역사는 왜 무수한 전쟁을 일으킨 남자들을 영웅으로 숭배할까요? 여성의 입장에서 보아도 지금의 역사적 영웅들이 진정한 영웅일까요? 울프는 여성의 관점에서 역사 다시 쓰기를 하면 전혀 다른 이야기가 가능할 것이라고 말합니다.

여성의 역사her/story에서 혁명적 사건이라 한다면, 여성들이 글을 써서 돈을 벌고 스스로 생계를 해결하게 된 것입니다. 장미전쟁, 십자군 전쟁, 백년 전쟁, 나폴레옹 전쟁, 임진왜란, 병자호란, 1차 세계대전,

2차 세계대전을 자세히 묘사하는 것보다 여자들이 글을 쓰고 이야기를 팔아서 스스로 생활이 가능하게 된 것이 혁명적인 역사적 사건이라고 울프는 간주합니다. 이처럼 관점을 달리한다면 역사책은 지금과는 다른 이야기로 채워질지도 모릅니다.

여성은 위대한 문인들이 사랑하고 노래한 대상은 되었지만 여성 스스로 위대한 작가, 예술가, 시인, 화가가 드물었다고 한다면 여성은 예술을 만들어 낼 재능이 부족했기 때문일까요? 영국이 인도와도 바꾸지 않겠다고 자랑하는 인물이 셰익스피어입니다. 남성이론가들은 여자가 셰익스피어가 되는 일은 결코 없을 것이라고 장담했습니다. 그런데 셰익스피어만큼 재능이 있던 그의 여동생이 존재했다면 어땠을까요? 과거든 현재든 미래든 여자가 셰익스피어와 같은 천재적 재능을 갖는 것은 불가능하다고 영국의 한 주교는 선언했습니다. 고양이가 천국에 갈 수 없는 것이나 마찬가지로 여성이 셰익스피어 같은 희곡을 쓸 수는 결코 없을 것이라고 그들은 장담했답니다.

셰익스피어는 어린 시절 개구쟁이 노릇을 하면서 귀족의 장원에서 사슴을 사냥하다가 들켜 런던으로 줄행랑을 쳤다는 소문이 있습니다. 이런 사건이 있기 전에 그는 8살 연상이었던 이웃집 아가씨, 앤 해서웨이와 사랑에 빠집니다. 그녀는 결혼 전 임신을 하게 되었지만 셰익스피어와 결혼함으로써 이 문제는 일단락됩니다. 셰익스피어는 출세하려고 런던으로 옮겨 가서 생활합니다. 처음에는 궁핍하게 지내지만, 얼마 지나지 않아 그는 천재성을 발휘하게 되죠.

주디스 셰익스피어가 희곡을 쓸 수 없는 이유

셰익스피어만큼 천재였던 누이동생 주디스 셰익스피어가 있었다면, 그녀의 인생은 어땠을까요? 셰익스피어만큼 모험심도 강하고 상상력도 풍부하고 세상에 대한 호기심과 열정으로 가득 찬 가상의 누이가 있었다면요?

셰익스피어는 학교에 다니면서 라틴어와 그리스어를 배웠습니다. 학교에 다닐 수가 없었던 주디스는 달밤에 오빠가 읽던 책을 혼자 읽어 보려고 노력하죠. 그러면 부모님은 여자애가 쓸데없이 책을 보느냐면서 양말이나 꿰매고 요리나 잘하라고 타이릅니다. 부모는 어린 딸의 지적 호기심을 근심스러워해요. 여자애가 똑똑하면 팔자가 세다는 말이 생각났습니다. 아버지의 만류에도 불구하고 그녀는 다락방에 몰래 숨어들어 희곡을 써 보기도 하고 연기 연습도 해 봅니다. 하지만 그녀가 16살이 되던 해 아버지는 이웃집 양모가게 아들과 결혼을 주선합니다.

주디스는 그날 밤 가출합니다. 그녀는 무대감독이 되거나 연기자가 되고 싶었거든요. 하지만 연극무대에서 여자의 역할은 어린 남자들이 하는 시대에 그녀가 설 자리는 어디에도 없었지요. 여자가 연기하는 것은 푸들이 춤추는 것이나 마찬가지라고 새뮤얼 존슨(Samuel Johnson, 1709~1784, 영국의 시인이자 비평가)이 비웃던 시절이었으니까요. 어느 추운 겨울날 그녀는 극장을 찾아가고 극장주는 추위에 떠는 그녀를 가엾게 여깁니다. 그 결과 그녀는 임신을 하지만 버림받습니다. 좌절한 그녀는 스스로 목숨을 끊습니다. 그녀의 무덤은 묘비명 하나 없습니다. 지금은 버스 정류장이 되어 버린 사거리에 그녀는 묻혔습니다.

셰익스피어처럼 남자가 가출하고 동거한 경력이 있는 이른바 '과거 있는 남자'라고 하여 사회가 그것을 그다지 문제 삼지 않습니다. 하지만 여자가 동거하면 엄청난 스캔들이 되고 그것은 그녀의 과거가 되어 발목을 잡게 됩니다. 과거 없는 사람은 없습니다만, 그 과거가 여성의 성과 관련된 경우는 특히 가혹합니다. 21세기인 오늘날까지도 혼전 성관계가 '들통'이 나면 여성에게는 치욕이 되는 수가 있습니다. 21세기도 아닌 17세기에 비록 탁월한 재능을 가진 여성이라고 하더라도 혼전에 동거하다 남자에게 버림받은 여성이 자신의 천재성을 발휘하면서 살아가기란 결코 쉽지 않았을 것입니다. 버지니아 울프가 주디스의 비극적 운명을 상상한 것도 바로 그 때문일 것입니다.

지금까지는 17세기 영국에서 똑같이 천재적인 재능을 가졌던 남녀가 있었더라면 두 사람의 운명은 어떻게 달라졌을까요에 대한 버지니아 울프의 대답이었습니다. 셰익스피어와 같은 재능과 천재를 가진 여성이라고 할지라도 교육받지 못하고 온종일 힘들게 노동해야 하는 처지라면 그런 작품이 나오기 힘들다는 것이지요.

걸작은 하늘에서 뚝 떨어지거나 천재의 머릿속에서 번개처럼 나오는 것이 아닙니다. 백 년에 한 번 나올까 말까 하는 천재적인 작품은 적어도 한 세기 동안 수많은 사람들이 고민하고 생각해 낸 결과물이 천재의 목소리를 통해서 나타난 것이라고 볼 수 있습니다. 그러므로 하나의 목소리 이면에는 수많은 사람들의 경험이 집약되어 있습니다. 여성이 자신의 천재성을 발휘하려면 그녀에 앞선 수많은 선배들의 노력과 경험이라는 전통과 물질적 토대가 축적되어 있어야 한다는 말과 다르지 않습니다.

그와 더불어 여성이 돈을 벌게 되었다고 하더라도 여성들이 오랫동안 의존해서 살았던 습관에서 벗어나지 않는다면 여성이 자기 자신으로 사는 것은 만만하지 않습니다. 물질적인 자립뿐만 아니라 심리적, 정서적 의존상태에서도 벗어나야 하기 때문입니다. 울프는 여성이 오랫동안 의존하면서 생활하다 보니 습관이 되어 버린 마음상태를 '집 안의 천사'라고 이름 짓습니다. 그녀는 여성이 자기 자신으로 살아가기 위해서는 이 집 안의 천사를 죽여야 한다고 선언합니다. 그렇다면 울프가 말하는 집 안의 천사는 무엇일까요?

3. 집 안의 천사 죽이기

죽여도 되살아나는 집 안의 천사라는 유령

우리는 이미 앞에서 '집 안의 천사'라는 표현을 여러 번 만난 적이 있습니다. 기억하나요? 1장, 숲 속에 버려진 백설 공주가 난쟁이들의 집에서 사는 조건으로 그녀가 행한 여러 집안일과 미소 짓는 일을요. 그것이 집 안의 천사로서의 역할이었죠. 또 있습니다. 4장, 인형의 집에서 살다가 가출한 노라는 남편의 위선을 확인하고 가출하기 전까지 사랑스러운 아내와 좋은 엄마의 역할을 하는 집 안의 천사였었죠. 두 모습의 공통점은 뭔가요? 바로 자기 자신이 아닌 온전하고 따뜻한 가정을 이루기 위해 살아가는 자기 밖의 삶이죠.

울프가 말하는 집 안의 천사는 자아가 없는selfless 여성입니다. 그녀는 여성이 '자기 자신'이 되는 데 방해하는 것을 '집 안의 천사'에 비유합니다. 집 안의 천사는 가족을 위해 자신을 희생합니다. 집 안의 천사는 아버지와 남편이 원하는 딸 노릇, 아내 노릇을 하면서 자기가 원하는 것은 감추고 자기 욕망은 없는 것처럼 가족을 위해 자신을 희생합니다. 못 먹고 못살던 시절 모처럼 고기반찬을 식탁에 내놓으면서 남편과 아이들을 먹이려고 자신은 아예 고기를 못 먹는 척하는 어머니가 떠오릅니다. 어린 아들이 코를 박고 정신없이 먹다가 마침내 고개를 들고 엄마를 쳐다보면서 "엄마는 안 먹어?"라고 물으면, 엄마는 자신은 고기를 먹을 줄 모른다고 대답합니다. 집 안의 천사는 아버지가 병들면 간호하고, 오빠나 남동생의 공부를 위해 자신은 포기하고 뒷바라지하는 착한 여자입니다. 이처럼 착하고 희생하면서 가족을 위해 봉사하는 여자야말로 가장 사랑스럽고 여성답다는 믿음에 따르는 것이 집 안의 천사 이미지입니다.

오늘날에 이런 여성이 어디 있느냐고 반문할 수 있을 것입니다. 그거야 먹을 것이 귀했던 시절의 이야기이고 요즘 세상에 누가 닭다리 하나를 두고 "너 먼저 먹어."라고 하느냐면서요. 하지만 〈마더 쇼크〉

와 같은 다큐를 보면 적어도 엄마라면 이렇게 해야지, 하는 생각들은 여전한 것처럼 보입니다. 엄마라면 자신보다 '아이 먼저'라는 생각을 여전히 갖고 있고, 그렇게 하지 않는 자신의 모습을 발견하는 여자는 나는 엄마로서 자격이 없어, 라고 스스로를 탓하고 죄책감을 느낀다고 합니다. 집 안에서는 가능한 자신을 내세우지 않고 좋은 엄마로서 지내려 한다는 점에서 지금까지도 집 안의 천사, 현모양처의 그늘이 여성들에게 드리워져 있다는 것을 알 수 있습니다.

이런 집 안의 천사를 죽이라는 것은 자아가 없는 자신에 대한 반란을 뜻합니다. 작가가 되려는 여성이라면 더욱 자기 안에 있는 집 안의 천사를 죽여야만 한다고 울프는 충고합니다. 그런데 이 집 안의 천사는 죽이기가 쉽지 않습니다. 죽였다고 생각했는데 어느새 유령이 되어 되돌아옵니다. 집 안의 천사라는 유령은 죽여도 죽여도, 되돌아오는 좀비 같습니다. 집 안의 천사라는 유령은 이미 죽은 존재이고 보이지 않는 존재이므로 더욱 죽이기 힘듭니다. 그것을 아무리 죽여도 되살아난다는 말은 그만큼 여성에게는 여성다워야 사랑받을 수 있다는 믿음이 강력하게 남아 있다는 증거가 아닐까요.

여성이 싸워야 하는 것은 자기 안의 유령

여성을 주눅 들게 만드는 이 창백한 유령으로 인해, 여성은 자기가 무엇을 원하는지 말하기 힘듭니다. 남성들이 자신의 육체적 경험을 거침없이 표현하는 것에 비해, 여성들은 자신의 욕망과 육체적 경

험을 있는 그대로 말하기 힘듭니다.《자기만의 방》을 출판했을 무렵, 울프는 귀족여성인 비타 색크빌웨스트와의 관계가 깊어졌고, 둘은 사랑하는 사이였습니다. 울프는 그녀와 나누었던 성적, 정서적 교류나 여성들 사이의 사랑의 감정을 표현하기 힘들어서 말줄임표(……)로 표현했습니다. 그녀의 또 다른 소설인《올랜도》는 요즘 식으로 표현하자면 '체인지'를 다루고 있습니다. 16세기 남성귀족이었던 올랜도를 20세기 신여성의 모습으로 교차 등장시킴으로써, 400여 년에 걸친 양성 경험이 마치 SF 소설처럼 가볍고 경쾌하게 묘사됩니다. 동성애인 듯 아닌 듯 모호하게 거의 말줄임표로 표시함으로써《올랜도》는 외설적이라는 이유로 금서가 되는 스캔들에서 벗어날 수 있었습니다. 하지만《올랜도》와 같은 해인 1928년에 출판된 래드클리프 홀(Marguerite Radclyffe Hall, 1880~1943, 영국의 작가)의 소설《고독의 우물》은 대놓고 여성들 사이의 애정을 다룬 레즈비언 소설이라는 이유만으로 금서가 되었습니다.

사회적 검열뿐만 아니라 여성 스스로 자기 내면의 심리적 검열로부터 결코 자유롭지 않습니다. 여성이 무엇인가를 하려고 하면 어김없이 돌아와서 그런 행동은 여자답지 않아, 라고 말하는 창백한 유령이 여성들의 내면에 존재하기 때문입니다. 울프는 자신이 여성에게 매력을 느끼고 여성들의 동성애를 말한다는 것이 얼마나 힘든지 언급합니다. 그런 의미에서 여성은 싸워야 할 유령들이 너무 많고 극복해야 할 편견 또한 무수히 많다고 지적합니다. 여성이 자기 자신이 되기 위해 싸워야 할 유령 중 하나가 남성의 자아를 확대시켜 보여 주는 확대경의 역할입니다.

4. 남성의 확대경에서 벗어나기

나는 남자이니 세상의 절반보다 잘났어

남성에게나 여성에게나 생활은 만만하지 않고 끊임없는 경쟁일 수 있습니다. 그렇기 때문에 세상을 살아가려면 무엇보다 자신감과 용기가 필요합니다. 이 자신감이라는 것을 어떻게 만들어 낼 수 있을까요, 라고 울프는 반문합니다. 가장 손쉬운 방법이 나보다 남들이 열등하다고 생각함으로써 상대적 자신감을 갖는 것입니다. 재산이나 지위나 권력 혹은 탁월한 유전자를 물려받지 않았다고 하더라도 남성이라는 이유만으로 여성보다 우월하다고 말해 준다면, 남성은 남성으로 태어났다는 사실만으로도 자신감을 갖게 될 것입니다. 이것은 노력을 기울이지 않고도 쉽게 얻을 수 있는 것이죠. 인류의 절반이 자신보다 못한 사람이라고 생각한다면 남성이라는 사실만으로도 자존감과 자신감을 가질 수 있기 때문입니다.

울프에 의하면 여성은 수백 년 동안 남자를 실제보다 두 배로 확대해 비춰 주는 거울 노릇을 해 왔습니다. 남성의 자부심은 자신의 실제 모습보다 두 배로 크게 비춰 주는 여성이라는 거울에서 비롯되었습니다. 이렇게 생긴 자신감으로 인해 남자들은 정복전쟁을 일으키고 제국을 건설하고 야만인들을 포획하여 노예로 만들고 그들에게 문명을 전파하고 다른 문명을 파괴해 왔다는 것입니다. 유럽에서 전쟁이 터지는 것을 경험했던 울프에게 남성들은 정복과 지배를 남성의 사명으로 간주하는 데서 우월감을 맛보는 것처럼 보였습니다. 적어도 아침저녁 하루 두 번씩 자신이 실제보다 월등한 존재라고 말해 주는 존재가 없었다면, 어떻게 남성들이 계속해서 남의 나라를 정복하고 법을 만들고 원주민을 문명화하고 의회에서 연설을 하고 책을 쓸 수 있었겠습니까, 라고 울프는 비꼬고 있습니다.

여성으로서 나에게 조국은 없다

이런 입장으로 인해, 울프는 1차 세계대전 중 전쟁방지기금을 내달라는 편지를 받고 이렇게 선언합니다. "여성으로서 나에게 조국은 없다. 여성으로서 나는 조국을 원하지도 않는다. 여성으로서 나의 조국은 전 세계다." 여성이 반전단체에 기부금을 내기에 앞서 지금 이 자리에서 살아가는 여성들이 노예상태와 가난으로부터 벗어날 수 있도록 하는 데 우선적으로 1기니를 기부하겠다고 그녀는 말합니다. 공공교육과 대학교육을 재건하고 전문직업교육으로 경제적인 여유를 갖도록 하는 데 또 다른 1기니, 그러고도 남는 나머지 1기니는 '정의와 평등과 자유의 위대한 원칙을 몸으로 존중하는 모든 사람들'을 위해 내놓겠다는 것입니다. 울프는 전쟁방지단체의 노력에 의해서가 아니라, 개인들 스스로가 이 지상에서 독재와 압제로 인한 노예상태에서 해방될 때 전쟁이 종식될 것이라고 보았습니다.

남성들이 과도한 자신감을 키웠다면, 이것은 남성만의 문제가 아니라 여성이 자신의 자아를 위축시킨 결과이기도 합니다. 여성이 남성의 자아를 확대시켜 주었기 때문에 남성들은 오직 자기중심적인 '나, 나, 나, 나'에서 벗어나지 못하게 됩니다. 막대기처럼 굳어져 있고, 딱딱한 껍질에 쌓인 호두알처럼, 혹은 좋은 것만 먹어서 윤이 자르르 나도록 갈고닦았던 남성적인 '나'가 모든 사물에 커다랗게 그림자를 드리우면 그런 그림자 아래서 살 수 있는 것은 그다지 없습니다.

그 결과 남성의 자신감이 두 배로 커지고 여성은 두 배로 작아졌다면, 그런 여성들이 스스로 주체적으로 살기 위해서는 무엇보다도 심리적 열등감을 극복하는 것이 중요합니다. 여성이 이와 같은 심리적 위축에서 벗어날 때, 집 안의 천사에게 휘둘리지 않을 것으로 보았습니다. 남성이 실제보다 과도한 자신감에서 벗어나고, 여성이 스스로를 과소평가하는 심리적 열등감에서 벗어나려면 남성은 자기중심성에서 벗어나고 여성은 자기 안의 유령을 죽일 때 가능할 것입니다. 그럴 때 양성 모두 상상력과 창조력이 방해받거나 억압받지 않을 테니까요.

5. 자매애 회복하기

무엇으로 자기만의 방을 채울 것인가

여성에게 돈이 주어지고 자기만의 방이 있다고 하더라도 그 방을 어떻게 무엇으로 채울 것인지, 누구랑 함께 살아갈 것인지는 여전히 남아 있습니다. 그곳에서 누구와 더불어 살 것이며, 무엇을 추구해야 할 것인지는 개인의 선택과 결단에 달린 문제이기도 합니다. 지금까지의 정신적, 물질적 제약으로부터 여성들이 진정 자유로워지려면 한 100년은 걸려야 할 것이고 그때가 되면 여자 셰익스피어가 나오지 않겠느냐고 울프는 예언합니다.

100년 전 울프는 "여성들이여, 누구에게 영향을 미칠 것을 꿈꾸지 말고 자기 자신이 되라."고 말했습니다. 오늘날 우리들은 어떻게 살고 있나요? 여성이든 남성이든 자기 자신이 되어 살아가고 있나요? 모든 인간에게는 존엄성이 있고 그런 존엄성을 펼칠 수 있는 자유가 있습니다. 양성이 서로를 존중한다는 것은 서로의 자유를 인정하고 자유롭지 못한 상태에서 벗어나려고 노력할 때 가능합니다. 울프가 말했던 100년 후 미래가 우리의 현재가 되었습니다. 울프의 예언은 현실로 실현되었나요?

울프가 집 안의 천사라는 유령을 죽이라고 충고한 뒤 거의 100년이 지났습니다. 울프는 자기 시대로부터 100년쯤 지나면 주디스 셰익스피어가 나오지 않겠느냐고 예측했습니다. 책은 아니지만 떠오르는 영화 한 편이 있군요. 최근 엄청난 인기를 누렸던 영화 〈겨울 왕국 Frozen〉이야말로 집 안의 천사 죽이기 스토리입니다.

능력을 감추고 착한 소녀로 살아간 엘사

〈겨울 왕국〉을 보면 디즈니 애니메이션이 변하는 시대에 맞춰 만들어진다는 것이 실감됩니다. 백설 공주, 인어공주, 잠자는 숲 속의 공주, 라푼젤 등 동화 속에 등장하는 온갖 공주와 미녀들은 결국 백마 탄 왕자님을 만나서 잠에서 깨어나거나, 아니면 왕자님과 아름다운 사랑을 간직하기 위해 자신을 희생하고 물방울 하나로 증발합니다. 디즈니 동화의 특징은 백마 탄 왕자님의 키스로 잠자는 공주는 드디어 잠에서 깨어나게 되고 두 사람은 그 이후로도 오래오래 행복하게 잘 살았더란다, 라는 고정된 줄거리에 따른다는 것입니다.

그런데 이제 여성들도 남성의 사랑에 의존하지 않고 자기 삶을 스스로 살고 싶어 하는 시대가 되었습니다. 변화된 여성의 모습과 여자들 사이의 우정을 잘 반영한 것이 〈겨울 왕국〉입니다. 여기서 엘사와 안나는 자매지만 사이좋은 친구이기도 합니다. 엘사는 안나와 놀다가 자신에게 엄청난 능력이 있음을 알게 됩니다. 모든 사물을 얼어붙게 하는 마법적인 능력이었죠. 그녀가 가진 이 마법의 능력 때문에 동생을 완전히 얼려 버릴 뻔한 사고가 일어났습니다. 그러자 부모님은 엘사에게 그녀의 능력이 남들 눈에 띄지 않도록 하라고 명령합니다. 〈겨울 왕국〉의 주제가인 〈Let it go〉의 가사가 보여 주듯, 엘사는 자신에게 있는 능력을 감추고 언제나 착한 소녀가 되어야 했어요.* 자신의 감정도 감추고 분노도 감춰야 했죠. 그녀는 자신의 능력을 얼려 놓은 frozen 채 살아갑니다. 착한 소녀가 되어야 한다는 부모의 명령에 따라

---

* 착한 모습 언제나 보여 주며/철저하게 숨겼는데(Be the good girl, you always have to be/Conceal, don't feel, don't let them know).

자기만의 방에 갇혀서 지냅니다. 하지만 동생인 안나를 위한 파티에 그녀는 모습을 드러내지 않을 수 없었고, 아무것도 알지 못하는 안나는 언니에게 더는 숨어 있지 말라고 간곡히 부탁합니다. 그로 인해 자매는 결국 말다툼을 하게 되고, 엘사는 흥분하여 자기에게 있는 마법의 힘을 휘두르게 됩니다. 그때까지 참고 있었던 분노가 폭발한 것이죠.

집 안의 천사를 죽인 건 여자라는 친구

그것을 계기로 엘사는 세상 사람들이 뭐라고 하든 상관하지 않고 자신 자신이 되기로 합니다.[**] 자기 안에 있던 좋은 딸, 착한 딸이 되라는 아버지의 명령에서 벗어나는 것이야말로 울프가 말한 집 안의 천사를 죽이는 것입니다. 완벽한 소녀, 착한 딸에서 벗어나고 세상의 시선, 추위, 불안, 공포에서도 벗어나 그녀는 자기 자신이 되고자 합니다. 이 과정에서 엘사의 능력이 실현될 수 있도록 해주는 것은 왕자의 키스가 아니라 동생인 안나입니다. 엘사의 분노로 심장이 얼어붙은 안나를 보고 진정한 사랑으로 엘사는 눈물 흘리고, 그녀의 눈물은 얼어붙은 모든 세상과 더불어 안나의 얼어붙은 심장도 녹여서 다시 피가 돌게 만들어 줍니다. 왕자의 키스가 동결된 세상을 해동시키는 것이 아니라 엘사의 눈물이 세상에 온기를 가져다줌

[**] 신경 쓰지 않을 거야, 누가 뭐래도/…/내 능력 확인하겠어/한계를 시험하고 뛰어넘겠어/정의도 불의도 규칙도 중요하지 않아/난 자유야(I don't care what they're going to say/…/It's time to see what I can do/To test the limits and break through/No right, no wrong, no rules for me/I'm free).

니다. 이런 방식으로 이 영화는 여자는 여자의 적이 아니라 서로에게 친구가 될 수 있고 이끌어 줄 수 있다는 것을 확인시켜 줍니다.

조금만 떨어져서 살펴보면 두려워서 얼어붙게 만들었던 것들이 별것이 아닐 수 있습니다. 엘사는 자신을 괴롭히던 두려움에서 벗어나 자신이 가진 마법적인 힘을 되찾는 과정에서 자신의 한계를 뛰어넘습니다. 그녀는 세상 사람들이 정해 준 옳고 그름에서 벗어나 자기 자신으로 살아가자고 결심합니다. 꽁꽁 언 마음이 풀리는 과정에서 엘사는 진정한 자유를 맛봅니다. 인간의 본질이 자유에 있다고 한다면 그녀는 남들이 보기에 언제나 착한 여자, 능력이 있어도 감추는 여자, 무엇을 느끼든 표현하지 않는 여자가 되라고 명령하는 집 안의 천사라는 유령을 죽이게 됨으로써 자기 해방에 이르게 됩니다. 이렇게 본다면 울프가 예언했던 100년 뒤, 우리는 엘사로 되살아난 주디스를 만나게 된 것인지도 모릅니다. 지금은 비록 영화라는 가상의 공간이지만, 현실에서도 그 만남 혹은 실현은 가능할 것입니다. 우리가 노력을 한다면 말이지요.

자기만의 방

버지니아 울프

머그잔이나 티셔츠 등에 새겨진 버지니아 울프 사진을 보고 있으면 묘한 슬픔이 생깁니다. 그런 감정은 버지니아 울프가 1941년 어느 봄날 아침 이슬에 젖은 풀밭을 가로질러 우즈 강으로 걸어 들어갔다는 전기적인 사실에서 비롯된 것일지도 모릅니다. 탁월한 재능과 감수성을 가지고 있었지만 그녀는 어린 시절부터 우울증에 시달렸습니다. 또한 그녀는 평생 만성적인 거식증과 정신분열증으로 고통 받았습니다. 힘들었던 세월 동안 그녀에게 책은 진통제였고 친구였습니다.

버지니아 울프(1882~1941)의 소설은 다양하고 다채롭습니다. 《등대로》, 《댈러웨이 부인》, 《막간》, 《제이콥의 방》과 같은 대표적인 모더니즘 작품이 있는가 하면 《세월》과 같은 사실적인 작품, 《올랜도》와 같이 SF적 장르, 그리고 《자기만의 방》, 《3기니》와 같은 여성주의적인 작품들이 있습니다. 모더니즘 작가로서 그녀는 블룸즈베리 그룹의 일원으로서 영국 상류사회 엘리트 지식인 그룹에 속했다면, 페미니스트로서 그녀는 여성노동자들을 격려하고 여성으로서 자립적인 삶을 강조했습니다. 다른 한편 개인적인 삶에서 울프는 자기 인생을 불모지로 보기도 했습니다. 그녀의 언니 바네사의 인생은 '파티와 그림과 아이들과 연인으로 북적거리는 축제' 같다면, 자기 인생은 '우울과 거식과 두통과 정신분열에 시달리는 불모지' 같다고 보았습니다.

한때 그녀는 '누가 버지니아 울프를 두려워하랴'는 식으로 평가절하되기도 했지만, 지금은 수많은 후배 작가들이 그녀를 두려워한다고 말할 정도로 20세기 문학사에 미친 그녀의 영향의 넓이와 깊이는 방대합니다. 울프 사후 그녀의 이미지는 대중화되었고, 그녀의 소설은 끊임없이 영화로 만들어지고 있습니다. 그녀는 다른 많은 후배 작가들이 가장 모방하고 싶은 실험적인 작가로 손꼽히기도 합니다.

《자기만의 방》(1929)은 여성이 작가가 되려면 적어도 안정된 수입과 자기만의 방이 있어야 한다는 것을 유머러스하게 전개한 산문집입니다. 울프는 세계사에서 기념비적인 사건은 남성들의 전쟁사와 제왕들의 권력투쟁사가 아니라 18세기에 이르러 여성들이 책을 쓰게 된 것이라고 이 책에서 말합니다. 여성이 글을 써서 생계가 가능해진 것이야말로 역사적인 사건이라는 것이지요.

1941년 2차 세계대전이 유럽 전역을 휩쓸었고 전시공습과 고통은 버지니아 울프의 예민한 신경줄을 극도로 자극했습니다. 그녀는 남성 중심적인 사회가 전쟁을 초래한다고 보았으므로, "여성에게 조국은 없다, 여성의 조국은 세계다."라고 주장하면서 반남성주의, 반전주의, 반국가주의를 역설했습니다. 그녀가 마지막으로 남긴 유서는 이렇게 말하고 있습니다. '저는 지난 30년 동안 남성 중심적인 이 사회와 부단히 싸웠습니다. (…) 저는 생명을 잉태해 본 적은 없지만 모성적인 부드러움으로 이 전쟁에 반대했습니다. (…) 추행과 폭력이 없는 세상, 성차별이 없는 세상에 대한 꿈을 간직한 채 저는 지금 저 강물을 바라보고 있습니다."

영화 〈디아워스〉에서 남편인 레너드 울프는 버지니아 울프에게 이렇게 물어봅니다. "무식한 질문인지 모르겠지만 왜 당신은 자신의 소설에서 작중인물을 자살하게 만드는 거요?" 그러자 울프는 대답합니다. 살아남은 자들에게 삶이 얼마나 소중하고 아름다운지를 보여 주려고 그들을 죽인다고요. 그렇다면 그녀의 작중인물들처럼 자살한 그녀가 우리에게 몸소 보여 주려 한 것은 그처럼 소중한 삶과 그런 삶에 대한 이야기가 아니었을까 합니다.

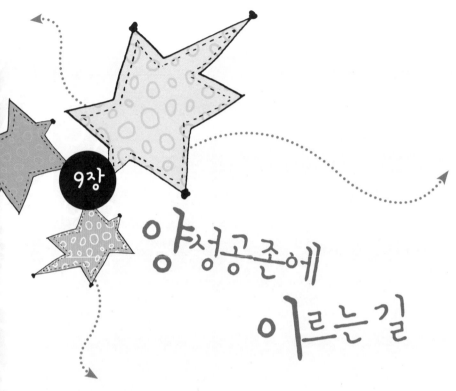

9장 양성공존에 이르는 길

재산깨나 가진 미혼 남성에게 아내가 필요하다는 것은 보편적 진리다.
그런 남자가 이웃으로 이사를 오게 되면,
그 주변의 집안들은 이 보편적 진리를 너무나 확신한 나머지
그가 무슨 생각을 하고 있는지, 어떤 심정인지 전혀 알지 못하면서도,
그를 자기 집안 딸들 중 누군가가 차지하게 될 재산으로 여기고는 한다.

— 제인 오스틴, 《오만과 편견》

지금까지 긴 여정이었습니다. 남자와 여자로 태어난다는 것이 어떻게 하여 남자와 여자로 성장하는 것으로 이어졌는지, 여자와 엄마, 여자다움을 만들어 가는 사회적 관습은 무엇이며 그 이유는 무엇인지, 반대로 남자와 사내다움을 만들어 냈던 이유는 역사적으로 어떤 것이었는지까지 살펴보았죠. 또한 여자가 독자적으로 설 수 있는 자립의 방법까지도 고민해 보았고요.

긴 여정의 끝에 이르러 이번 장에서는 어떻게 하면 여자, 남자를 넘어서 모든 인간이 인간으로 공존할 수 있는가를 모색해 보고자 합니다. 앞서도 언급했다시피 우리는 인간으로 사는 것이 아니라 남자, 여자로 구별 짓는 세상에서 살아갑니다. 남녀의 차이가 차별이 되는 무수한 요인들이 있음에도, 그런 차별이 오랜 세월 동안 지속되다 보니 자연스럽고 당연한 것처럼 받아들여지게 됩니다. 알게 모르게 우리의 몸과 마음에 스며든 차별을 알아야만 양성이 함께 살아가는 세상을 열어 나갈 수 있을 테니까요.

환웅은 왜 곰을 선택했을까

원래 인간은 양성적인 존재라고 합니다. 남성 안에 있는 여성성(아니마anima)과 여성 안에 있는 남성성(아니무스animus)이 공존한다고 스위스 정신분석학자인 융은 말했지요. 앞 장에서 언급했던 영국의 여성 작가 버지니아 울프 또한 《자기만의 방》에서 양성의 공존을 이야기합니다. 울프는 누구나 양성성, 즉 남성성과 여성성 모두를 가지고 있다고 봅니다. 남자에게는 남성성만을, 여자에게는 여성성만을 과도하게 강조하는 것은 마음의 조화를 파괴합니다. 양성공존은 어느 한 성이 다른 성을 지배하는 것이 아니라 '같이 따로' 한 무대에 서는 것입니다. 그러기 위해서 남성은 자기중심성에서 벗어나야 하고, 여성은 분노에서 벗어나야 한다고 울프는 말합니다. 그녀가 말하는 양성성은 남성과 여성의 자질이 서로 조화롭게 섞여 들어가는 것이고, 그럴 때 양성의 정신은 더할 나위 없이 풍성해진다고 보았던 것이죠.

하지만 양성공존은 먼먼 신화시대에서부터 이미 지난한 과제였습니다. 단군신화에서 곰과 호랑이는 인간여성이 되려고 쑥과 마늘을 먹으며 100일 동안 동굴 속에서 어둠을 견디는 시험을 치릅니다. 100일 동안 인내하며 견딘 곰과는 달리 호랑이는 견디지 못하고 동굴을 뛰쳐나감으로써 인간여성 되기 시험에 낙제합니다.

그런데 이 시험을 조금만 들여다보면 뭔가 부당한 것처럼 보입니다. 단군신화에서 남성은 이미 신의 아들이므로 어떤 시험도 치를 필요가 없습니다. 남성은 부전승으로 결승에 진출함과 동시에 심판의 역할을 하고 있습니다. 수험생이 시험관이 되어 버린다면 그런 시험은 애초부터 불공정한 게임이 되겠지요. 남성은 심판관으로서 마음대로 할 수 있는 우월한 위치에 있으니까요. 그래서 심판관으로서 환웅은 여성에게 있는 능동적이고 공격적인 호랑이 속성을 추방해 버리고 수동적이고 인내심 많은 '곰' 같은 성질만을 허용합니다. 인간여성이 되려면 여성 안에 있는 호랑이의 속성을 버려야만 환웅의 사랑을 받을 수 있게 된 거죠. 이렇게 본다면 신화적 상상력에서부터 남성과 여성은 동등한 존재가 아니었습니다. 말하자면 남성의 여성 지배가 당연한 것처럼 이야기되고 있다는 겁니다.

하지만 지금에 이르러서까지 남성에게 우월성과 특권을 제도적으로 보장해 주는 것이 과연 남성에게 좋기만 할까요?

연애 포기, 결혼 포기, 출산 포기가 던지는 질문

어릴 적부터 남자아이는 가족의 생계를 책임져야 한다는 말을 듣고 자랍니다. 여자아이는 반대로 책임져 줄 남자를 잘 골라야 한다는 말을 듣고 자라죠. 그런데 이제는 남자가 생계를 책임져야 한다는 말이 남성에게 자부심이라기보다 부담인 시대가 되었습니다. 남자 혼자 가족의 생계를 책임지는 것이 무척 힘든 시대니까요. 사실 어떤 시대도 남자 혼자 가족을 책임졌던 적은 없었습니다. 그럼에도 불구하고 이른바 남자라면 여자와 가족을 책임져야 돼, 라는 것이 남성다움으로 여겨졌던 시절이 있었지만, 지금은 그런 남성다움이 부담스럽기만 합니다.

그리하여 남성성의 위기를 말하는 목소리가 여기저기서 들립니다. 여자에게 고개 숙인 남자들의 남루한 모습이 짠하게 비쳐집니다. 남자의 지위가 옛날만 같지 못하다는 통탄의 목소리가 여기저기서 흘러나옵니다. 그런 통탄에는 남성은 여성보다 당연히 높은 위치, 언제나 우월한 지위여야 한다는 전제가 깔려 있겠죠. 적어도 남자라면 세상의 절반인 여자들보다는 나아야 한다고 믿어 왔다는 것이지요. 혹은 남자들이 기 센 여자들 등쌀에 남루해지고 찌질해졌다고도 합니다. 직업을 가지고 혼자 힘으로 생활이 가능해진 여자들은 이제 결혼을 당연한 것으로, 출산을 여성의 의무로 생각하지 않게 되었습니다.

이렇게 하여 요즘 말하는 3포 세대들이 탄생합니다. 데이트 비용이 너무 많이 들어서 연애 포기, 결혼 비용이 너무 많이 들어서 결혼 포기, 교육 비용이 너무 많이 들어서 자녀 포기, 이렇게 세 가지를 포기하기에 이른 거죠. 요즘은 한 술 더 떠 5포 세대라고까지 합니다. 앞의 세 가지 포기에 덧붙여 인간관계 포기, 집 장만 포기 등이 포함됩니다. 포기하고 포기하다가 마침내 젊은이들이 모든 욕망을 접고 마치 득도得道한 것처럼 구는 세대를 일본에서는 '사토리' 세대라고 합니다. 이런 시대에 남성들은 기존의 남성다움에서 자부심을 느끼기보다 그것이 압박하는 의무와 책임으로부터 달아나고자 합니다.

이런 상황이라면 남성 가장/여성 가정주부, 남성 임금노동/여성 가사노동, 남성 군대/여성 출산 하는 식으로 남성과 여성에게 이분법적인 역할을 요구하는 것은 남녀 모두에게 억압적이지 않나요? 지금까지 인류는 온갖 억압으로부터 해방을 꿈꾸어 왔습니다. 억압적인 제도 또한 인간이 만들어 온 것이라면, 인간의 손으로 그것을 바꿀 수 있지 않을까요? 이런 구분들이 남녀 모두에게 억압이자 부담이 된다면, 양성 모두의 노력으로 변화시켜 나갈 수 있지 않을까요? 어떤 부분을 어떻게 바꾸면 남녀 모두 인격적으로 공존하고 존중받을 수 있을지 이제 그 길을 더듬어 나가 보기로 해요.

1. 가장 대 가정주부

앞서 언급했다시피 남성 가장 대 여성 가정주부라는 구분은 근대 산업시대 이후 만들어진 이분법입니다. 이전에는 인류가 먹고사는 문제를 해결하기 위해 남성은 바깥에서 일하고 여성은 집 안에서만 일하는 식의 구분이 엄격하지 않았다는 말이지요.

원시 수렵·채집사회와 전통사회

인류가 먹고사는 문제를 해결하는 데는 수백만 년이 걸렸습니다. 긴긴 겨울밤 사냥감이 잘 잡히도록 기원하면서 동굴 벽에 그림을 그렸던 원시인에게는 먹고사는 문제가 최대의 관심사였습니다. 식량이 절대적으로 부족했기 때문이죠. 사냥을 나간다고 하더라도 모두가 사냥에 성공하는 것은 아니었습니다. 누구는 재수가 좋아서 사냥감을 잡지만 누구는 허탕 치는 경우가 허다했죠. 그런 경우 한 사람이 사냥감을 독차지하기보다 서로 나누는 것이 공동체의 식량 문제를 해결하는 데 도움이 되었습니다.

그러면 남들이 열심히 사냥할 동안 빈둥거리는 사람은 어디나 있을 것이고, 그런 사람 꼴 보기 싫어서 혼자 사냥을 나가 자기가 잡은 것은 자기가 챙기고, 자기 목숨은 자기가 책임지는 것이 더 낫지 않느냐는 의문이 들 수 있겠죠. 하지만 이런 질문은 요즘처럼 개인주의가 발달한 시대에서나 나올 법한 질문입니다. 원시 수렵·채집시대에 허약한 인간이 혼자 나가서 거친 자연과 힘센 짐승들과 고독하게 맞서 싸울 수는 없었습니다. 혼자서는 사냥감을 잡기보다 사냥감이 되기 십상이었을 테니까요. 사슴 한 마리를 사냥하더라도 공동으로 하는 것이 효율적이었겠죠. 공동체의 남자 모두가 힘을 합쳐서 사냥을 하고 그 몫을 공평하게 나눠서 가지는 것이 공동체의 식량 문제와 생존을 해결하는 데 보탬이 되었습니다. 그래서 원시 수렵사회는 비교적 평등한 공동체 사회였다는 것이 인류학자들의 견해입니다.

원시 수렵·채집사회에서 남성들이 사냥을 도맡는다면, 여자들은 식량을 채집하고 공동체의 생활을 꾸렸습니다. 남녀의 역할이 나눠져 있었지만 그것이 남녀차별의 이유가 되지는 않았습니다. 남성의 사냥은 그 결과가 확실하지 않았다면, 여성의 채집활동은 비교적 안정적이었기 때문입니다. 나물을 캐고, 과일을 줍고, 고사리를 꺾는 것과 같은 채집은 사냥에 비해 수확이 확실했습니다. 여성들이 안정적인 식량을 제공할 수 있었으므로, 원시 수렵·채집사회에서 여성들은 비교적 자율적인 위치를 누렸다고 합니다. 인류학자들마다 원시 수렵·채집사회에 대해서는 의견이 분분하지만, 어쨌거나 식량이 부족한 사회에서 자녀들은 다 자랄 때까지 안정적인 양식을 공급해 주는 어머니를 중심으로 생활하게 되었고, 그로 인해 모계 중심 사회가 형성되었습니다.

수렵시대를 거쳐 농경시대로 접어들었지만, 집안일과 바깥일, 남자의 일과 여자의 일이 엄격하게 정해져 있었던 것은 아니었습니다. 남녀는 함께 일했습니다. 남자들이 들판에 나가 농사를 짓는다면 여자들은 틈틈이 농사일을 거들고 집안일까지 도맡아 하면서 쉴 새 없이 일했지요. 이 시대에는 농사짓고, 가축 치고, 길쌈하고 바느질하여 먹이고 입히는 거의 모든 일들이 거의 자급적으로 이뤄졌습니다. 따라서 가족이 전부 일을 해야 했고 젊은 사람들뿐만 아니라 노인들과 아이들까지 함께 일했으니까요. 일손이 많이 필요한 농사에서 아이들도 어른 한몫을 했습니다. 꼬마들 또한 학교 파하고 집에 돌아오면 책가방 던져 놓고 소를 끌고 나갑니다. 소가 풀을 뜯는 동안 일고여덟 살짜리가 꼴 베는 모습은 흔히 볼 수 있는 풍경이었습니다. 지금 기준으로 본다면 아동 학대에 가까운 노동을 어린아이들도 담당했죠. 가족 전원이 일하는 시대였으니 집안일 바깥일이 엄격하게 정해져 있지 않았고, 여자는 집 안에만 머물러 있을 만큼 한가하지 않았습니다.

근대 산업시대의 남녀

서구 근대 산업시대가 되면 집 안에서 거의 모든 것들을 만들었던 가내생산 방식은 점차 사라지게 되고 공장제 대량생산이 이뤄집니다. 산업혁명기 영국에서는 양모 생산을 위한 양들을 키우기 위해 많은 농지가 목초지로 바뀌게 되죠. 양이 도망치지 못하도록 울타리를 둘러치게 된 것에서부터 엔클로저 운동(enclosure movement: 종획 운동)이 시작되었고, 농부들은 농토에서 쫓겨나게 됩니다. 그로 인해 양들이 사람을 잡아먹는다고 할 정도로 농부들은 농사지을 땅을 잃죠. 그들은 일자리를 찾아서 도시로 몰려들었어요. 물건을 대량생산하기 위

한 대규모 공장들이 도시에 들어서게 되고, 농촌에서 몰려온 사람들
은 주로 도시의 공장노동자가 됩니다.

근대적인 생활양식의 특징은 물건이나 식량을 직접 생산하며 살
아가는 것이 아니라 시장에서 돈을 주고 모든 것을 구입한다는 점에
있습니다. 그러므로 생활하려면 돈이 필요합니다. 농촌에서 일자리를
찾아 도시로 몰려온 사람들은 일을 해 주는 대가로 이제 임금을 받아
서 생활합니다. 모든 사람에게 괜찮은 수입을 보장해 주는 일자리가
제공된다면 그야말로 유토피아겠지요. 하지만 현실에서는 일자리를
두고 넘쳐 나는 인구들이 경쟁하지 않을 수 없게 되었어요. 그러자 그
런 경쟁에서 여성들은 배제되었죠. 그 대신 여성에게는 남성의 보호
아래 집안 살림을 도맡는 방식이 고안되었고요. 그에 따라 남성이 한
가족의 가장家長이 되어 돈을 벌어 오고 여성은 집안일과 자녀 양육을
책임지는 가족형태가 등장합니다.

가족의 규모 면에서도 변화가 일어납니다. 농경사회에서는 대가족
중심이었다면 근대 산업사회에서는 핵가족 중심으로 변화되어 가지
요. 남자 한 사람이 벌어서 여러 식구를 먹여 살리는 것이 힘들었으므
로 다자녀가 아니라 점점 소자녀 형태가 됩니다. 남편은 가장, 여성은
가정주부라는 형태의 핵가족이 이상적인 것으로 등장합니다. 이처럼
19세기에 들어와서부터 전적으로 집안일만 맡아서 하는 전업주부 혹
은 가정주부라는 일자리가 발명되었습니다.

이렇게 근대 산업시대 이후부터 가족의 생계부양자인 남성, 가정

주부인 여성이라는 구별이 생깁니다. 남성이 가장으로서 가족의 생계를 책임진다는 것은 남성에게 자부심을 부여했지만 그것은 동시에 부담이기도 했죠. 여성이 남성 가장만 해바라기 하고 있다면, 남성 가장에게 무슨 일이 일어날 때 그 가족의 생활은 속수무책이 됩니다. 남성의 임금으로 한 가족을 책임지고 부양한다는 이상적인 남성상은 오래전에 무너졌습니다. 그런데도 남성이 실질적인 가족의 생계부양자가 아니라고 하더라도 집안의 주인이라는 가부장제적인 믿음은 뿌리 깊게 남아 있습니다.

현대의 호주제

그런 믿음이 구체적으로 드러난 형태가 한국에서는 호주제*입니다. 호주제는 폐지된 지 거의 10년이 되었지요. 호주제가 폐지되면 남성의 권위가 무너지고 아비를 모르는 자식들이 세상을 어지럽혀서 나라가 곧 망할 것처럼 위기의식을 느꼈던 일군의 유학자들이 있었습니다. 지금 들으면 개가 풀 뜯어 먹는 소리처럼 들리겠지만, 아무리 우스꽝스런 법이더라도 호주제는 거의 한 세기에 걸쳐서 아버지의 법으로 군림했습니다. 한국에서 호주제는 일제강점기였던 1923년에 실시

---

* 호주제戶主制는 일제강점기였던 1923년에 시행되어 2007년 폐지되었다. 2005년 헌법재판소의 헌법불일치 결정에 따라 3월의 민법 개정으로 2008년 1월 1일에 폐지되었다. 2008년 이후 개인의 가족관계는 가족관계등록법이 시행되어 가家가 아닌 개인을 기준으로 가족관계등록부에 작성되고 있다.

되어 자그마치 2007년까지 지속되었어요. 호주제 자체는 폐지되었지만 우리의 의식, 무의식 가운데 가족 안에서 남성이 주인이라는 생각은 여전히 남아 있어요. 제사를 지낼 때는 가족 중 남성들이 조상에게 술을 올리니까요. 호주제는 한국 사회가 얼마나 시대에 뒤떨어진 가부장(가장家長인 남성이 다른 가족 구성원보다 강한 권한을 가지고 가족을 통솔하는 가족 형태) 사회인지를 보여 주었던 표시였습니다. 호주제 아래에서는 집안의 남성혈통이 한 가家의 주인이 되고 개인은 그 아래 편입됩니다. 호주제는 가족 안에서 주종관계를 법적으로 인정했습니다. 호주제 아래서 집안에 나이 든 남성(할아버지, 아버지)이 없을 경우, 여성은 아무리 연장자(할머니, 어머니)라고 하더라도 호주가 될 수 없었습니다. 그러다 보니 아무리 어려도 집안의 남자(어린 손자)가 호주가 되고 한 집안의 상징적(혹은 실질적) 주인이 되었던 것이죠.

호주제는 여성차별적일 뿐만 아니라 인권차별적인 제도입니다. 호주제 아래서는 여성이 재혼을 할 경우 전남편 사이에서 낳은 자녀들은 전남편의 성을 따라야 했습니다. 재혼하면서 데려온 자녀들과 새롭게 결혼하여 낳게 된 자녀들은 성이 서로 다르게 됩니다. 호주제는 생물학적인 아버지의 성을 따르도록 되어 있어서 재혼한 아빠의 성으로 아이의 성을 바꿀 수가 없었습니다. 재혼한 남편의 성을 따르게 되면 이 아이의 뿌리인 생물학적 아버지가 누구인지 모르게 된다는 것이 그 이유였습니다. 아버지의 성을 물려주어야만 행여 일어날지 모르는 근친상간을 막을 수 있다는 것이 유림들의 항변이었습니다. 동성동본 결혼을 막았던 것도 그런 이유에서였고요.

남자라는 이유만으로 나이와 경제적 능력의 유무에 상관없이 '상징적'인 집안의 가장으로서 호주는, 생계부양자로서 가장과 마찬가지로 남성에게도 버거운 것이었죠. 한국은 호주제를 끝까지 유지했던 마지막 국가입니다. 이제 호주제는 수많은 사람들, 그중에서도 특히 여성들의 노력으로 폐지되었습니다. 호주제 폐지는 단지 여성의 권익을 신장하기 위한 것은 아닙니다. 그것은 양성이 동등한 시민으로 공존할 수 있는 대안을 제시한 것이기도 합니다.

2. 독립성 대 의존성

변화되는 의존성의 의미

16세기 무렵까지 서구 사회에서는 예속되어 있는 모든 사람들을 의존자dependent로 보았습니다. 여성들만 의존적인 것이 아니라 농노, 귀족 집안의 집사, 시종, 하인, 부하, 수행종자, 장인들 모두가 의존적이었습니다. 이때 의존성은 주인 나리를 위해 일해 주는 대가로 생계를 꾸린다는 뜻입니다. 경제적 의존을 말하는 것이지요. 반면 독립성은 노동하지 않아도 살 수 있을 정도의 재산을 가질 수 있는 상당한 부를 뜻하고요. 그러므로 한 사회의 거의 모든 사람들이 의존적이었고 독립적인 사람은 극히 드물었습니다.

거의 모든 사람이 서로 의존적인 사회에서 독립성은 강조되지 않았죠. 그러니 의존성이 부끄러운 것은 아니었습니다. 지주, 귀족, 거상 등이 아니고서는 남자든 여자든 서로 의존적이었기 때문입니다. 남자들 또한 누군가를 위해서 일해 주고 생계를 유지했다는 점에서 의존적이었습니다. 그러므로 의존성은 여성의 특징이 아니라 거의 모든 사람들의 삶의 조건이었죠. 즉, 의존성은 남편에게 부양가족으로 딸린 아내나 여자에게 국한된 것이 아니었습니다. 남자들 또한 그들 위에 군림하는 다른 남자들 아래서 일했다는 점에서 의존적이기는 마찬가지였습니다. 여성이 경제적으로 예속되었던 만큼 남성들 또한 어딘가에 예속되어 있었기 때문이죠.

산업자본주의 시대에 이르면 의존성의 의미가 급격하게 변하게 됩니다. 18, 19세기의 정치 혁명으로 인해 남성들은 정치적으로 시민권과 선거권을 갖게 되었습니다. 유럽에서 남성노동자들은 차티스트 운동**을 통해 1848년 선거권을 획득하게 되었어요. 그들은 정치적 시민으로서 독립성을 갖게 되었죠. 정치적으로 독립한 그들은 경제적 독립성까지 요구하게 됩니다. 노동자들은 공장에서 행하는 임금

** Chartist Movement. 프랑스혁명(1789)은 만인은 평등하다고 선언했지만 노동자, 여성들에게는 선거권이 주어지지 않았다. 영국에서 1832년 제1차 선거법 개정이 이루어진 후에도 성인 모두에게 선거권이 주어지지 않자, 노동자계급을 중심으로 경제적·사회적으로 지금껏 쌓여 온 불만을 터뜨리며 1830년대 후반부터 1850년대 초에 걸쳐 선거권 획득을 주장하였는데, 그러한 민중운동이 차티스트 운동이다.

노동을 임금노예로 규정했던 초기의 입장을 철회하고 임금노동을 경제적 독립을 보장해 주는 것으로 받아들였습니다. 노동하는 데서 인간의 본질을 찾게 되고 노동에서 보람을 느끼면서 노동이 신성시되었죠. 이제 남성들은 신성한 노동을 통해 가족을 먹여 살린다는 자부심을 갖게 되었습니다.

이와 같은 노동운동을 통해 임금노동은 더는 노예노동이 아니라 경제적 독립이 가능하도록 해 주는 신성한 일자리가 되었죠. 노동투쟁을 통해 그들은 자신에게 딸린 식구들을 먹여 살릴 수 있는 가족임금수당을 요구하게 됩니다. 그리고 가족임금제를 어느 정도 쟁취하였죠. 이렇게 하여 남성노동자들은 정치적, 경제적 독립과 더불어 생계부양자의 위치를 획득하게 되었습니다. 이때부터 인간으로 존중받으려면 독립적인 인간이 되어야 한다는 점이 강조되고요. 반면 여성들은 남편의 가족수당에 의존하여 살아가야 하는 피부양자dependent가 되었지요.

이 과정에서 남성은 독립적이고, 여성은 의존적이라는 이분법이 강화됩니다. 남편은 돈을 벌어 온다는 점에서 독립적이라면, 가정주부는 남편의 임금에 의지해야 한다는 점에서 의존적인 피부양자가 됩니다. 여성이 경제적으로 의존적인 처지가 되자 그것이 마치 여성의 자연스러운 특징인 것처럼 되어 버립니다. 여성은 천성이 나약하고 게으르고 사치스러워서 독립적일 수 없다는 것이지요. 이제 인간이라면 반드시 갖춰야 할 자격이 독립성이므로 의존성은 탈피해야 할 낙인이 됩니다. 남성이 독립적인 인간이라면, 그에게 딸린 피부양자로서 여성과 아이들은 의존적이고 인간에 미달하는 존재가 됩니다. 의존성은 삶의 조건이 아니라 수치스러운 낙인이 됩니다.

여성은 천성이 나약하고 게으를까

그런데 정말 그런가요? 여성이 천성적으로 나약하고 게으르기 때문에 독립적일 수 없던 걸까요? 살펴본 것처럼 여성을 임금노동 일자리에서 배제하고 그들에게 집안 살림을 도맡게 한 것은 구조적인 문제였지 개별 여성의 게으름 탓이거나 의존적인 기질 탓이 아닙니다. 남성들처럼 돈을 벌 수 있는 일자리에서 배제된 여자들이 일할 수 있는 곳은 집 안입니다. 여성은 집 안에서 살림 및 육아를 도맡게 된 것이죠. 이로써 여성은 원하든 원하지 않든 남성 가장의 수입에 의존하는 피부양자 위치를 차지하게 됩니다. 말하자면, 결과를 원인으로 착각하는 사회적 인식의 오류가 생깁니다. 여성의 의존성과 종속성은 정치경제적 구조의 문제에서 비롯되었음에도 불구하고 여성의 나약함, 의존적인 성격이 그것을 낳게 했다는 해석이 사회적인 의식으로 굳어지게 된 것입니다.

남성=독립성, 여성=의존성이라는 해석은 남성에게는 자부심을, 여성에게는 수치심을 안겨 주는 장치가 됩니다. 하지만 이런 이분법은 남성노동자들이 고용주 사장에게 종속되어 있다는 점을 가립니다. 남성노동자들의 경제적 의존성은 삭제되어 버리는 반면 의존성은 이제 여성의 성격적, 심리적 특징으로 자리 잡게 됩니다. 삶의 조건 자체가 상호의존적이라는 점은 무시되고 독립성만이 부각됩니다. 남성의 독립성이 강조되는 시대에 여성의 의존성은 열등한 성격적 특징이 되어 버립니다. 성별에 따라 남성=독립성, 여성=의존성으로 해석하는 이분법에서 벗어나지 않는 한 양성평등과 양성공존은 공허한 구호에 불과할 것입니다.

3. 동일노동 동일임금

유리천장지수 꼴찌 한국

남성=가장=생계부양자라는 위치는 취업이 잘되고 여성들이 경쟁 상대가 되지 않았던 시절의 이야기입니다. 하지만 지금처럼 취업이 힘들고 취업을 했다고 하더라도 수시로 구조조정에 내몰리는 시대에 남자가 느끼는 경제적인 부담은 만만치 않습니다. 그런 부담을 내려놓는 방식이 남성 생계부양자, 여성 가정주부라는 이분법에서 벗어나는 것입니다. 남자의 일/여자의 일, 남성 가장/여성 가정주부, 남성 임금노동/여성 가사노동이라는 이분법에서 벗어난다면 서로의 역할을 바꾸는 것에서 남성은 수치심을 느끼지 않을 것입니다. 자기 가족 하나 건사하지 못하는 무능한 남자라는 수치심과 남성이기 때문에 마땅히 대접받아야 한다는 자존심에 상처 입고 스스로 남루해지는 것에서 벗어나기 위해 공격성을 표출하는 것에서 자유로울 수 있기 때문입니다.

남성이 그런 부담에서 벗어난다는 것은 곧 여성이 의존성에서 벗어난다는 것과 맞물려 있습니다. 지금까지 맞벌이 부부가 다 같이 일을 해도 남성 가장의 소득은 주가 되고, 여성의 소득은 부차적인 것으로 간주되고 있어요. 똑같은 일을 해도 여성은 남성 임금의 대략 63퍼센트밖에 받지 못합니다.[***] 스위스의 다보스에서 해마다 열리는 세계경제포럼은 2006년 이후로 매년 양성평등지수를 발표해 왔죠. 2012년 한국의 양성평등지수는 135개 국 중에서 108위였습니다. 이 순위는 2011년에 비해 한 단계 더 내려간 것이죠. 2014년에는 142개 국 중에서 한국은 117위를 기록했습니다. 이는 2013년에 비해 6단계나 내려간 순위입니다. 양성평등지수에서 한국은 여성의 인권이 가장 후진적이라고 여기는 아랍에미리트, 나이지리아, 쿠웨이트, 바레인과 비슷한, 거의 최악의 수준이었다는 겁니다. 이들 국가와 양성평등지수가 비슷하다는 사실에 아마 한국인 스스로도 그럴 리가 없다고 부정하고 싶을 것입니다.

한국의 양성평등지수가 이처럼 형편없는 가장 큰 이유는 여성의

[***] 2014년 11월 18일 김행 한국양성평등교육진흥원장은 평화방송 라디오 〈열린세상 오늘 윤재선입니다〉에서 진행한 인터뷰에서 "남자가 100일 때 여자는 63정도 임금을 받는 것이 양성 간의 격차를 벌이는 데 가장 큰 원인, 요소다. 특히 기업의 고위직 문제, 우리나라 상장사 여성 임원 비율이 0.09퍼센트다."라며 이같이 말했다. 심지어 2012년 세계은행이 발표한 '세계양성평등보고서'를 통해 남성 수입을 100으로 잡았을 때 여성의 수입 비율이 몽골 81, 태국 79, 필리핀 76, 캄보디아 75, 인도네시아 70인 데 비해 놀랍게도 한국 여성의 수입은 51이었다.

정치 진출의 후진성****과 '동일노동 동일임금' 원칙이 전혀 지켜지지 않기 때문입니다. 남녀 사이의 임금격차가 이처럼 벌어지는 이유는 일단 기업에서 뽑을 때 여성을 적게 뽑고, 임신, 출산으로 여성이 직장을 한번 떠나면 경력 단절로 인해 재취업의 기회가 줄어들기 때문입니다. 뿐만 아니라 남성은 여성보다 생산성이 높기 때문이 아니라 지위가 높기 때문에 여성보다 임금을 더 많이 받게 되지요. 시간이 흐를수록 승진을 하는 남성들과는 달리 승진에서 밀리거나 육아로 인해 퇴직하는 여성들을 볼 때, 남녀의 임금격차가 벌어지는 것은 어쩌면 당연하겠지요.

한국 사회에서 똑같은 노동을 했을 경우 똑같은 임금을 주는 '동일노동 동일임금'의 실현은 아직 까마득합니다. 통계상으로 여성은 남성 임금의 63퍼센트이지만 대기업에서 여성의 임금은 이에 훨씬 못 미칩니다. 통계청 자료에 따르면 2012년 남성 대비 여성 임금의 전체 비율은 64.4퍼센트입니다. 하지만 금융감독원에 따르면 2013년 상위 50대 기업에서 여성의 임금은 남성의 56.4퍼센트에 불과합니다. 신입사원으로서는 똑같이 일을 시작했다고 하더라도 여성이 고위직 임원으로 거의 살아남지 못하기 때문입니다. 2013년 3월 8일 영국경제전문주간지 《이코노미스트》가 '세계 여성의 날'을 맞이해 발표한

***** 국회에서 여성이 차지하는 의석수의 세계 평균이 19퍼센트이고, 그중 동아시아 평균이 18.7퍼센트다. 한국은 14.7퍼센트로 동아시아 국가 중 꼴찌에서 두 번째이다. 꼴찌는 일본으로 11퍼센트이다. 2012년 10월 25일자《매일경제》, 〈돈 벌어 오는 아내〉(채경옥) 참조.

OECD 국가들의 '유리천장지수Glass Ceiling Index'*****에서 한국은 꼴찌를 차지한 바 있습니다.

여성이 데이트 비용의 반을 부담할 때까지

이처럼 한국 여성의 지위는 통계상의 지표로 볼 때 대단히 후진적임에도 불구하고, 한국 사회는 이미 오래전에 양성평등을 달성한 것처럼 사람들은 착각합니다. 그래서 요즘 여성평등이라는 말을 꺼내면 조롱을 넘어 혐오하는 분위기입니다. 여성이 차별당하는 것이 아니라 남성이 역차별을 당하고 있다고 흥분합니다. 남성의 보호 대상으로만 여겨졌던 여성들이 과거에 비해 학교, 취업, 직장에서 경쟁상대가 되고 있는 것은 사실입니다. 여성들이 남성과 어깨를 겨누고 경쟁상대가 됨으로써 남성들이 느끼는 위기의식은 엄청납니다. 여자들이 남성들의 밥그릇을 빼앗는다고 생각하니까요.

하지만 남성의 일자리가 줄어드는 것은 양성평등의 결과 여성들이 남성의 일자리를 빼앗아 갔기 때문이 아닙니다. 2011년 11월 4일자 《이코노미스트》가 분석하고 있다시피, 기계가 노동자 이상으로 똑

***** 유리 천장이라는 표현은 현대 직장 여성들이 승진의 사다리에서 일정한 단계에 이르면 부딪히게 되는 보이지 않는 장벽을 뜻한다. 형식적으로는 남녀가 평등하고 동등한 기회를 부여받고 있는 것 같지만, 사실 윗자리로 올라갈수록 보이지 않는 벽이 가로막고 있어서 여성의 지위 상승이 어려운 현실을 표현하는 말이다. 투명한 유리로 된 천장이어서 직접 부딪혀 보기 전까지는 그런 차별이 있는 줄 모른다는 의미를 포함하고 있다.

똑해져서 인간의 일을 대신하기 때문이죠. 공장 작업 현상에서 로봇 공학과 같은 신기술과 IT 산업의 혁신 등으로 일자리는 줄어들어도 생산성은 높아진다면 실업의 비율이 증가할 수밖에 없겠지요. 기업은 기술발전을 이용하여 생산성이 낮은 노동자를 마음대로 해고하고 더 적은 숫자의 노동자로 더 많이 생산하는 법을 알게 되었습니다. 이윤 창출이 목적인 대기업의 경우 기업의 성장률이 높아졌다고 하여 고용을 증가시키지 않습니다. 오히려 노동자들을 가능한 비정규직으로 만들어 마음대로 해고하는 '갑'의 입장을 강화하고 있습니다.

이처럼 많은 사람이 언제든지 해고될 수 있는 불안정한 시대, 비정 규직·계약직 노동으로 살아가야 하는 시대에, 일자리 부족으로 인한 경제적 공포가 가장 만만한 여성들에게 투사되고 있는 것처럼 보입니다. 여성은 집 안, 학교, 직장 등 가까운 주변 어디에서나 볼 수 있으니까, 많은 불만들이 여성들에게 쏟아지고 있습니다. 일자리 부족과 실업으로 인한 경제적 불안은 양성평등의 결과 때문이 아니라 산업구조 자체의 변동이 가져온 것입니다. 2015년 오늘날까지도 '동일노동 동일임금'과 같은 양성평등을 이룩한 나라는 세계 어디에도 없습니다. 한국은 말할 나위도 없고요.

남성이 생계를 책임져야 한다고 불평하지만, 여성에게도 똑같이 일할 기회, 똑같은 임금을 받을 수 있는 기회가 부여되지 않는 한 남성들이 그런 부담에서 벗어날 수는 없을 것입니다. 남성들은 데이트 할 때 왜 여자들이 절반의 비용을 부담하지 않느냐고 불만을 토로하죠. 지표상으로 볼 때 한국 사회에서 여성들이 데이트 비용을 반반 부담하기까지는 오랜 시간이 걸릴 것처럼 보입니다. 동일노동 동일임금이 될 때까지는요. 물론 동일노동 동일임금이 이 모든 문제를 해결해 준다는 것이 아니라 비유적으로 보면 그렇다는 것입니다.

4. 임금노동 대 감정노동

여성의 감정노동

다른 한편 남성들이 임금노동을 한다면, 가족 안에서 여성은 가사노동만이 아니라 감정노동******까지 담당합니다. 사실 우리 사회의 남성들은 경제력과 사회적 권력을 쌓도록 강요받고 있기 때문에 결혼 이후에도 다정다감하게 감정적으로 반응해 주고, 사랑을 표현하고 가족과 함께 연주회, 전시회, 공연, 연극 등을 보러 갈 여유조차 없습니다. 반면 여자들은 남성의 다정하고 친밀한 가정적 태도를 원하지만 남성들은 돈과 권력을 쫓느라고(그래야 여자들의 사랑과 인정을 받을 것으로 생

****** 감정노동은 앨리 러셀 혹실드(Arlie Russell Hochschild)가 1983년 《감정노동The Managed Heart》이라는 저서를 통해 처음 언급한 개념이다. 혹실드는 인간의 감정까지 상품화하는 현대사회의 단면을 감정노동이라는 말로 표현한 바 있다. 감정노동은 기내승무원, 콜센터 상담원, 전화상담원처럼 직접 고객을 응대하면서 자신의 감정은 드러내지 않고 친절하게 서비스해야 하는 직업 종사자들이 하는 노동을 뜻한다. 마치 배우가 연기를 하듯 고객에게는 언제나 친절하게 미소 지으며 대해야 하는데, 이때 직업상 미소를 짓는 것 자체가 이들에게는 일종의 노동이 된다.

각하여) 여성들의 복잡 미묘한 감정놀음에 신경 쓸 여유가 없다고들 합니다. 남자들은 직장에서 받는 스트레스로 인해 친밀한 관계에서는 감정노동을 하고 싶지 않고 그럴 에너지가 말라 버린다는 거죠. 남성들의 수고를 알아주고 따뜻한 미소로 위로해 주는 여성의 감정노동은 돈을 벌어다 주는 남성이 받아야 할 당연한 위안이라고 여깁니다.

남성들이 직장에서 일하면서 여러 가지 스트레스를 경험한다면, 가정주부는 감정노동이라는 스트레스를 경험합니다. 집 안에서 전업주부, 엄마 노릇 하는 것이 만만하지 않습니다. 피곤한 남편이 내일 다시 직장에 나가 활기차게 일할 수 있도록 언제나 상냥하고 따스하고 다정한 태도를 보여야 합니다. 남편은 온종일 직장에서 일하고 늦은 밤에 들어와 새벽같이 나가느라고 아이들 얼굴 보기조차 힘듭니다. 엄마는 종일 아이들의 뒤치다꺼리를 하느라 파김치가 되어도 자녀들에게 언제나 미소로 대해야 하고 화를 내거나 우울한 모습을 보이지 말아야 합니다. 그러지 않을 경우 아이들에게 어떤 마음의 상처를 주게 될지 모른다는 불안이 따라다니거든요.

엄마가 거의 혼자서 자녀 양육을 전담하게 되니 자녀에 관한 모든 책임 또한 엄마의 몫입니다. 자녀가 학업성적이 부진하거나 대학입시에 실패라도 하게 되면, 모든 비난은 엄마에게 쏟아지죠. 자녀에게 정신적인 문제라도 있으면 어떤가요? 아이를 기르는 동안 양육 태도가 올바르지 않아서라는 직간접적인 비난에서 자유롭지 못한 엄마는 언제나 따스한 엄마, 사랑을 주는 엄마가 되려는 어머니 노릇에 시달립니다.

남성이 아빠로 인정받으려면

직장에 목을 매고 사는 남성들도 할 말은 많습니다. 남성들은 좋은 아빠=돈 잘 버는 아빠가 되기 위해 집안일에 관심을 가질 시간도 없습니다. 〈아빠 어디 가〉, 〈슈퍼맨이 돌아왔다〉와 같이 아버지가 자녀와 함께 지내는 체험 프로그램이 방송되고 있습니다. 그런 방송프로그램이 시청자들에게 폭발적인 관심을 끌 정도로 남자들이 집 안에서 육아를 담당할 시간과 기회가 거의 없었다는 것이지요. 혹은 우리 사회에서 아이들이 희귀해졌다고도 볼 수 있겠고요. 노령화속도 세계 일위, 출산율 세계에서 꼴찌인 나라이므로 요즘은 아이들 구경하기가 힘든 시대가 되었죠. 그러니 아이들에게 과도한 애정을 쏟는 정성스런 아빠의 모습을 지켜보면서 시청자들은 대리만족이라도 해야겠지요. TV 프로그램의 제목처럼 보통의 아빠는 항상 어디 가고 없고 그래서 아이들이 커 가는 과정에 함께하려면 슈퍼맨이 돌아와야 가능할 것입니다.

그런데 대부분의 아빠는, 슈퍼맨이 아닙니다. 아빠가 아이들과 함께 놀고 이야기하고 여행하는 풍경은 아이의 초등학교 입학과 더불어 거의 끝나는 것처럼 보입니다. 초등학교만 들어가도 그런 일들은 전적으로 엄마의 역할이었으니까요. 자녀 양육, 학교교육, 사교육의 문제를 엄마가 도맡게 되면, 아빠는 돈을 벌어다 주는 기계로 자신의 역할을 스스로 한정하게 됩니다. 기러기 아빠에서 보다시피요.

아빠가 육아, 자녀 양육, 자녀의 성장 과정에 함께하는 것은 단지 가사노동을 분담하는 차원이 아닙니다. 남성이 바깥에서 돈만 벌어다 주면 된다고 생각하는 것에서 벗어나 서로가 인간적인 관계를 가질 때 가족 안에서 인격을 가진 남자, 아빠가 될 수 있습니다. 집안일을 거든다는 차원이 아니라 가족과 함께 적극적으로 대화하고 요리하고 청소하는 것에서부터 이제까지 사용하지 않았던 감각들, 감정들을 가동할 때, 아빠의 역할이 주어질 것입니다. 이것은 남성이 자기 자신의 가치와 역할을 새로이 정립하기 위해 필요한 것입니다. 가족에게 인정받는 좋은 아빠가 되기 위해서 가족과 친밀하게 지낼 시간이 없는 것이야말로 아빠 노릇의 아이러니입니다.

남성으로서의 자부심을 경제력, 사회적 인정, 권력 추구에서 찾는 것에서 벗어날 때, 남성들도 친밀한 관계를 맺을 수 있는 여유와 시간이 생길 것입니다. 남자라는 이유만으로 요리도 못해, 설거지도 못해, 청소도 못해, 라고 말하는 것은 자기 삶을 완전히 방치하는 것과 다르지 않습니다. 돈이 이 모든 것들을 해결해 줄 거야, 라는 믿음은 자신을 반쪽의 인간으로 만드는 것이지요. 인간이 활용할 수 있는 무수한 감각(미각, 촉각 등) 중 많은 부분을 마비시키는 것과 같으니까요.

많은 남성들이 자신은 좋은 아빠이고 싶은데 가족은 자신을 돈 버는 기계로 여긴다고 불평합니다. 자신의 모든 감각들과 일상의 삶을 포기하고 스스로 돈 버는 기계임을 받아들이고 싶지 않다면, 남자의 일, 남성다움이 강요하는 사고에서 벗어날 수 있는 유연한 태도가 필요합니다. 이제 남성들에게는 고정된 남성의 역할에서 벗어나서 아이와 소통하고 관계 맺는 자세가 요구됩니다. 아이는 저절로 자라는 것이 아니므로 가족 안에서 부모의 공동 양육이 필요합니다. 권위적이고 엄격한 아빠가 아니라 다정한 아빠를 요구하는 시대가 되었기 때문입니다.

남녀관계는 상호적입니다. 남성이 돈 버는 기계가 아닐 수 있으려면 남성에게 전적으로 생계부양자의 책임을 지게 하지 않도록 하는 것이 필요합니다. 여성 스스로 자기 삶을 꾸려 나갈 수 있도록 사회를 변화시켜야 할 것입니다. 백지장도 맞들면 낫다고, 함께 힘을 모으면 양성이 공존할 수 있는 길이 보일 것이기 때문입니다.

5. 군대와 대체복무

군대문화가 만든 일그러진 남성성

남자들이 울어도 이상하게 보지 않고 오히려 가슴 뭉클하게 다가오는 장면이 있습니다. 신병훈련을 마친 군인들은 어머니라는 소리만 들어도 목이 메고 가슴이 먹먹해져서 눈물을 흘립니다. 이런 모습은 군대에서만 볼 수 있는 풍경입니다. 〈우정의 무대〉, 〈진짜 사나이〉라는 프로그램에서 보다시피, 군인들에게 눈물을 자아내는 단어가 어머니입니다. 6주의 신병훈련이 끝나면 연병장은 눈물바다가 되어 버립니다. 함께 웃고 울고 하면서 군대에서 남성들은 우정과 연대의식을 형성하고 진짜 사나이가 되는 법을 배우게 됩니다.

이처럼 한국 사회에서 남성성을 확실히 배우는 곳이 군대입니다. 남성들의 연대감은 군대와 떼려야 뗄 수 없는 관계입니다. 군대는 우리 사회의 집단적 남성성을 형성하는 공간입니다. 남성성을 구성하는 요소가 여자는 절대 경험할 수 없는 것이라고 한다면, 군대만큼 남성성을 만들어 주는 곳도 없을 것입니다. 군대는 국방의 의무를 다하는 군인들이 있기에 후방에서 여자들이 편히 지낼 수 있다는 자부심과 공감대를 남성들에게 심어 줍니다.

군대에 입대하면 지휘관이 "여러분은 건강하고 정상적인 대한민국의 남자이기 때문에 군대에 온 것이다."라고 제일 먼저 말해 줌으로써 거기 모인 이들이 정상적인 대한민국의 남성이라는 사실을 강조합니다. 군대는 정상적인(장애인 배제, 정신적인 문제아 배제, 동성애 배제) 남성(여성 배제)으로서 남성연대를 강조하고 남성다움을 형성하게 합니다. 그로 인해 군대를 다녀온 남성들 사이에 집단적 연대감과 동질감이 형성됩니다.

병역의 의무는 여성은 경험할 수 없는, 남성들에게 고유한 경험입니다. 군대는 남성성을 구성하고 확장하는 여러 요소를 가지고 있습니다. 체력, 용기, 늠름함과 더불어 전우애, 동료애에서부터 애국심에 이르기까지, 군대는 남자다움을 확장시켜 줍니다. 애국적이고 전투적인 남성성은 국가를 위해 젊은 날을 희생한 남자로서의 이미지, 믿을 만한 남자, 진짜 사나이로 거듭나는 것으로 받아들여집니다. 군기, 용기, 충성, 우정, 공격성, 힘, 창조성, 열정, 용기, 대담함, 의연함, 애국심…. 이런 요소들이 한국 사회의 남성들에게 요구하는 남성다움이라고 한다면, 그것은 군대문화에서 비롯된 측면이 있습니다. 무엇보다 군인의 미덕은 명령에 복종하는 데 있습니다. 그런 군사문화는 질서에 복종하는 것으로 연결됩니다. 군대에 다녀와야 철이 든다는 말은 바로 상관의 말에 복종하는 법을 배우고, 직장생활에서 남성들끼리의 연대감과 위계질서에 적응할 수 있다는 뜻입니다.

국가는 징병제를 통해 젊은 남성들의 삶을 일정 기간 동안 국가를 위해 희생하라고 요구합니다. 그러므로 국가를 위해 충성한 남성들에게 국가가 보상해 주는 것 또한 당연시되었습니다. 국가공무원 시험을 볼 때 병역을 필한 남성들에게 가산점을 주었고 회사에서 승진, 인사 등에서 군필자에게 베푸는 특혜들이 있었습니다.

군대를 바라보는 시각을 달리하자

남성들은 여성에 비해 단단히 손해 보는 것이 병역의 의무라고 생각합니다. 그래서 한국 남성들은 군대 이야기만 나오면 여성들에게 분노하고 열을 올리게 됩니다. 어머니라는 말에는 눈물이 나오지만 군대 갔다 오지 않은 여성들이 군대에 관해 비판하는 것에는 기분이 몹시 상합니다. 그 결과 군대에 '가지 않아도' 되는 여자 대 군대에 '가야 하는' 남자라는 이분법이 형성됩니다. 하지만 병역의 의무는 남성에게만 배타적으로 해당되는 것이고, 그것은 의무인 동시에 권리이기도 합니다. 여자와 장애인들은 국민의 의무 중 하나인 병역의 의무에서 아예 배제되어 있습니다. 여성은 남성이 아니며, 장애인들은 정상적인 신체를 가진 남자가 아닌 것으로 분류되기 때문입니다.

그런 이유로 장애인과 여성들이 군가산제가 헌법정신에 위배된다고 폐지를 주장했을 때, 남성들의 분노는 징병제 자체와 인권의 문제로 향하지 않고 아주 단순하게 여성들에게로 향했습니다. 장애인 남성은 아무리 군대를 가고 싶어도 갈 수 없기 때문에 불이익을 당하는 것은 너무나 명확한 차별입니다. 그에 비해 여성들은 국가를 수호하기 위한 희생은 하지 않고 평등만을 원한다는 점에서 몰염치한 집단이라는 논리로 말이지요. 그래서 억울하면 여성들도 군대 보내자는 발언들이 쏟아져 나옵니다.

하지만 이런 주장은 절대적 평등을 주장하는 것이나 다를 바가 없습니다. 그것은 마치 여성들이 남성들에게 그럼 억울하면 너희들도 아이를 낳아 봐, 라고 말하는 것과 비슷합니다. 여성들이 군인을 생산해 주지 않는다면, 군인 자체도 없을 것입니다. 여기서 남성 대 여성의 편 가르기는 대리전에 불과합니다. 징병제는 민족국가가 애국심을 구실로 남성들을 동원하는 국가제도입니다.

그렇다면 군대로 모아지는 남녀차별의 논란 이전에, 국가가 강제로 동원하는 징병제 자체에 대한 성찰이 시급해 보입니다. 남성들 중에서도 평화주의자들은 병역을 거부합니다. 그들은 군대 대신 감옥을 선택합니다. 이제는 양심적 병역거부자들을 범죄자로 만드는 대신 대체복무와 같은 방법들을 고려해 보아야 합니다. 국가는 개인의 희생을 요구할 수도 있지만 동시에 개인을 보호해 줄 의무도 있습니다. 국가가 개인의 의지와는 상관없이 범죄자를 양산할 것이 아니라 대체복무를 수용할 수 있을 만큼 융통성을 발휘해야 한다는 말입니다.

사실 양심적 병역거부자들은 징병제의 역사만큼이나 오랜 세월 동안 존재해 왔습니다. 자신의 종교적 신념으로 인해 그들은 군 입대를 거부합니다. 여호와의 증인들이 그런 사례에 해당하죠. 그들의 양심적인 병역거부는 이른바 '사이비' 종교의 병리적인 현상으로 매도되면서 진지한 도전으로 받아들여지지 않았습니다. 여호와의 증인으로서 병역거부를 한 인원이 1만 명을 넘어서면서 인권과 시민권의 문제가 줄곧 제기되어 왔음에도 한국 사회는 그들을 철저히 외면했고요.

인권이라는 측면에서 보더라도 남성들만 군복무를 한다고 많은 남성들이 억울함을 하소연하지만, 다른 한편으로 군복무는 특혜입니다. 여성과 장애인과 혼혈(이제 본인의 선택), 동성애자들은 아예 군복무가 배제되어 있다는 점에서 인권에 위배된다고 할 수 있겠지요. 그렇다면 여성과 남성 모두 6개월씩 군복무를 하는 방식도 있을 것입니다. 스위스의 경우 남녀 모두 6개월의 군복무를 하지만 개인이 원하면 대체복무 또한 허용되어 있습니다.

우리 사회에서 징병제는 비판의 무풍지대였습니다. 오랜 기간 동안 군부독재를 경험했을 뿐만 아니라 남북한이 여전히 대치상태인 데다 남성 중심적인 사고로 인해 군대문화와 징병제는 비판에서 언제나 제외되어 온 거죠. 애국심이라는 이름으로 포장하여 국가가 강요하는 군대, 어쩌면 지금까지 여러분도 당연하게 받아들였던 이 문제를 우리는 어떻게 받아들여야 할까요?

군대는 국가가 강요할 것이 아니라 개인이 선택할 수 있어야 합니다. 어머니라는 소리만 들어도 눈물 나게 하는 군대. 군대 문제만 나오면 여성을 온통 비난하지만, 아이를 낳고 키워서 군대로 보내 준 그 어머니 또한 여성입니다. 이제는 군대문화가 형성한 남성성과 징병제, 국가폭력, 인권문제들을 사회 전체가 함께 생각해 보아야 할 시기입니다.

6. 사회적 공동육아

여성 혼자 해결하기에는 부담스러운 출산과 육아

남성들이 군대가 부담스럽다면 여성들은 임신·출산·양육이 부담스럽습니다. 한국은 OECD 국가 중 출산율 꼴찌입니다. 여성들이 이처럼 임신, 출산을 거부하기에 이른 것은 무엇 때문일까요? 한국 사회에서 아이를 낳아 키우는 것이 만만하지 않기 때문입니다. 여성 또한 사회활동을 많이 하고 있고 가족의 경제에 보탬이 되기 위해서든 경제적 자립을 하기 위해서든 경제활동이 필요한 시대에, 임신과 출산과 양육을 하라는 주문은 여성에게 자신의 커리어를 포기하고 가정주부가 되라는 말과 다르지 않지요. 여성 또한 생활과 자기실현을 위해 일자리가 필요한데 육아의 문제를 전적으로 여성에게 맡긴다고 한다면, 여성들이 달가워할까요.

인간 사회의 미래는 다음 세대를 생산할 때 가능합니다. 그런데 여성들이 출산을 기피하는 것은 육아와 자녀양육비용 문제가 해결되지 않았기 때문입니다. 지금으로서는 양가 부모에게 아이를 맡기지 않는한, 여성이 육아와 직장을 병행하기 힘든 구조입니다. 여성들이 직업의 연속성을 유지하려면 육아 문제가 무엇보다 먼저 해결되어야 합니다. 개별 여성들에게 육아 문제를 부담 지울 것이 아니라 사회 전체가 육아를 공동으로 책임지는 방향을 모색해 볼 수 있을 것입니다. 아이가 우리 사회의 미래라고 한다면, 육아는 각 개인이 책임져야 하는 것이 아니라 사회 전체가 책임져야 할 문제니까요. 아이가 없으면 미래도 없고 인류 역사도 지속되지 않을 테니까요.

양육의 비용을 사회가 책임져야

그런 방식 중 하나가 유아의 공동탁아, 직장탁아입니다. 아이의 엄마든 아빠든 출근할 때 아이를 직장탁아소에 맡기고 퇴근할 때 아이를 함께 데리고 올 수 있는 직장탁아만 성립되어도 여성들이 일하는 것이 한결 수월해질 것입니다. 직장육아시설, 교육비를 사회가 책임지고 분담하는 제도를 만든다면 여성들의 출산 기피는 많이 해결될 것입니다. 3포 세대, 5포 세대의 고민은 한국 사회에서 육아와 엄청난 사교육비를 감당하기 힘들기 때문에 초래된 현상이기도 하니까요.

한국 사회가 출산율 저하와 고령화를 걱정하지만 그 문제에 대한 좀 더 근본적인 문제 해결에 상상력을 모아야 할 것입니다. 지금처럼 천문학적인 사교육비와 탁아시설의 부족이 해결되지 않는다면, 아이를 원한다고 하더라도 낳기 힘든 사회가 될 것입니다. 육아를 사회가 공동으로 부담한다면, 여성들이 아이를 키워 놓고 재취업할 경우 커리어 단절을 막을 수 있고, 항상 아이들이 신경 쓰여 초조하고 불안한 상태로 일을 하지 않을 수 있습니다. 한편 독일, 프랑스, 쿠바와 같이 대학무상교육이 실시된다면, 엄청난 사교육비로 인한 출산기피의 문제가 해결되지 않을까 합니다.

7. 다양한 가족

아빠 없는 아이도 정상가족의 아이예요

임신한 여성에게 "내가 책임지겠다"며 "결혼하자"고 남성은 결단을 내려서 말합니다. 다시 말해 임신한 여성은 책임져 줄 남자가 있어야 합니다. 남성들이 임신한 여성을 책임지는 방식이 결혼입니다. 그 말은 결혼제도 바깥에서 임신하고 출산하는 것은 무책임하기 이를 데 없고 비정상적이라는 뜻입니다. 다 같이 소중한 생명임에도 책임질 수 있는 남성이 없는 상태에서 낳은 아이는 축복받을 수 없는 사생아, 즉 결혼제도 바깥에서 불미스럽게 태어난 아이가 됩니다. 한국 사회는 남성생계부양자가 없는 가족, 예를 들어 미혼모 가정, 이혼 가정을 결손

가족 혹은 비정상가족으로 차별화하는 경향이 강합니다. 이것은 남성 호주가 반드시 있어야 한다는 사회적 편견에서 비롯된 것입니다.

지금은 다양한 가족형태가 있어서 혈연 중심의 핵가족만을 정상가족으로 보는 편협한 시선에서 벗어나는 것이 필요합니다. 혈연이 아니라 집밥을 함께 먹는 사람들이면 누구나 가족이 될 수 있다고 한다면 다양한 형태의 가족이 어울려 사는 세상이 될 수 있을 것입니다. 한부모 가정, 조손 가정, 동성결혼 가정, 다문화가족…, 온갖 가족형태들이 있을 수 있습니다. '순수한' 한국인 핏줄로 구성되지 않은 다문화가족을 정상가족/비정상가족으로 구분하게 되는 데 영향을 미쳤던 것들이 바로 남성은 생계부양자로서 가장이자, 남성혈통을 중심으로 한 호주제 같은 제도들이었습니다.

남편은 있으나 볼 수 없으니 나는 미혼모

사실 지금과 같이 남성이 직장생활을 유지하기 위해 집 안에서 아이들과 얼굴 마주치는 것조차 힘들 때, 그것은 엄마 혼자 아이를 키우는 것이나 마찬가지입니다. 그런 상황은 비유적으로 많은 엄마들이 미혼모로서 아이를 키우는 것과 다를 바 없지요. 은희경의 단편 〈빈처〉에서 엄연히 남편이 있는데도 아내는 자신을 미혼모라고 말합니다. 그러면서 자기 애인은 가끔씩 자신을 찾아와 준다고 말하죠. 아내의 일기를 우연찮게 훔쳐본 남편은 아내에게 애인이 생겼다니, 그럼 아내가 불륜을 저지르고 있다는 말인가, 라고 혼자 화를 냅니다. 아내는 거의 언제나 술에 절어서 밤늦게 귀가하는 남편이 아이와 얼굴 마주할 날이 일주일에 한두 번 정도라고 말합니다. 엄연히 아빠가 있지만 아이들에게는 아빠가 거의 없는 것이나 마찬가지이고 자신은 참 가난한 아내라고 말하지요. 현진건의 〈빈처〉가 1997년으로 타임슬립을 한다면 바로 이런 모습이 아닐까요?

그럼에도 단지 결혼이라는 형식을 취하지 않고 아이를 낳았다는 이유로 그토록 미혼모를 차별하는 이유는 뭘까요? 미혼모라는 말 자체가 결혼을 중심에 놓고 결혼하지 않은 여자가 아이의 엄마가 되었다는 뜻이지요. 모든 아이들과 모든 생명이 그토록 소중하다면 어떤 상황에서 어떻게 낳은 아이라고 하더라도 소중한 존재일 것입니다. 단지 생계부양자 남성이 없다는 이유만으로 결함 있는 가족이라는 사고에서 벗어나는 것이 필요합니다. 다양한 가족을 인정하는 것, 가족의 개념을 혈연가족에서 넓히는 것이야말로 글로벌 시대의 가족의 구조 변동에 대처하는 방식이 될 것입니다.

8. 남녀동수제

정치적 양성평등의 길

경제적인 양성평등뿐만 아니라 정치적인 양성평등을 성취하는 한 가지 방식이 남녀동수제입니다. 남녀동수운동mouvement pour la parite^{*******}은 모든 공직에 남녀의 비율을 50 대 50으로 하는 것입니다. 이것은 선출 공직에 여성의 수를 증가시키기 위해 프랑스 페미니스트들이 주도한 운동이었습니다. 이 법은 모든 공직에서 후보자의 절반이 여성이어야 할 것을 요구합니다.

2012년 5월 15일 프랑스에서 17년 만에 사회당 정부가 탄생하게 되었습니다. 미테랑 정권 이후 17년 만에 우파정권을 물리친 프랑수아 올랑드 사회당 정부는 선거기간 동안 남녀동수를 공약으로 내세웠죠. 프랑수아 올랑드 내각은 34명의 각료를 17명씩 남녀동수로 임명했습니다. 2001년에 통과된 파리테 법(parite law: 일명 남녀동수법)에 의해 올랑드 내각의 각료는 남녀동수가 되었습니다.

남녀동수법은 전 세계적으로 유례가 없는 법이었습니다. 그것도 프랑스에서 이런 법안이 통과되었다는 것이 놀랍습니다. 프랑스는 유럽 중에서도 여성의 정치세력화가 가장 후진적인 나라였으니까요. 프랑스에서 여성에게 투표권이 주어진 것은 1944년 드골 정권 아래서였죠. 1945년 해방과 더불어 한국 여성들이 공짜로 투표권을 얻게 된 것과는 사뭇 달랐습니다. 1791년 올랭프 드 구즈가 "여성이 단두대에 설 수 있다면, 의회의 단상에도 설 수 있어야 한다."면서 처형된 이후로 250년이 지나서야 겨우 프랑스 여성들에게 투표권이 허용된 것이었

---

^{*******} 남녀동수법에 관한 것은 조앤 스콧,《성적 차이, 민주주의에 도전하다》(인간사랑, 2009)를 참조했다.

으니까요.

여성은 남성과 같고 그래서 정치에 동등하게 참여할 권리가 주어져야 한다면서 '평등'을 주장하거나, 혹은 여성은 남성과 다르고 그래서 정치영역에서 부족한 부분을 제공해야 한다면서 '차이'를 주장하는 대신, 남녀동수 지지자들은 상투적인 남녀 양성을 아예 무시해 버렸습니다. 그들은 할당제가 아니라 동수제를 주장했습니다. 남녀는 동등하므로 정치적 대표성에 있어서도 동수가 되어야 한다는 것이지요. 그들의 주장에 따르면 인간은 그냥 남성'과' 여성으로 구성된다는 것입니다. 말하자면 보편적인 인간 안에 보편적 여성, 보편적 남성이라는 두 종種이 있다고 주장한 것이었죠. 인간은 동등한 양성으로 구성되어 있으므로 양성이 평등하게 출발할 수 있는 지점을 마련하는 것이 필요하고 그것이 정치적으로 남녀가 공적 영역에서 50 대 50으로 공존하는 것이었습니다. 그리고 기적처럼 그런 주장이 프랑스에서는 통과되었습니다.

보고도 믿지 않는 한국 양성평등의 현실

한국에서는 2012년 봄 4.11 총선 당시 3당의 대표가 모두 여성이었습니다. 뿐만 아니라 여성대변인들도 수시로 매스컴에 등장하죠. 2000년 정당법 개정안(정당법 31조)을 통해 여성할당제가 도입되었습니다. 지방의회 비례대표 여성할당제 도입 시 30퍼센트 공천을 명시하였고, 2002년에는 50퍼센트로 늘렸으며, 2004년에는 국회의원 30

퍼센트, 비례대표 50퍼센트 여성 공천 할당제를 실시하여 점차 확대하고 있습니다. 아니, 이래도 여성의 정치세력화가 되지 않았느냐고 반문할 수도 있습니다. 그러나 이것은 정당의 자발적인 실시를 원칙으로 한 것이었고, 실제로 4.11 총선 지역구 공천에서 민주통합당은 10.8퍼센트의 여성 공천을 했으며, 새누리당은 7퍼센트를 공천했어요. 한국 사회에서 여성정치참여 수준이 이 정도입니다.

그럼에도 한국 사회에서는 '양성평등,' '여성역량 강화'라는 말만 나와도 격렬한 거부반응을 보입니다. "한국에서 여성이 차별받는다고? 여성이 정치세력화 되어 있지 않다고? 여성이 대통령이 된 마당에 무슨 헛소리냐."고 야단이지요. 그러니 세계경제포럼, 세계은행, 유엔의 지표가 무엇이라고 하든지 간에, 그런 지표가 한국 여성의 객관적 현실로 받아들여지지 않고 있지요.

그야말로 프레임 이론을 입증하는 것처럼 보입니다. 조지 레이코프는 《코끼리는 생각하지 마》라는 저서에서 프레임이란 "우리가 세상을 바라보는 방식을 형성하는 정신적 구조물"이라고 합니다. 이런 프레임은 우리의 '인지적 무의식'을 형성합니다. 우리는 이성적, 합리적으로 어떤 사태에 접근하는 것 같지만 사실 그렇지 않다는 것이죠. 왜냐하면 개인들에게는 이미 형성된 프레임이 있어서 그런 기존 프레임과 부합하지 않는 것들은 거부하려는 무의식적인 인지작용이 이루어지기 때문이라는 겁니다. 다시 말해 우리는 자기 편리한 대로 정보를 받아들인다는 것입니다. 사실을 제대로 알고 이해하기만 하면 올바른 실천이 뒤따를 것이라는 환상을 우리는 가지고 있지만, 사실은 그렇지 않다는 것이지요. 쉽게 말하자면 자신의 프레임에 부합하는 정보와 지식만을 우리는 선별적으로 받아들입니다. 따라서 객관적 지표상 한국의 양성평등지수가 세계 꼴찌 수준이라고 아무리 말해 보았자 받아들이고 싶지 않은 사람들의 머릿속에는 입력이 되지 않는다는 것이죠.

9. 다양한 섹슈얼리티

연애는 남녀 사이만의 감정일까

국어사전에서 '연애戀愛'라는 단어를 찾아보면 '남녀가 서로 그리워하고 사랑함'이라고 정의하고 있습니다. 이 정의에서 주체를 살펴보죠. 누가 그리워하고 사랑하나요? 바로 남녀, 남자와 여자입니다. 하지만 서로 그리워하고 사랑하는 사람들이 꼭 남자와 여자여야 할까요?

연애의 감정은 남녀 사이에서만 일어나는 것은 아닙니다. 남자가 남자를 사랑할 수도 있고 여자가 여자를 사랑할 수도 있습니다. 그런데 남녀가 아닌 경우에는 손가락질의 대상이 됩니다. 이런 맥락에서 시민교육을 받던 경희대학교 학생들이 국어사전의 정의를 바꿔 내려고 했습니다. 국어사전의 정의에 따라 남녀 간 사랑하지 못하는 사람들을 비정상이라고 비웃는 데 가세한 것이 아니라 그 반대의 태도를 취한 것이죠. 연애의 정의는 '두 사람 간의 그리워 사모하는 애정'

이라고 수정되어야 한다는 것이 그들의 항의 내용이었죠. 그들은 국어국학원으로부터 연애의 정의를 수정하겠다는 약속을 받아냈습니다.********

커밍아웃이라는 단어가 이제는 낯설지 않습니다. 커밍아웃coming out은 벽장 속에서 나온다는 뜻으로 비밀로 감췄던 것을 세상에 알린다는 뜻입니다. 이성끼리만 사랑을 느껴야만 '정상'으로 간주하는 세상에서 동성끼리 사랑하는 사람들은 '비정상'이 됩니다. 다수인 '일반'이 행하는 섹슈얼리티가 아닌 사람들은 과거 한때 스스로를 '이반'이라고 부르기도 했었죠.******** 이반에 속하는 섹슈얼리티 LGBITTLesbian, Gay, Bisexual, Intersexual, Transgender, Transexual는 무수히 많습니다. 여기에 성욕을 느끼지 않는 제4의 성으로 무성애자asexual도 있습니다. 이성애, 동성애, 양성애, 무성애로 성적 경향을 범주화하기도 하니까요.

******** 하지만 2014년 3월 31일, 국립국어원은 표준어대사전에서 '사랑'에 대한 정의를 '남녀 간에 그리워하거나 좋아하는 마음. 또는 그런 일'로 다시 수정했다. 이는 국립국어원이 지난 2012년 11월 "이성애 중심 언어가 성 소수자에 대한 차별을 만든다"는 국민신문고 제안을 받아들여 사랑을 '어떤 상대의 매력에 끌려 열렬히 그리워하거나 좋아하는 마음'으로 표현했던 것을 재수정한 것이다.

당시 국립국어원은 '연애' '애정' '연인' '애인' 등 5개 단어에서 '남녀'를 주체로 했던 것을 '성 중립적인' 표현으로 변경했고, 이는 성소수자인권단체를 비롯한 많은 시민들로부터 진일보한 결정으로 환영받았었다. 그러나 정의를 바꾼 지 채 2년도 되지 않아 일부 종교인과 보수단체의 집요한 항의에 의해 다시 성차별적 해석으로 되돌아갔다. 이런 일들을 본다면 단어의 개념 정의 하나조차 정치적인 투쟁의 결과로 바꿀 수 있다는 것을 확인하게 된다.

******** 정상적인 이성애자가 '일반—般'이라고 한다면, 그런 기준에 벗어나 있는 동성애자 등을 일반과는 대립되는 '이반二般'이라고 명명했다. 하지만 이제 이런 구분을 더는 하지 않는다.

정상/비정상을 가르는 정당성은 어디에?

다수가 행한다고 하여 항상 올바른 것일까요? 여기서 질문해 보아야 할 것은 정상/비정상, 일반/이반으로 나누는 것의 정당성이어야 하지 않을까 합니다. 한 사회가 정상이라고 말하는 정당성은 어디에 있을까요? 그 정당성이 단순히 '다수이기 때문'이라는 결론이 나온다면, 나와 다른 것=틀린 것이라는 생각 자체가 틀렸다는 점을 알 수 있을 것입니다. 나와 다른 차이를 차별화하고 수치로 만드는 것이 아니라 그것이 타자의 권리라는 점을 받아들일 때 공존의 가능성은 열릴 것입니다.

인간이 어떻게 그런 짓을 저지를 수 있을까, 라는 역사적 사건이 있습니다. 인간이라는 사실이 부끄러운 사건이 아우슈비츠일 것입니다. 우리는 아우슈비츠에서 유대인 600만 명만 가스실로 간 것으로 대체로 알고 있습니다. 하지만 그들 중에는 동성애자, 장애자, 집시, 부랑자들도 포함되어 있었습니다. 이들은 당시 우생학적으로 단종시켜야 할 비정상적인 '비/인간'의 범주에 속했던 것입니다.

나와는 달리 성이 다르고(여성), 나와는 달리 같은 성끼리 좋아하고(게이, 레즈비언), 나와는 달리 가난하고(계급), 나와는 달리 흑인이고(인종), 나와는 달리 믿음이 다르고(종교), 나와는 달리 외국인이고(국적), 나와는 달리 무식할(교육) 수 있습니다. 이 차이의 목록은 무한할 것이고 그 목록에서 내가 어떤 항목에 속하지 않을 수 있을까요? 다름은 다름일 뿐이지만 다르다는 이유로 차별하고 폭력을 행사한다면 '이것이 인간이란 말인가'라는 한탄은 어디서나 들려올 수 있습니다.

모든 생명에게 정의로운 길 : 다양성의 존중

여성은 남성에 비해 평화를 더 사랑하고 생명에 대한 보살핌이 능하다, 그러므로 윤리적이다 이렇게 말할 수 있을까요? 그것은 여성들이 특권과 권력을 행사하거나 전쟁에 참여할 기회가 남성들에 비해 상대적으로 적었기 때문에 그렇게 보이는 것은 아닐까요? 여성이라는 이유만으로 윤리적이고 올바르다고 주장할 근거는 어디에도 없습니다. 여성들 사이에도 엄청난 차이가 있습니다. 여성들 또한 끊임없이 자기성찰을 하지 않는 한, 폭력적이라고 비판했던 남성들의 행태와 그다지 다를 바 없는 모습을 보일지 모릅니다. 그러므로 여성들에게 흔히 보였던 보살핌의 모습을 여성의 특징이 아니라 인간 모두가 공유해야 할 특징으로 학습하고 훈련할 필요가 있을 것입니다. 인간을 넘어 생명 가진 모든 존재들에게 정의justice로울 수 있는 것을 보살핌의 윤리로 받아들이고 실천할 수 있다면 말이지요.

계급, 젠더, 인종, 종교, 교육, 나이, 국적을 넘어서 정의로울 수 있는 유토피아는 어떻게 열릴 수 있을까요? 무엇보다 경제적으로 동일 노동 동일임금이 실현되고, 모든 사람에게 공평하게 교육을 받을 기회가 주어진다면 어떨까요? 프랑스의 계몽주의자였던 콩도르세는 모든 사람이 다 같이 평등하게 태어났음에도 엄청난 차이가 벌어진 것은 부의 불평등, 조건의 불평등, 교육의 불평등에서 비롯된다고 보았

습니다. 남녀 사이에 엄청난 격차가 벌어진 것은 과거 여성들에게 교육의 기회를 주지 않았기 때문이었다고 그는 주장했고요. 교육의 불평등이 부의 불평등을 초래해 왔다면, 국가가 모든 사람에게 동등한 교육의 기회를 주는 무상교육을 실시할 수 있지 않을까요? 지금처럼 각 가정이 사교육비에 허덕이게 되면, 교육의 기회 자체가 불평등해질 뿐만 아니라 자녀 교육비가 무서워서 아예 자녀를 낳지 않는 사태가 벌어지니까요. 모든 사람들에게 무상교육의 기회가 주어지고, 정치적으로는 의회의 의석에서부터 공직과 사회 전반에 남녀동수제가 실시된다면 어떨까요? 사회적으로 공동육아와 직장탁아가 실현되고 다양한 가족형태를 인정하는 사회가 된다면 어떨까요? 과도한 남자다움, 과도한 여자다움에 시달리지 않고 자기 삶을 주체적으로 살 수 있다면요?

다채로운 색깔로 다양한 목소리를 내며 다양한 모습으로 사랑하고 타인의 차이를 존중하면서 어우러져 사는 세상이 곧 공존의 세상이지 않을까 합니다. 그럴 때 남성, 여성을 넘어서 인간으로 사는 세상이 될 것이기 때문입니다. 그럴 때 남자와 여자는 인간적인 존엄성을 갖고 살아갈 수 있을 것입니다. 그럴 때 남성과 여성이 남성다움, 여성다움에 얽매이지 않는 양성적인 인격적 존재로서 함께 공존할 수 있는 세상이 열리지 않을까요?

그래도 다시 사람 되어 만나리

그래도라는 섬에서

그래도 부둥켜안고

그래도 손만 놓지 않는다면

언젠가 강을 다 건너 빛의 뗏목에 올라서리라,

어디엔가 걱정 근심 다 내려놓은 평화로운

그래도 거기에서 만날 수 있으리라

– 김승희, 〈그래도라는 섬이 있다〉
《희망이 외롭다》(문학동네, 2012)

프롤로그에서 언급한 바 있는 2014년 노벨평화상을 수상한 소녀 말랄라의 고향은 지금쯤 어떻게 변했을까요? 《해리 포터》에서 걸어다니는 백과사전이었던 지적 소녀 헤르미오니는 어떤 세계를 소망했을까요? 헤르미오니가 마법의 세계에서 걸어 나와서 현실의 엠마 왓슨으로 돌아왔을 때 그녀의 눈에 비친 세계는 어떤 모습이었을까요? 말랄라를 공격했던 파키스탄의 무장 탈레반들은 2014년에도 여전히 어린

학생들을 공격하고 있습니다. 말랄라가 소망했던 것처럼 여자아이들도 다 함께 교육받을 수 있는 세상은 아직 요원해 보입니다. 엠마 왓슨이 남성들의 적극적인 동참을 호소했던 양성평등운동(히포시HeforShe)의 전망 또한 여전히 불투명해 보입니다. 남녀 모두가 교육받고 행복하게 사는 세상은 유토피아에 불과할까요? 모든 인간이 인간으로서 존중받고 살아가는 세상을 꿈꿀 수는 없을까요?

타자를 통해 존재하는 W

남성과 여성을 엄격한 성별 역할에 묶어 두는 것은 양성 모두를 억압하는 것과 다르지 않습니다. 성별 역할 분담은 자연스러운 것이 아니라 성별불평등을 감추는 억압적인 장치입니다. 그것은 남녀 모두 인격적으로 존중받지 못하도록 합니다. 남자가 허약한 모습을 보이면 모멸받고 여자가 주도적이면 혐오합니다. 사랑받지 못할까 봐 두려워서 허약한 남자는 거꾸로 과도한 공격성을 드러내고, 주도적인 여자는 거꾸로 의존적이 되기도 합니다. 남자라고 하여 다 같은 남성은 아닙니다. 여자라고 하여 다 같은 여성은 아닙니다. 남자에게는 남성이라는 정체성 말고도 무수한 정체성과 역할이 있습니다. 여자에게는 여성이라는 정체성 말고도 무수한 정체성과 역할들이 있습니다. 그럼에도 사람들의 다양한 모습을 성별에 따라 나누는 것은 다양한 자기표현과 자기실현의 가능성을 제약하는 것입니다.

그럼에도 우리는 자신의 판단에 따라 자신의 삶을 자유롭게 선택한 다고 믿습니다. 우리가 자유롭게 선택한 것은 무엇이든 이룰 수 있다고 강조하는 민주적인 사회에서 살고 있다고 믿습니다. 하지만 민주화된 사회라고 하여 아무런 노력이 없어도 영원히 민주적인 상태로 유지되는 것은 아닙니다. 또한 우리가 그처럼 자유롭고 자율적으로 살 수 있는지도 끊임없이 물어보아야 합니다.

많은 경우 우리는 획일화된 프로그램에 따라 허겁지겁 허둥지둥 살 아갑니다. 왜 허둥지둥하고 왜 허겁지겁 사는지 따져 볼 시간조차 내지 못합니다. 그런 이유들을 생각하고 고민하다가 경쟁에서 뒤처질까 봐 불안하기 때문이죠. 그러므로 뒤돌아보지도 말고 옆도 쳐다보지 말아야 합니다. 오로지 앞만 보고 달리는 경주마처럼요. 뒤처진 친구들을 뒤돌아보거나 옆에서 달리던 친구가 쓰러지더라도 손도 내밀지 말고 앞으로만 돌진해야 한다고들 합니다. 내가 살기 위해서 너가 죽어야 해, 라는 것이 마치 상식으로 통합니다.

하지만 타자가 없다면 나 자신 또한 존재할 수 없습니다. 타자는 나를 비추는 거울이고 타자의 기억을 통해 나는 존재합니다. 타자가 사라지는 것은 한 세계가 사라지는 것입니다. 타자를 삭제하면 나 또한 사라지게 됩니다. 그러므로 타자를 배려한다는 것은 내가 존중받길 원하는 것처럼 타인을 존중해야 한다는 뜻입니다. 타자가 곧 나의 일부라면, 타자를 존중하고 사랑하는 것은 곧 자신을 존중하고 사랑하는 법이기도 하니까요. 타인에게 공정하고 정의롭게 행동할 수 있는가, 나에게 '좋은' 일이 남에게도 '옳은' 일일 수 있는가를 물어보아야 합니다. 타자와 공존은 폭력과 무력을 행사하지 않는 차원을 넘어서, 법을 넘어서, 우리에게 있는 공정심과 정의감을 회복하려는 노력에 달려 있습니다.

경계를 넘어서는 공존을 위해

한국에서 일어난 일들이 동시에 글로벌 네트워크로 연결되어 있는 시대에 한 나라 안에서의 성차별을 논하는 것만으로는 충분하지 않습니다. 글로벌하게 움직이고 이동하는 시대에 젠더의 문제는 계층, 인종, 국적, 나이, 종교 등과 서로 복잡하게 얽히게 됩니다. 그러므로 글로벌 시대 다시 인간이 된다는 것의 의미가 무엇인지 끊임없이 물어보아야 합니다. 남녀로 태어나지만 다시 인간 되기는 남녀의 경계선, 국가의 경계선, 종(種: 인간과 동물의 종)의 경계선을 넘어서 타자와의 공존을 뜻합니다. 타자와 함께 사는 세상에 대한 상상력은 정치적으로 민주주의에 바탕할 뿐만 아니라 국가 차원을 넘어서는 것입니다. 초국가적 입장에 설 때라야만 글로벌 정의global justice를 실현할 수 있는 가능성이 열릴 것입니다.

글로벌 시대 한국 사회에서도 영토국가의 경계를 넘어선 초국적 다문화 구성원들이 형성되고 있습니다. 미등록 불법 이주 노동자, 결혼 이주 여성, 버마·콩고 난민에 이르기까지 초국적으로 이동하는 사람들이 영토국가의 경계를 넘나들고 있습니다. 글로벌 시대 국가의 경계를 넘나드는 이방인들, 동물들, 생명 있는 모든 것들과 공존의 시대를 열어가는 데 여성적인 사유가 빛이 될 수 있습니다. 배우고 이해하고 공감함으로써 누릴 수 있는 공존은 지구적 정의를 실현하는 데서 비롯될 것입니다. 전쟁, 재난, 폭력, 가난, 불평등으로 사랑하는 사람들을 잃고 싶은 사람은 없을 것입니다. 우리가 생명 있는 모든 존재들이 공존하는 데 앞장 서야 할 이유가 그것이지 않을까 합니다.

서로의 손을 잡고 인간 되는 길로

이런 시대 인간 되기는 자신이 가지 않았던 길들을 택한 사람들이 들려주는 수많은 이야기에 귀를 기울이는 것입니다. 너의 얼굴이 나의 거울이고, 너의 상처가 나의 아픔으로 공감하는 이야기는 너와 나가 만들어 나가는 이야기입니다. 너 없는 나만의 독백은 아무도 기억하지 못합니다. 너가 있어야 나의 이야기가 가능합니다. 사람은 누구나 취약하고 완벽하지 않기 때문에 서로에게 내민 손을 붙잡을 수 있습니다. 내가 잡아 준 너의 손은 나를 붙잡아 주는 너의 손이기도 합니다.

신자유주의가 세계를 양극화한 시대, 수많은 사람들이 일자리를 찾아서, 사랑을 찾아서 국가의 경계를 넘나듭니다. 파국을 예고하는 지구 생태계에서 사람이 다시 희망일 수 있도록 노력해야 합니다. 공허한 희망처럼 들릴지라도 억압으로부터의 해방과 글로벌 정의가 실현될 수 있는 방식을 찾아야 합니다. 그렇다면 어떻게? 이처럼 대답하기 힘든 수많은 질문을 '지금, 우리'가 다시 시작함으로써 남녀를 넘어 인간 되기의 길을 열어 나갈 수 있지 않을까 합니다.

비행청소년
07

발레하는 남자
권투하는 여자

- 문학으로 찾아가는 양성평등의 길 -

초판 1쇄 발행 2015년 6월 10일
초판 4쇄 발행 2020년 1월 20일

지은이 임옥희 그린이 어진선
펴낸이 홍석 기획위원 채희석 전무 김명희
기획·책임편집 김재실 디자인 김명희
마케팅 홍성우·이가은·이송희 관리 김정선·정원경·최우리

펴낸곳 도서출판 풀빛 등록 1979년 3월 6일 제8-24호
주소 03762 서울특별시 서대문구 북아현로 11가길 12 3층
전화 02-363-5995(영업), 02-362-8900(편집) 팩스 02-393-3858
홈페이지 www.pulbit.co.kr 전자우편 inmun@pulbit.co.kr

ⓒ 임옥희, 2015

ISBN 978-89-7474-771-8 44330
ISBN 978-89-7474-760-2 44080(세트)

이 책의 국립중앙도서관 출판시도서목록(CIP)은 서지정보유통지원시스템 홈페이지(seoji.nl.go.kr)와
국가자료공동목록시스템(www.nl.go.kr/kolisnet)에서 이용하실 수 있습니다.
(CIP제어번호 : CIP2015013705)